LITERATURA Y ARTE

Fourth Edition

INTERMEDIATE SPANISH
Fourth Edition

LITERATURA Y ARTE

John G. Copeland
University of Colorado

Ralph Kite
University of Colorado

Lynn Sandstedt
University of Northern Colorado

HOLT, RINEHART AND WINSTON, INC.
New York Chicago San Francisco Philadelphia Montreal Toronto London Sydney Tokyo

Publisher   Vince Duggan
Associate Publisher   Marilyn Pérez-Abreu
Developmental Editor   Sharon Alexander
Project Editor   Julia Mikulsky Price
Production Manager   Priscilla Taguer
Design Supervisor   Kathie Vaccaro
Cover and Text Design   Ritter & Ritter
Cover Photo   Reginald Wickham
Photo Research   Rona Tuccillo
Compositor   The Clarinda Company

Photo Credits appear on page xii.

Library of Congress Cataloging-in-Publication Data

Copeland, John G.   [date]
    Intermediate Spanish. Literatura Y arte / John G. Copeland, Ralph
Kite, Lynn Sandstedt.—4th ed.
       p.   cm.
   Spanish and English.
   ISBN 0-03-014198-2
   1. Spanish language—Readers.   I. Kite, Ralph   [date]   II. Sandstedt,
Lynn A., [date]   III. Title.
PC4117.C59 1989
468.6'421—dc19   88-28271
           CIP

Printed in the United States of America

9 0 1 2 3 039 9 8 7 6 5 4 3 2 1

Holt, Rinehart and Winston, Inc.
The Dryden Press
Saunders College Publishing

Índice

UNIDAD 12
La presencia hispánica en los Estados Unidos   199

Vocabulario

Preface

With the publication of *Intermediate Spanish*, the materials available for use at the intermediate level took a step in a new direction. We had long believed that it would be desirable to have a "package" of materials, unified in content but varied in the possibilities for use in the classroom, which would be flexible enough that the instructor could easily adapt them to his or her own teaching style and particular interests.

With this in mind, we devised the three highly successful texts that formerly made up our intermediate level program. *Conversación y repaso* reviews and expands the essential points of grammar covered in the first year and also includes dialogues, abundant exercises, and a variety of activities intended to stimulate conversation. *Civilización y cultura* presents a variety of topics related to Hispanic culture. The approach in this reader is thematic rather than purely historical, and the topics have been chosen both for the insights which they offer into Hispanic culture and for their interest to students. The exercises are designed to reinforce the development of reading skills, to build vocabulary, and to stimulate class discussion. *Literatura y arte* introduces the student to literary works by both Spanish and Spanish-American writers and to the rich and diverse contributions of Hispanic artists to the fine arts. The accompanying exercises also stress the development of reading and writing skills and include vocabulary-building and conversational activities.

One of the unique features of the program is the thematic unity of the texts. Each unit of each text has the same theme as the corresponding unit of the others. For example, Unit 7 of the grammar text deals with the subject of work and the problem of the migration of works in Hispanic culture in its dialogues and conversational activities. The same theme is treated in the essay "Aspectos económicos de Hispanoamérica," the seventh unit of the civilization and culture reader, and is further explored in Unit 7 of the literature and art reader in the short story "Es que somos muy pobres" and in the essay on the murals of Diego Rivera.

We have found that this thematic unity offers several advantages to the teacher and student: (1) the teacher may combine the basic grammar and conversation text with either or both of the readers or with the activities text and be assured that essentially the same cultural and linguistic information will be presented to the students; (2) the amount of material to be covered may be adjusted through the choice of one text or more, making it possible to balance the quantity of material and the amount of classroom contact available; (3) if one text is used in the classroom, another may be used for outside work by those students who wish additional contact with the language; (4) for individualized programs, only those units may be assigned which are relevant to the student's particular interests. If several texts are used, the students will absorb a considerable amount of vocabulary related to the theme, and by the end of their study of the topic they will have overcome, at least in part, their reluctance to express their own ideas in Spanish. We have tested this "saturation" method in our own classrooms and have found it to be quite effective. We suggest that if several texts are used, the grammar and initial dialogue should be studied first, followed by one or more of the other texts and, finally, the conversation stimulus section of the grammar and conversation text.

Like the earlier editions, this Fourth Edition of *Intermediate Spanish* contains materials that will be of interest to students of different disciplines. Throughout, our goal has been to present materials that will enable students to develop effective communicative skills in Spanish and motivate them to want to know more about the culture they are studying.

Introduction

*I*ntermediate Spanish: Literatura y arte is a reader designed for use in second-year college courses. It is intended to be used with the authors' *Intermediate Spanish: Conversación y repaso*, but it may also be used with any second-year grammar review. The purpose of the book is to develop the students' reading skills and to introduce them to certain literary and cultural concepts that will enhance their comprehension of the unique qualities of Hispanic civilization.

Each unit of the text focuses on a particular topic, which is explored through two kinds of writing: a literary text, chosen for its relevancy to the topic, its level of difficulty, and, especially, its interest to the student; and an essay on some aspect of Hispanic art, again related to the central topic. Introductory essays present the theme of the unit and provide a context, either historical or critical, for the selection to be read. Notes following the literary selection provide insights into unique aspects of Hispanic culture reflected in the text.

It should be noted that difficult words or phrases of the literary text are glossed. The thematic essay (called "Contexto") and the essay on art are unglossed and may, therefore, be used for "extensive" reading in order to develop the student's ability to comprehend without the use of a dictionary. All words and phrases of the unglossed essays are included in the end vocabulary.

Two net sets of exercises for each literary selection have been developed for this edition. The exercises preceding each literary text are designed to introduce the student to new vocabulary, to develop his or her skill in reading, and to lead the student into the theme of the selection. Additional exercises, labelled "Expansión", follow each text. They introduce the student to literary analysis and encourage the development of his or her writing and oral skills. Many of the pre-reading and post-reading activities utilize strategies inspired by ideas presented by Alice C. Amaggio in her book *Teaching Language in Context* (Heinle and Heinle Publishers, Inc., 1986) and we wish to acknowledge our indebtedness to her for her excellent work.

In order to introduce the student to a variety of literary genres and styles, the literary selections included range from the short story and chronicle to the one-act play and poetry. Our main goal has been to choose materials that will interest students and that will lead them to want to know more about a rich and complex culture.

About the Fourth Edition of Literatura y arte

In response to suggestions by users of the Third Edition, the text has been revised to include two new readings: religious poetry gleaned from various sources (Unit 3) and a short story by Gabriel García Márquez, "Un día de estos" (Unit 8). A new art essay on the Alhambra appears in Unit 1. New exercises have been developed for all of the units of the text, and a number of corrections and additions have been made throughout the text.

Literary Credits

We wish to thank the authors, publishers, and holders of copyright for their permission to use the reading materials in this book.

Don Juan Manuel, "De lo que aconteció a un mancebo que se casó con una mujer muy fuerte y muy brava", from *Spanish Stories: Cuentos Españoles,* edited by Ángel Flores, Bantam Books, Inc., 1960. All rights reserved.

Hernán Cortés, *Cartas de relación.*

Anonymous, "Poema nahua" ("No vivimos en nuestra casa"), from *Poesía náhuatl,* Vol. 1, edited by Ángel Ma. Garibay, K.

Jorge Manrique, *Coplas por la muerte de su padre.*

Anonymous, "Soneto".

Rubén Darío, "Lo fatal".

Amado Nervo, "¿Cómo es?"

Ana María Matute, "Don Payasito" from *Cuentos de la Artámila,* Ediciones Destino, 1961, by permission of the publisher.

Serafín y Joaquín Álvarez Quintero, *Mañana de sol,* 1905, by permission of Dª Carmen Álvarez-Quintero Díez.

Jorge Luis Borges, "El Evangelio según Marcos" from *El informe de Brodie,* Emecé Editores, S.A., 1970, by permission of the publisher.

Juan Rulfo, "Es que somos muy pobres" from *El llano en llamas,* Fondo de Cultura Económica, 1953, by permission of the publisher.

Gabriel García Márquez, "Un día de estos" from *Los funerales de la mamá grande,* 1962, by permission of the author.

Eduardo Gudiño Kieffer, "Posters" from *Carta abierta a Buenos Aires violento,* Emecé Editores, S.A., 1970, by permission of the publisher.

José Donoso, "Una señora" from *Los mejores cuentos de José Donoso,* 1965, by permission of the author.

Pedro Juan Soto, "Garabatos" from *Spiks,* 1956, by permission of the author.

"La poesía tradicional del suroeste" from *Spanish Folk-Poetry in New Mexico,* The University of New Mexico Press, 1946, by permission of Bueno Center for Multicultural Education, The University of Colorado.

Photo Credits

1, Robert Frerck/Odyssey Productions. 13, Beryl Goldberg. 14, Monkmeyer Press. 15, Robert Frerck/Odyssey Productions. 17, Arlene Collins/Monkmeyer Press. 30, Cynthia Kite. 32, Peter Menzel. 48, Topham/The Image Works. 64, Owen Franken. 89, Peter Menzel. 106, Peter Menzel. 122, Claude Urraca/ Sygma. 134, Peter Menzel. 137, Peter Menzel. 155, Hugh Rogers/Monkmeyer Press. 156, Peter Menzel. 157, Rogers/Monkmeyer Press. 159, Robert Frerck/ Odyssey Productions. 178, Roy Attaway/Monkmeyer Press. 199, Peter Menzel.

UNIDAD 1

Orígenes de la cultura hispánica: Europa

La Alhambra en Granada fue construida durante el reino moro. Describa el exterior. ¿Dónde está situada? ¿Por qué?

ENFOQUE

Para apreciar la riqueza de la cultura española es necesario recordar que toda ella es el producto de la asimilación de varias culturas, cuyas tradiciones y contribuciones todavía pueden observarse en España hoy día. La cultura romana aporta el idioma, la religión, el concepto de gobierno, y una serie de costumbres y tradiciones. La cultura visigoda aporta el feudalismo. Y por último, la cultura árabe, durante ocho siglos de convivencia, divulga los conocimientos de la cultura griega antigua, comparte sus conocimientos en las ciencias y las matemáticas y deja profundas huellas en la cultura española, especialmente en la música, arquitectura y literatura. Esta cultura se nota más en el sur de España, zona reconquistada en el siglo XV y que tiene un marcado carácter africano, además de rasgos europeos. Todas las culturas mencionadas influyen en el carácter de todo el país y hacen que la cultura de España sea única en su tipo.

Desde sus orígenes, la asimilación de esas culturas explica también la extraordinaria riqueza de la literatura española. Gracias a las culturas griega, romana y árabe, los españoles llegan a conocer el mito clásico, la fábula y otros géneros literarios. Los árabes también dan a conocer su poesía amorosa y sus cuentos, que se hacen muy populares. De todas estas fuentes los peninsulares absorben conceptos, ideas y formas y los hacen suyos, logrando una expresión y sabor únicos.

En esta unidad se presentan dos ejemplos de la vitalidad y de la riqueza de la cultura de la España medieval: un cuento famoso de don Juan Manuel, uno de los prosistas más importantes de la Edad Media, y un ensayo sobre la Alhambra, una verdadera joya de la arquitectura árabe. Los dos reflejan la profunda influencia de la cultura árabe en España, influencia que todavía puede observarse hoy día.

VOCABULARIO ÚTIL

*Estudie estas palabras.**

acontecer to happen	**consejo** advice
arreglar to arrange	**despedazar** to cut or tear to pieces
asombrarse to be surprised	**enojarse** to become angry, get mad
bravo, -a ill-tempered, ferocious	**ensangrentado, -a** bloody
casamiento marriage	**espada** sword
cena supper	**gallo** rooster

The gender of nouns is given in italics except for feminine nouns ending in -a and masculine nouns ending in -o.

gato cat
grosero, -a coarse, rude
honrado, -a honorable, of high rank
mancebo youth
novia bride
novio groom

pariente *m or f* relative
pedazo piece
pobreza poverty
saña wrath
sañudo, -a wrathful, angry
suegro father-in-law

Anticipación

I. Complete con la forma correcta de una palabra apropiada del **Vocabulario útil.**

asombrarse	gato
bravo	novio
casamiento	pariente
cena	pobreza
consejo	suegro

1. Esa mujer no sabe controlarse; es muy _____ .
2. No sé qué hacer. Voy a buscar _____ de mis padres.
3. La madre de mi esposa es mi _____ .
4. Algunos dicen que hoy día los _____ por amor son menos populares que antes.
5. Mis tíos, mis abuelos y mis primos son _____ míos.
6. Una _____ es una mujer recién casada.
7. Lo opuesto de riqueza es _____ .
8. A veces yo _____ cuando veo algo inesperado.
9. El enemigo tradicional de los ratones es el _____ .
10. La última comida del día es la _____ .

II. Escriba las frases otra vez, usando palabras del **Vocabulario útil** en vez de las palabras en letra cursiva *(italics)*.

PEPE ¿Qué le *pasó* al *joven?*

JULIA Pues, quería casarse con una mujer muy *feroz,* aunque su padre no quería que lo hiciera.

PEPE Y entonces, ¿qué hizo?

JULIA Al estar solo con ella, fingió *irritarse* mucho. Luego usó su espada y *cortó* a un perro *en pedazos.* Cuando la mujer lo vio *cubierto de sangre,* tuvo mucho miedo.

PEPE ¿Y después?

JULIA Hombre, ¡vas a tener que leer el cuento para saberlo!

III. Antes de leer el cuento «De lo que aconteció a un mancebo que se casó con una mujer muy fuerte y muy brava», dé Ud. su propia opinión sobre las siguientes afirmaciones. Escriba «sí» si está de acuerdo *(if you agree)* y «no» si no está de acuerdo y explique sus razones. Después, lea el cuento e indique cómo reaccionaría don Juan Manuel a las afirmaciones y por qué reaccionaría él así.

	La opinión de Ud.	**La opinión de don Juan Manuel**
1. Los jóvenes y no los padres deben decidir con quienes se van a casar.	_____	_____
2. Para que una pareja *(couple)* sea feliz la mujer debe ser obediente a su marido después de casarse.	_____	_____
3. Las parejas pueden cambiar su relación en cualquier momento de su vida.	_____	_____

El Conde Lucanor

Don Juan Manuel (1282–1349?), sobrino del rey Alfonso X el Sabio, fue el primer prosista castellano que, consciente de la importancia de su estilo, supo transformar lo tradicional y lo popular por medio de su arte. Aunque escribió varias obras, esa cualidad artística se nota más en *El Conde Lucanor o Libro de Patronio*, terminado en 1335.

La estructura de la obra es sencilla. El Conde Lucanor le pide consejos a su servidor Patronio para resolver un problema que tiene. Éste le contesta mediante un cuento o ejemplo, que sirve para sugerir una solución al problema. La moraleja se resume al final en dos versos brevísimos.

Los cincuenta «ejemplos» que componen el libro son de diversos orígenes: algunos son originales y a veces tienen elementos autobiográficos o históricos; otros son de origen oriental o clásico o de tradición popular. El autor conoce los cuentos de varias colecciones árabes que circulaban por España y su contacto personal con los musulmanes españoles se revela no sólo en las tramas de varios cuentos, sino también en muchas alusiones a dichos, costumbres y actitudes árabes. El aspecto castellano—cristiano y occidental—de su obra se nota en la sobriedad y austeridad de su estilo y en su preocupación por la política y la religión, motivos esenciales del castellano noble de su época.

En el cuento «De lo que aconteció a un mancebo que se casó con una mujer muy fuerte y muy brava» podemos observar algunos rasgos del arte de don Juan Manuel. El autor emplea el lenguaje ordinario del pueblo y busca expresarse sencillamente y con claridad. Nos comunica el castellano de su época, pero ya transformado en instrumento artístico. En cuanto al tema, es probable que la actitud que se expresa hacia la mujer refleje la percepción de algunos hombres de la época en vez de reflejar la verdadera condición de la mujer. Al final del cuento, don Juan Manuel parece comentar esa percepción masculina al describir lo que pasa cuando el suegro trata de imitar a su yerno. Finalmente, aunque el cuento del mancebo es breve, como todos los cuentos del autor, nos sorprende y deleita la capacidad extraordinaria del autor para motivar las acciones de sus personajes, para revelar el detalle pintoresco o significativo, y para crear una representación armoniosa.

De lo que aconteció a un mancebo que se casó con una mujer muy fuerte y muy brava

Otra vez hablaba el Conde Lucanor con Patronio y le dijo:

—Patronio, mi criado me ha dicho que piensan casarle con una mujer muy rica que es más honrada que él.[1] Sólo hay un problema y el problema es éste: le han dicho que ella es la cosa más brava y más fuerte del mundo. ¿Debo mandarle casarse con ella, sabiendo cómo es, o mandarle no hacerlo?

—Señor conde—dijo Patronio—, si él es como el hijo de un hombre bueno que era moro, mándele casarse con ella; pero si no es como él, dígale que no se case con ella.

El conde le pidió que se lo explicara.

Patronio le dijo que en un pueblito había un hombre que tenía el mejor hijo que se podía desear, pero por ser pobres, el hijo no podía emprender las grandes hazañas que tanto deseaba realizar. Y en el mismo pueblito había otro hombre que era más honrado y más rico que el padre del mancebo, y ese hombre sólo tenía una hija y ella era todo lo contrario del mancebo. Mientras él era de muy buenas maneras, las de ella eran malas y groseras. ¡Nadie quería casarse con aquel diablo!

Y un día el buen mancebo vino a su padre y le dijo que en vez de vivir en la pobreza o salir de su pueblo, él preferiría casarse con alguna mujer rica. El padre estuvo de acuerdo. Y entonces el hijo le propuso casarse con la hija mala de aquel hombre rico. Cuando el padre oyó esto, se asombró mucho y le dijo que no debía pensar en eso: que no había nadie, por pobre que fuese, que quería casarse con ella. El hijo le pidió que, por favor, arreglase aquel casamiento. Y tanto insistió que por fin su padre consintió, aunque le parecía extraño.

Y él fue a ver al buen hombre que era muy amigo suyo, y le dijo todo lo que había pasado entre él y su hijo y le rogó que pues su hijo se atrevía a casarse

que no se case *not to marry*

que se lo explicara *to explain it to him*

emprender *to undertake*
hazañas *deeds, feats*

todo lo contrario del *quite the opposite of the*

estuvo de acuerdo *agreed*

por pobre que fuese *however poor he was*
que... arreglase *to arrange*

extraño *strange, odd*

con su hija, que se la diese para él. Y cuando el hombre bueno oyó esto, le dijo:

—Por Dios, amigo, si yo hago tal cosa seré amigo muy falso, porque Ud. tiene muy buen hijo y no
5 debo permitir ni su mal ni su muerte. Y estoy seguro de que si se casa con mi hija, o morirá o le parecerá mejor la muerte que la vida. Y no crea que se lo digo por no satisfacer su deseo: porque si Ud. lo quiere, se la daré a su hijo o a quienquiera que me la saque
10 de casa.

Y su amigo se lo agradeció mucho y como su hijo quería aquel casamiento, le pidió que lo arreglara.

Y el casamiento se efectuó y llevaron a la novia a casa de su marido. Los moros tienen costumbre de
15 preparar la cena a los novios y ponerles la mesa y dejarlos solos en su casa hasta el día siguiente.[2] Así lo hicieron, pero los padres y los parientes del novio y de la novia temían que al día siguiente hallarían al novio muerto o muy maltrecho.

20 Y luego que los jóvenes se quedaron solos en casa, se sentaron a la mesa, pero antes que ella dijera algo, el novio miró alrededor de la mesa y vio un perro y le dijo con enojo:

—¡Perro, danos agua para las manos!

25 Pero el perro no lo hizo. Y él comenzó a enojarse y le dijo más bravamente que les diese agua para las manos. Pero el perro no lo hizo. Y cuando vio que no lo iba a hacer, se levantó muy enojado de la mesa y sacó su espada y se dirigió al perro. Cuando el
30 perro lo vio venir, él huyó, y los dos saltaban por la mesa y por el fuego hasta que el mancebo lo alcanzó y le cortó la cabeza y las piernas y le hizo pedazos y ensangrentó toda la casa y toda la mesa y la ropa.

Y así, muy enojado y todo ensangrentado, se sentó
35 otra vez a la mesa y miró alrededor y vio un gato y le dijo que le diese agua para las manos. Y cuando no lo hizo, le dijo:

—¡Cómo, don falso traidor! ¿No viste lo que hice al perro porque no quiso hacer lo que le mandé yo?
40 Prometo a Dios que si no haces lo que te mando, te haré lo mismo que al perro.

El gato no lo hizo porque no es costumbre ni de

---

que se la diese *to give her to him*

su mal *harm to him*

me la saque de casa *gets her out of my house*

que lo arreglara *to arrange it*
se efectuó *took place*

ponerles la mesa *set the table for them*

muy maltrecho *badly off, battered*

dijera *said*

enojo *anger*

que les diese *to give them*

saltaban *jumped*
alcanzó *overtook*

ensangrentó *bloodied*

alrededor *around*

los perros ni de los gatos dar agua para las manos. Y
ya que no lo hizo, el mancebo se levantó y le tomó
por las piernas y lo estrelló contra la pared, rompién-
dolo en más de cien pedazos y enojándose más con
5 él que con el perro.

Y así, muy bravo y sañudo y haciendo gestos muy
feroces, volvió a sentarse y miró por todas partes. La
mujer, que le vio hacer todo esto, creyó que estaba
loco y no dijo nada. Y cuando había mirado el novio
10 por todas partes, vio su caballo, que estaba en casa y
era el único que tenía, y le dijo muy bravamente que
les diese agua para las manos, pero el caballo no lo
hizo. Cuando vio que no lo hizo, le dijo:

—¡Cómo, don caballo! ¿Piensas que porque no
15 tengo otro caballo que por eso no haré nada si no
haces lo que yo te mando? Ten cuidado, porque si
no haces lo que mando, yo juro a Dios que haré lo
mismo a ti como a los otros, porque lo mismo haré a
quienquiera que no haga lo que yo le mande.

20 El caballo no se movió. Y cuando vio que no hacía
lo que le mandó, fue a él y le cortó la cabeza con la
mayor saña que podía mostrar y lo despedazó.

Y cuando la mujer vio que mataba el único caballo
que tenía y que decía que lo haría a quienquiera que
25 no lo obedeciese, se dio cuenta que el joven no ju-
gaba y tuvo tanto miedo que no sabía si estaba
muerta o viva.

Y él, bravo, sañudo y ensangrentado, volvió a la
mesa, jurando que si hubiera en casa mil caballos y
30 hombres y mujeres que no le obedeciesen, que ma-
taría a todos. Y se sentó y miró por todas partes, te-
niendo la espada ensangrentada en el regazo. Y después que miró en una parte y otra y no vio cosa viva,
volvió los ojos a su mujer muy bravamente y le dijo
35 con gran saña, con la espada en la mano:

—¡Levántate y dame agua para las manos!

La mujer, que estaba segura de que él la despe-
dazaría, se levantó muy aprisa y le dio agua para las
manos. Y él le dijo:

40 —¡Ah, cuánto agradezco a Dios que hiciste lo que
te mandé, que si no, por el enojo que me dieron esos
locos, te habría hecho igual que a ellos!

---

ya que *since*

estrelló *smashed*

gestos *gestures*

por todas partes *in all
directions*

único *only one*

juro *I swear*

quienquiera... mande
*whoever doesn't do what I
order him to*

obedeciese *obey*
se dio cuenta *she realized*

cosa viva *any living thing*

aprisa *fast*

Y después le mandó que le diese de comer y ella lo hizo.

que le diese de comer *that she give him food*

Y siempre que decía algo, se lo decía con tal tono que ella creía que le iba a cortar la cabeza.

5 Y así pasó aquella noche: ella nunca habló y hacía lo que él le mandaba. Y cuando habían dormido un rato, él dijo:

—Con la saña que he tenido esta noche, no he podido dormir bien. No dejes que nadie me des-
10 pierte mañana y prepárame una buena comida.

despierte *awaken*

Y por la mañana los padres y los parientes llegaron a la puerta y como nadie hablaba, pensaron que el novio estaba muerto o herido. Y lo creyeron aún más cuando vieron en la puerta a la novia y no al
15 novio.

herido *wounded*

Y cuando ella los vio a la puerta, se acercó muy despacio y con mucho miedo les dijo:

—¡Locos, traidores! ¿Qué hacen? ¿Cómo se atreven a hablar aquí? ¡Cállense, que si no, todos mo-
20 riremos!

Al oír esto, ellos se sorprendieron y apreciaron mucho al mancebo que tan bien sabía mandar en su casa.

se sorprendieron *were surprised*
apreciaron *highly esteemed*

Y de ahí en adelante su mujer era muy obediente
25 y vivieron muy felices.

de ahí en adelante *from then on*

Pocos días después su suegro quiso hacer lo que había hecho el mancebo, y mató un gallo de la misma manera, pero su mujer le dijo:

—¡A la fe, don Fulano, lo hiciste demasiado tarde!
30 Ya no te valdría nada aunque mates cien caballos, porque ya nos conocemos.[3]

aunque mates *even if you kill*

—Y por eso—le dijo Patronio al conde—, si su criado quiere casarse con tal mujer, sólo lo debe hacer si es como aquel mancebo que sabía domar a
35 la mujer brava y gobernar en su casa.

domar *tame*

El conde aceptó los consejos de Patronio y todo resultó bien.

Y a don Juan le gustó este ejemplo y lo incluyó en este libro. También compuso estos versos:

40 Si al comienzo no muestras quien eres,
nunca podrás después, cuando quisieres.

quisieres *you would like to*

NOTAS CULTURALES

1 La costumbre de arreglar los casamientos no sólo era común entre los árabes, sino también entre los europeos de la época. A veces se arreglaban para unir dos familias importantes y otras veces por razones económicas (como se ve en el cuento de don Juan Manuel). El casarse por amor o la idea de que los jóvenes y no los padres deben decidir con quienes se van a casar, es relativamente moderno.

2 La descripción de esta costumbre de los árabes es típica de la técnica de don Juan Manuel de incluir en sus cuentos alusiones a costumbres y actitudes árabes, que muestran el contacto personal que tenía con ellos.

3 Aunque el cuento refleja la actitud general de que el hombre debe gobernar en su casa y la mujer debe ser sumisa y obediente—actitud típica de algunos hombres de la Edad Media—don Juan Manuel, con ironía y tal vez con realismo, sugiere que no siempre es así.

Comprensión

1. ¿Cuál es el problema que tiene un criado del conde?   2. ¿Por qué no puede hacer el joven del cuento las cosas que desea hacer?   3. ¿Cómo es el padre de la joven?   4. ¿Por qué no quiere casarse nadie con la joven?   5. ¿Cómo piensa el mancebo escaparse de la pobreza?   6. ¿Cómo reacciona el padre del joven cuando oye lo que propone su hijo?   7. ¿Cómo reacciona el padre de la joven ante lo que se le propone?   8. ¿Cuál es la costumbre mora que se presenta en el cuento?   9. ¿Qué es lo que temen los padres y los parientes del novio y de la novia?   10. ¿Qué le manda hacer el joven al perro?   11. ¿Qué hace cuando el perro no le obedece?   12. ¿Qué pasa con el gato? ¿y con el caballo?   13. ¿Cómo reacciona la novia cuando ve lo que hace el joven con los animales?   14. ¿Qué hace cuando su marido le pide agua para las manos?   15. ¿Cómo cambia la novia como resultado de sus experiencias?   16. ¿Por qué se sorprenden los padres y los parientes al llegar a la casa y ver cómo se porta la novia?   17. ¿Por qué no producen las acciones del suegro el mismo resultado?   18. ¿Cómo reaccionaría una mujer moderna en la misma situación? ¿Qué haría?   19. ¿Cree Ud. que la moraleja del cuento todavía es válida hoy día?   20. ¿Qué ventajas tiene la costumbre de arreglar los casamientos entre jóvenes? ¿Qué desventajas tiene?

Expansión

I. Análisis literario

1. ¿Qué actitudes y costumbres medievales se presentan en el cuento?
2. ¿Cuál es en ejemplo de ironía en la obra?   3. Describa Ud. lo que pasa en el cuento desde el punto de vista de la joven.

II. Resumen

Refiriéndose al cuento, complete Ud. las siguientes frases. Al terminar, Ud. habrá escrito un resumen breve del cuento.

1. El joven quería casarse con...
2. Para que la mujer fuera obediente, el joven mandó...
3. Cuando el joven le mandaba hacer varias cosas, la novia...
4. Al llegar los parientes y los padres a la mañana siguiente, la novia les dijo que debían...
5. Los parientes apreciaron al joven porque él...
6. De ahí en adelante,...

III. Minidrama

Con un(a) compañero(a) de clase, prepare Ud. un breve drama sobre el tema del cuento. El drama puede tratar de un aspecto del cuento o se puede usar la imaginación y presentar una idea que se relacione al tema. Algunas ideas posibles son:

1. Lo que pasa entre el suegro y su mujer cuando el suegro trata de imitar las acciones del joven.
2. Los mismos jóvenes diez años después.
3. Lo que pasaría si un joven moderno quisiera imitar las acciones del joven del cuento.

La Alhambra

En el año 711, una fuerza militar de moros bajo el líder Tarik conquistó el peñón que todavía lleva su nombre—Jebel-al-Tarik (Monte de Tarik) o Gibraltar. Luego invadieron el resto de España y después de siete años lograron conquistar casi toda la península. Aunque en los siglos siguientes los cristianos gradualmente pudieron reconquistar los reinos del norte y una gran parte del sur, no lograron completar la reconquista hasta 1492, año en que Fernando e Isabel tomaron Granada, el último reino moro.

Durante casi ocho siglos Granada era una ciudad mora y llegó a ser conocida como centro comercial y cultural. Sus habitantes incluían poetas, científicos, artistas y arquitectos. En 1238, el rey moro Ibn Alhamar hizo comenzar la construcción de la Alhambra (cuyo nombre significa «fortaleza roja»). Los reyes Abul Hachach Yusuf I y su hijo Mohamed V continuaron la obra, y a estos tres reyes les debemos las magníficas construcciones que han llegado hasta nosotros y que constituyen la máxima expresión del arte árabe.

Alhamar hizo construir la Alhambra sobre una colina, lugar que ofrecía protección contra sus enemigos. Desde afuera, sus murallas, torres y palacios, que se acomodan a los distintos niveles de terreno, impresionan al observador como un monumento austero, una fortaleza sin aspecto decorativo. Pero una vez adentro, todo es distinto. Desde las torres hay vistas espléndidas de la sierra y de las partes antiguas y modernas de la ciudad. Pero lo que es más impresionante es la exquisita arquitectura de los varios edificios. En el Patio de los Leones, por ejemplo, las columnillas esbeltas de mármol sostienen bóvedas cuya decoración se parece al follaje de algún palmar de la imaginación. También son notables los complejos diseños geométricos—o de cerámica o de estuco—que han fascinado igualmente a los artistas y los matemáticos de nuestros días. Y esta geometría se repite en los jardines del Generalife (el palacio de verano) donde uno puede gozar del olor de naranjos y de flores. Es importante recordar que los moros eran gente del desierto: tal vez por eso incorporaron albercas y fuentes como elemento esencial en muchas partes de la Alhambra, de modo que siempre se oye el refrescante y musical sonido del agua.

Tal vez el que mejor supo resumir la hermosura de Granada y de la Alhambra era el poeta Francisco de Icaza. Después de visitar la Alhambra, el poeta vio a un ciego. Esa experiencia le inspiró y escribió:

> Dale limosna, mujer,
> que no hay en la vida nada
> como la pena de ser ciego en Granada.

Patio de la Acequia, Generalife

Como podemos ver en esta foto del Patio de la Acequia, el agua es un elemento esencial en el plan de la Alhambra. Los árabes sabían utilizar la fuerza de la gravedad para hacer funcionar todas las fuentes y para proveer agua para los baños y los estanques. Aquí todo tiene aspecto de oasis. El agua no sólo les gustaba por razones estéticas, sino que debían usar agua cinco veces al día para sus abluciones religiosas.

Patio de los Leones

Este patio y las salas que dan al patio formaban la residencia del rey, el lugar donde vivían sus mujeres. Cada sala tenía agua corriente que pasaba por canales estrechos hasta llegar a la base de la fuente. El encanto del patio, la música del agua y la elegante decoración de las salas producían un ambiente íntimo y seductor que todavía impresiona al visitante.

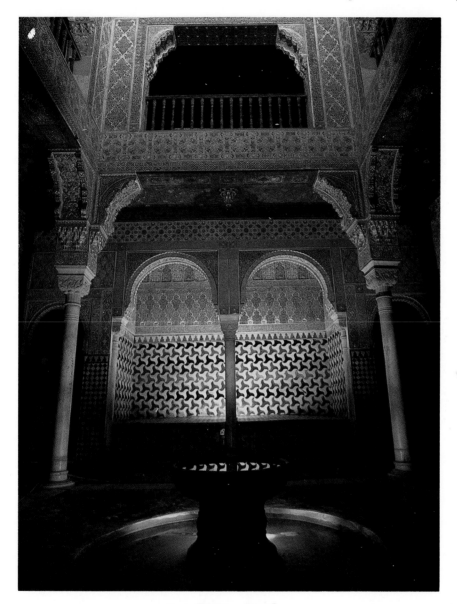

Los Baños Reales

La elegancia de los baños reales es testimonio de la importancia que los moros le daban al aseo personal. Hay que recordar que en la misma época los cristianos casi nunca se bañaban, ya que creían que el bañarse causaba debilidad.

En esta foto se puede ver cómo los árabes usaban diseños geométricos, especialmente en el diseño que se ve al fondo, donde el juego de cerámicas blancas y de colores produce una ilusión óptica.

Para comentar

1. Refiriéndose a las fotos, describa Ud. la parte de la Alhambra que más le gusta y atrae.
2. En las iglesias y los palacios cristianos normalmente se encuentran representaciones de seres humanos. ¿Sabe Ud. por qué están ausentes en edificios moros como los de la Alhambra?
3. ¿Cómo describiría Ud. el papel de la mujer en sociedades musulmanas contemporáneas? Por ejemplo, ¿qué diferencias hay entre el papel de la mujer en Irán y el de la mujer norteamericana?
4. ¿Qué aspectos de la arquitectura mora pueden encontrarse en la arquitectura moderna de nuestro país, especialmente en la arquitectura del suroeste?

2

Orígenes de la cultura hispánica: América

Estas enormes esculturas de piedra son ejemplos del arte precolombina. Se encuentran en una mesita en San Agustín, Colombia. ¿Qué nos revelan estas esculturas sobre la cultura que las creó?

ENFOQUE

Hoy día, las impresionantes ruinas de México, Centroamérica y el Perú son mudos testigos de la grandeza alcanzada por las grandes civilizaciones precolombinas que existieron en América. De esas civilizaciones, sólo la de los aztecas en el valle de México y la de los incas en el Perú florecían en la época en que llegaron los conquistadores españoles. La civilización maya, que se desarrolló en el sureste de México, Honduras y Guatemala, decayó después del siglo X y los edificios de sus centros ceremoniales fueron cubiertos y escondidos por el bosque y la selva. Así como la naturaleza escondió la evidencia de los conocimientos tecnológicos y artísticos de los mayas, las acciones de los conquistadores durante y después de la Conquista dificultaron la apreciación del verdadero valor de las civilizaciones de los aztecas de México y de los incas y sus predecesores en el Perú. Muchas de las grandes estructuras fueron derrumbadas y se utilizaron sus materiales para construir edificios europeos, a veces sobre los cimientos de los antiguos templos y palacios. Los objetos artísticos de oro y plata fueron reducidos a barras que se transportaron fácilmente a Europa. Otros objetos aun más frágiles fueron destruidos por el hombre o por el tiempo y la naturaleza.

Sin embargo, no se perdió todo. Debido a la obra paciente de historiadores y arqueólogos hemos podido recobrar mucho del pasado. Se han restaurado muchos centros ceremoniales, y otra vez el hombre puede caminar por donde caminaban los mayas, aztecas e incas. Otros objetos que fueron salvados de las fuerzas destructivas—cerámicas, tejidos, esculturas, pinturas, objetos del orfebre—se encuentran en los museos más importantes del mundo, donde podemos apreciar la alta calidad del arte del hombre precolombino.

Así como la cultura de España refleja la asimilación de varias culturas, lo mismo puede observarse en muchos países hispanoamericanos, donde la contribución india es tan evidente como la española. Aquí presentamos obras que reflejan la cultura precolombina de México y del Perú: trozos de las *Cartas de relación* de Hernán Cortés y algunos ejemplos de la cerámica de los «mochicas» del Perú. La obra de Cortés nos permite compartir las experiencias del famoso conquistador y nos deja ver algo de la grandeza de Tenochtitlán, la gran ciudad de los aztecas. Por las extraordinarias cerámicas de los «mochicas» se pueden conocer muchísimos aspectos de la vida diaria de esa cultura que existió en el Perú mil años antes de establecerse el imperio inca.

VOCABULARIO ÚTIL

Estudie estas palabras.

ajedrez *m* chess
ancho, -a wide
ave *f* bird
barbero barber
cabello hair
calle *f* street
canoa canoe
ceja eyebrow
derecho, -a straight
estanque *m* pool, pond
jardín *m* garden
labrar to work (stone); to carve (wood)
laguna lake, lagoon

limpieza cleaning
mar *m or f* sea
mercado market
mirador *m* window, observation point
oro gold
pescado fish
pestaña eyelash
piedra stone
plata silver
platero silversmith
puente *m* bridge
rostro face

Anticipación

I. La moderna capital de México está construida sobre las ruinas de Tenochtitlán, la antigua capital de los aztecas. El título de la obra que Ud. va a leer es «El español en Tenochtitlán». La obra fue escrita por Hernán Cortés, famoso conquistador de los aztecas. Antes de leer lo que escribió Cortés, haga con los compañeros de clase una lista de las cosas que probablemente aparecerán en la lectura.

II. En «El español en Tenochtitlán» hay muchas palabras que son idénticas o parecidas a palabras en inglés. ¿Puede Ud. adivinar *(guess)* lo que significan estas palabras?

admiración *f*	instrumento	persona	principal
corredor *m*	león *m*	plaza	servicio
deformidad *f*	medicinal	portal *m*	tigre *m*
imposible	patio	potable	

¿Hay otras palabras de este tipo en el **Vocabulario útil?**

III. Las siguientes frases describen algunos aspectos de México en la época
cuando era la capital de los aztecas, Tenochtitlán. Complete cada frase con
la forma correcta de estas palabras que son del **Vocabulario útil.**

ancho	jardín	oro
ave	laguna	plata
derecho	mercado	puente

1. Fundaron la ciudad de Tenochtitlán en una _____ .
2. Las calles eran muy _____ y muy _____ .
3. Había canales que atravesaban las calles y sobre esos canales había
   _____ .
4. En las plazas de la ciudad había _____ donde vendían muchas
   cosas.
5. Moctezuma, el monarca del imperio azteca, tenía objetos artísticos que
   se hacían de plumas, de piedra, de _____ y de _____ .
6. En una de las casas de Moctezuma había estanques de agua donde vivían diversas _____ domésticas.

IV. Aunque es posible que Ud. no sepa mucho de los aztecas y su capital,
indique si cada frase es verdadera o falsa. Después de leer «El español en
Tenochtitlán», corrija las frases que son falsas.

1. La población de Tenochtitlán no podía compararse con la de ciudades
   europeas del siglo XVI: Tenochtitlán era una ciudad mucho más pequeña.
2. Todas las ciudades aztecas, así como las de otras culturas precolombinas, eran centros religiosos y no eran centros comerciales.
3. Ya que los primeros conquistadores eran de otra cultura, no apreciaban
   las cosas que veían en Tenochtitlán.
4. Ciertos conceptos, como el del jardín zoológico, no existían en la cultura
   azteca.
5. A los aztecas les interesaban las personas que tenían ciertas deformidades o anormalidades.

Cartas de relación

El título completo de la colección de cinco cartas que mandó Hernán Cortés a Carlos V es *Cartas de relación sobre el descubrimiento y la conquista de la Nueva España*. En ellas el gran conquistador describe uno de los hechos más notables de la historia: la conquista de México por un grupo relativamente pequeño de españoles entre 1519 y 1521. Las cartas de Cortés también inician un nuevo género literario: la crónica de Indias.

Cortés nació en Medellín, España, en 1485. Estudió dos años en Salamanca. A los 29 años viajó a América, a Santo Domingo, donde conoció a Diego Velázquez y participó en la conquista de Cuba. Durante varios años Cortés fue secretario de Velázquez, que llegó a ser gobernador de Cuba. Éste le dio a Cortés una comisión para la conquista de México y en 1518 Cortés salió de Cuba para emprender la conquista que había de hacerle famoso. En sus cartas a Carlos V, Cortés describe lo que pasó después: la serie de hechos que culminaron en la conquista del imperio azteca y la destrucción de su capital, Tenochtitlán. Después de la conquista, el rey lo nombró Gobernador y Capitán General de Nueva España, pero Cortés tenía muchos enemigos y en 1528 tuvo que regresar a España para defenderse contra sus acusaciones. El rey reconoció la contribución de Cortés, confiriéndole un título, pero aunque Cortés regresó a México, no le gustaron las intrigas políticas y volvió a España. Allí dirigió una expedición a Argelia y murió en su país natal en 1547.

El lenguaje de las cartas de Cortés es directo y sencillo. En sus cartas Cortés informa al rey sobre los hechos de la conquista y también revela su interés y su admiración por la civilización india que encontró. Al describir las costumbres, las ciudades, los edificios, la religión y otros aspectos de la vida de los aztecas es obvio que Cortés se asombra ante el esplendor de esa civilización. Nos la describe con una viveza que hace que nosotros también seamos testigos de su grandeza.

El español en Tenochtitlán

... Esta gran ciudad de Temixtitan[1] está fundada en esta laguna salada, y desde la Tierra-Firme hasta el cuerpo de la dicha ciudad, por cualquiera parte que quisieren entrar a ella, hay dos leguas. Tiene cuatro
5 entradas, todas de calzada hecha a mano, tan ancha como dos lanzas jinetas. Es tan grande la ciudad como Sevilla y Córdoba. Son las calles de ella, digo las principales, muy anchas y muy derechas, y algunas de éstas y todas las demás son la mitad de tierra, y
10 por la otra mitad es agua, por la cual andan en sus canoas. Todas las calles de trecho en trecho están abiertas por donde atraviesa el agua de las unas a las otras, y en todas estas aberturas, que algunas son muy anchas, hay sus puentes de muy anchas y muy
15 grandes vigas juntas y recias y bien labradas; y tales, que por muchas de ellas pueden pasar diez de caballo juntos a la par... Tiene esta ciudad muchas plazas, donde hay continuos mercados y trato de comprar y vender. Tiene otra plaza tan grande como dos
20 veces la de la ciudad de Salamanca, toda cercada de portales alrededor, donde hay cotidianamente arriba de 60.000 ánimas comprando y vendiendo; donde hay todos los géneros de mercaderías que en todas las tierras se hallan, así de mantenimientos
25 como de vituallas, joyas de oro y de plata, de plomo, de latón, de cobre, de estaño, de piedras, de huesos, de conchas, de caracoles y de plumas. Véndese tal piedra labrada y por labrar, adobes, ladrillos, madera labrada y por labrar de diversas maneras. Hay calles
30 de caza donde venden todo linaje de aves que hay en la tierra... Venden conejos, liebres, venados y perros pequeños, que crían para comer. Hay calles de herbolarios, donde hay todas las raíces y yerbas medicinales que en esta tierra se hallan. Hay casas como de
35 boticarios donde se venden las medicinas hechas, así potables como ungüentos y emplastos. Hay casas como de barberos, donde lavan y rapan las cabezas. Hay casas donde dan de comer y beber por precio... Finalmente, que en los dichos mercados se venden

---

Temixtitan *Tenochtitlán*

quisieren *they may wish*
leguas *leagues*
calzada... mano
handmade pavement
lanzas jinetas *short lances*

de trecho en trecho *at intervals*

vigas *beams*
recias *strong*
diez... par *ten horsemen riding shoulder to shoulder*

cercada... alrededor *surrounded by porticos*

arriba de *more than*

géneros *types*
mercaderías *goods*
así de... vituallas *including both things for subsistence and for food*

Véndese *They sell*

labrada y por labrar *worked and unworked*

caza *game*
linaje *kind*

herbolarios *herbists*

yerbas *herbs*

boticarios *druggists*
así... emplastos *drinkable ones as well as ointments and poultices*
rapan *they shave*

todas cuantas cosas se hallan en la tierra, que demás de las que he dicho, son tantas y de tantas calidades, que por la prolijidad y por no me ocurrir tantas a la memoria, y aun por no saber poner los nombres, no
5 las expreso...

En lo del servicio de Moctezuma[2] y de las cosas de admiración que tenía por grandeza y estado, hay tanto que escribir, que certifico a vuestra alteza que yo no sé por dónde pueda acabar de decir alguna
10 parte de ellas. Porque, como ya he dicho, ¿qué más grandeza puede ser que un señor bárbaro como éste tuviese contrahechas de oro y plata y piedras y plumas todas las cosas que debajo del cielo hay en su señorío, tan al natural lo de oro y plata, que no hay
15 platero en el mundo que mejor lo hiciese; y lo de las piedras, que no baste juicio comprender con qué instrumentos se hiciese tan perfecto; y lo de pluma, que ni de cera ni en ningún broslado se podría hacer tan maravillosamente?... Tenía, así fuera de la ciudad
20 como dentro, muchas casas de placer, y cada una de su manera de pasatiempo, tan bien labradas cuanto se podría decir, y cuales requerían ser para un gran príncipe y señor. Tenía dentro de la ciudad sus casas de aposentamiento, tales y tan maravillosas que me
25 parecería casi imposible poder decir la bondad y grandeza de ellas... Tenía una casa poco menos buena que ésta, donde tenía un muy hermoso jardín con ciertos miradores que salían sobre él, y los mármoles y losas de ellos eran de jaspe, muy bien obra-
30 das. Había en esta casa aposentamientos para se aposentar dos muy grandes príncipes con todo su servicio. En esta casa tenía diez estanques de agua, donde tenía todos los linajes de aves de agua que en estas partes se hallan, que son muchos y diversos, to-
35 das domésticas; y para las aves que se crían en la mar eran los estanques de agua salada, y para las de ríos, lagunas de agua dulce; la cual agua vaciaban de cierto a cierto tiempo por la limpieza, y la tornaban a henchir por sus caños. A cada género de aves se
40 daba aquel mantenimiento que era propio a su natural y con que ellas en el campo se mantenían. De

por la... memoria *because there are so many and I can't remember so many*
poner los nombres *give them a name*
En lo del *As for the*

dónde pueda... ellas *how I can mention even a part of them*
qué más... que *what could be more grand than for*
contrahechas de *copied in*
al natural *naturally*

que... juicio *there is no understanding great enough*
broslado: bordado *embroidery*

de su manera de pasatiempo *with its own kind of pastimes*
cuales requerían ser *each suitable*

aposentamiento *lodging*

mármoles *marbles*
losas *tiles*
jaspe *colored stoneware*
para se aposentar *for lodging*

la tornaban a henchir *they would fill it again*
caños *pipes*
propio a su natural *suitable for its kind*

forma que a las que comían pescado se lo daban, y las que gusanos, gusanos, y las que maíz, maíz, y las que otras semillas más menudas, por consiguiente se las daban.... Había para tener cargo de estas aves
5 trescientos hombres, que en ninguna otra cosa entendían. Había otros hombres que solamente entendían en curar las aves que adolecían. Sobre cada alberca y estanque de estas aves había sus corredores y miradores muy gentilmente labrados, donde el dicho
10 Moctezuma se venía a recrear y a las ver. Tenía en esta casa un cuarto en que tenía hombres, mujeres y niños, blancos de su nacimiento en el rostro y cuerpo y cabellos y cejas y pestañas. Tenía otra casa muy hermosa, donde tenía un gran patio losado de
15 muy gentiles losas, todo él hecho a manera de un juego de ajedrez.... Había en esta casa ciertas salas grandes, bajas, todas llenas de jaulas grandes, de muy gruesos maderos, muy bien labrados y encajados, y en todas o en las más había leones, tigres, lo-
20 bos, zorras y gatos de diversas maneras, y de todos en cantidad; a los cuales daban de comer gallinas cuantas les bastaban. Para estos animales y aves había otros trescientos hombres, que tenían cargo de ellos. Tenía otra casa donde tenía muchos hombres y mu-
25 jeres monstruos, en que había enanos, corcovados y contrahechos, y otros con otras deformidades, y cada manera de monstruos en su cuarto por sí; y también había para éstos personas dedicadas a tener cargo de ellos. Las otras casas de placer que tenía en su ciudad
30 dejo de decir, por ser muchas y de muchas calidades....

De forma que *So*
gusanos *worms*
menudas *small*
por... las daban *(fig) they gave them what was appropriate*
tener cargo de *to take care of*
que en... entendían *who were responsible for nothing else*
adolecían *were ill*
se venía... ver *came to amuse himself and see them*

losado *tiled*

jaulas *cages*
de muy gruesos maderos *of very thick wood*
encajados *fitted*
de... maneras *of different kinds*
daban de comer... bastaban *they fed all the hens they wanted*

enanos, corcovados y contrahechos *dwarfs, hunchbacks and deformed people*
en su cuarto por sí *in their own room*

dejo de decir *I omit*

NOTAS CULTURALES

1 En 1519 Tenochtitlán era una de las ciudades más grandes del mundo y la capital de un imperio de unos once millones de habitantes. Se ha estimado que había unas 60.000 casas en la ciudad y se cree que unas 200.000 personas vivían allí, cuatro veces la población de Londres en aquella época. Ya que la ciudad estaba situada en un lago y había muchos canales, los españoles la comparaban con Venecia. En el centro de la ciudad se encontraba el recinto administrativo y religioso, con muchos edificios (pirámides y palacios) enormes y suntuosos. Cerca de ese recinto estaban los mercados, donde se vendía de todo. La grandeza y la riqueza de la ciudad asombraron a los españoles, que la comparaban favorablemente con las ciudades más importantes de Europa.

2 Moctezuma II fue una de las figuras más trágicas de la historia. Monarca absoluto de un reino bastante grande, recibía Moctezuma tributo de las tribus conquistadas. Los aztecas lo consideraban como figura semi-religiosa y lo trataban como se trata a un dios. Al recibir noticias de la llegada de Cortés a la costa, creyó Moctezuma que el extraño desconocido de la barba rubia era Quetzalcóatl, dios antiguo de los toltecas, que había prometido volver para destruir a los aztecas. Se ha sugerido que la pasividad y la inacción de Moctezuma frente a los españoles se debía a que el monarca creía que era inútil oponerse y que era su destino reinar sobre la destrucción de su pueblo.

Comprensión

1. Según Cortés, ¿con qué ciudades españolas se podía comparar Tenochtitlán?   2. ¿Cómo eran las calles de la ciudad?   3. ¿Cuántas personas compraban y vendían cosas todos los días en uno de los mercados?   4. ¿Cuáles eran algunas de las cosas que se vendían en el mercado?   5. ¿Qué cosa comían los aztecas que normalmente no comeríamos nosotros?   6. ¿Cómo indica Cortés que algunas cosas eran tan nuevas que él no sabía describirlas?   7. ¿De qué se hacían las copias de las cosas que se encontraban en el reino de Moctezuma?   8. ¿Cómo era la casa donde había cuartos para príncipes?   9. ¿Dónde se encontraban las aves de agua?   10. ¿Qué les daban de comer a las aves?   11. ¿Cuántos hombres había para tener cargo de las aves?   12. ¿Desde dónde miraba Moctezuma las aves?   13. ¿Qué había en las jaulas de otra casa?   14. ¿Qué les daban de comer a esos animales?   15. ¿Qué cosa extraña había en otra casa?   16. ¿Por qué no describe Cortés las otras casas que vio?

Expansión

I. Análisis literario

1. ¿Cuáles son las tres cosas que vieron los españoles que les sorprendieron?   2. Describa Ud. en sus propias palabras el mercado que

vio Cortés.   3. Si Ud. fuera el conquistador que acababa de ver la casa de los estanques de agua, ¿cómo la describiría?   4. ¿Cómo indica Cortés que a los españoles les interesaban mucho las riquezas?   5. ¿Cuál parece ser la actitud de Cortés frente a lo que vio?

II. Resumen

Refiriéndose a la selección literaria, complete las frases siguientes para escribir un párrafo que describa la ciudad de Tenochtitlán.

1. Tenochtitlán era tan grande como...
2. Las calles principales de la ciudad eran...
3. En las plazas de la ciudad había...
4. En algunos mercados se vendían conejos, liebres, venados y...
5. Había otros mercados donde vendían...
6. Cortés no mencionó todas las cosas que vendían porque...

III. Minidrama

Con un(a) compañero(a) de clase, prepare Ud. un breve drama sobre dos personas que acaban de conocer por primera vez una cultura muy diferente de la suya. Algunas situaciones posibles son:

1. Dos soldados de Cortés comentan lo que ven en una de las casas de Moctezuma.
2. Dos norteamericanos de nuestros tiempos visitan Moscú.
3. Dos aztecas del siglo XVI hacen un viaje por el tiempo y visitan a una típica familia norteamericana.

El arte de los «mochicas»

Aunque los conquistadores españoles creían que el imperio de los incas era anti-quísimo, el hecho es que los incas sólo fueron tardíos participantes en la historia de aquella región. Durante más de tres mil años varias sociedades surgieron, flo-recieron y desaparecieron en el Perú. Por ejemplo, hay evidencia de la existencia de un gran estado religioso que apareció mil años antes de Cristo. Esa sociedad, que se llamó Chavín, floreció y desarrolló su propio estilo de arte. Pero en los últimos siglos antes de Cristo varias regiones empezaron a desarrollar otros esti-los de arte muy distintos, lo que sugiere la pérdida de la unidad que había exis-tido antes.

Una de las sociedades regionales más interesantes que aparece al decaer el antiguo estado era la de los mochicas. Éstos aparecen en el norte del Perú, en el llano árido que se encuentra entre los Andes y el mar. Allí, dos siglos antes de Cristo, los mochicas desarrollan sus pueblos en los valles de los ríos que nacen en las montañas y van al mar. Viven de la agricultura, de la caza y de lo que pueden pescar en el mar. Domestican varios animales, incluyendo las llamas y las alpacas. Construyen casas, templos y palacios de adobe y con frecuencia los decoran con pinturas muy vívidas. Saben tejer y utilizan una gran variedad de técnicas para producir tejidos elegantes. Entierran a sus muertos en hoyos debajo de la tierra, donde rodean al muerto con varias ofrendas cuya cantidad y calidad varían mucho, indicando la existencia de un sistema de clases sociales y una compleja división del trabajo.

Aunque los mochicas no sabían escribir, los artistas que fabricaron las cerámi-cas que se han encontrado en muchas tumbas nos han dejado un retrato muy detallado de su vida. En su excelente libro *Moche Art of Peru* (University of Cali-fornia, 1978), Christopher B. Donnan nota que la expresión artística que se en-cuentra en las cerámicas es muy variada. Hombres, mujeres, animales, plantas, demonios antropomorfos y dioses se pueden observar en sus actividades: la caza, la pesca, el combate, los castigos, los actos sexuales y las complejas ceremonias religiosas. También se observan detalles de la arquitectura de sus casas y templos y su modo de vestirse y adornarse. Algunas de las cerámicas ofrecen retratos de individuos, mientras otras parecen contar un cuento o ciertos aspectos de la vida de los mochicas. Muchas veces todo esto tiene valor simbólico. Por ejemplo, es posible que el ciervo, animal que aparece en muchas cerámicas, represente las cualidades de ese animal: su velocidad y su cualidad elusiva. Otra posible inter-pretación de esa figura puede encontrarse en la percepción del animal por los descendientes modernos de los mochicas. Los curanderos que viven actualmente en esa región utilizan la pata del ciervo para descubrir espíritus malos y para exorcizar a los que son poseídos por tales espíritus. Con frecuencia, cerca del ciervo se ve en las cerámicas cierto tipo de árbol. Los curanderos modernos mez-clan las semillas de ese árbol con la chicha, una bebida alcohólica, y beben esta mezcla para poder adivinar lo que está pasando en lugares remotos. Obviamente, las semillas del árbol producen un efecto alucinógeno. Así es que lo que parece ser sólo una representación realista del artista mochica también puede tener un aspecto mágico o religioso.

Durante siete siglos los mochicas produjeron sus extraordinarias cerámicas y luego desaparecieron, tal vez conquistados por gente de otra región. Pero nos queda su arte como testimonio de la vitalidad de su cultura y del genio de sus artistas.

Un indio mochica

Sin duda esta vasija es una de las más hermosas de la cerámica mochica. La cara del indio está pintada y la faja que lleva tiene el motivo de la serpiente. Entre los curanderos modernos de la región la serpiente reconcilia fuerzas opuestas—lo bueno y lo malo, la luz y la oscuridad, el sol y el mar. No sabemos con seguridad si significaba lo mismo entre los mochicas, pero sin duda tenía un valor simbólico.

Courtesy of the Art Institute of Chicago

Both photos courtesy of the Metropolitan Museum of Art, The Michael C. Rockefeller Memorial Collection of Primitive Art, Gift of Nathan Cummings, 1963.

La gama

El zorro

Ya hemos mencionado el posible valor simbólico del ciervo. El zorro es el animal que se retrata con más frecuencia en el arte mochica. Para los curanderos peruanos, el zorro representa la desgracia y el peligro producidos por la decepción y el engaño. También puede simbolizar la capacidad de salvar obstáculos por medio de la astucia.

Muchas veces los animales que se representan en las cerámicas mochicas tienen cualidades humanas. Describa Ud. los aspectos humanos de la gama y del zorro.

Pared inca, Cuzco

Aunque sólo tenían herramientas primitivas de piedra o de bronce, los incas sabían cortar y pulir piedras con un alto grado de perfección. En las paredes de edificios reales juntaban las piedras tan perfectamente que apenas se puede meter un papel entre una piedra y otra, como se puede notar en esta pared.

¿Cuántos ángulos tiene la piedra que se ve en el centro de la foto?

Para comentar

1. Se ha mencionado que muchas veces los objetos que se retratan en las cerámicas mochicas tienen un valor simbólico. Con frecuencia parecen referirse a una parte de una ceremonia religiosa o a un concepto religioso. En nuestra sociedad también hay cosas simbólicas que forman parte de una ceremonia o de una tradición. Por ejemplo, todos reconocemos a cierto señor gordo, de barba blanca y muy larga, que lleva un traje rojo y botas negras. Sabemos cuál es la función de ese señor, cómo se relaciona con los niños y en qué estación del año aparece. ¿Cuáles son algunas otras cosas que tienen valor simbólico o tradicional en nuestra cultura?

2. ¿Es verdad que nosotros, como aparentemente lo hacían los mochicas, asociamos ciertas cualidades con ciertos animales? ¿Puede dar algunos ejemplos?

3. El arte europeo, como el de los mochicas, a veces tiene un valor simbólico. ¿Puede Ud. pensar en otras obras de arte europeas o norteamericanas que tengan esa dimensión?

3

La religión en el mundo hispánico

En los mercados al aire libre se puede ver arte de toda clase. ¿Qué clase de pinturas son éstas? ¿Piensa Ud. que se venden muchas de estas obras? Explique.

ENFOQUE

En los países hispánicos, todos los aspectos de la vida revelan la importancia de la religión cristiana. La Iglesia participa en los momentos más importantes de la vida del individuo: el bautismo, el matrimonio y la muerte. La mayoría de las fiestas populares son religiosas. Aun los que no creen en Dios usan expresiones como «Dios mío» o «Por Dios».

En España, el catolicismo llega con los romanos y cobra fuerza durante la Reconquista, la lucha entre cristianos y moros que duró casi ocho siglos. La importancia de la Iglesia durante ese período se revela de muchas maneras: en la arquitectura, la pintura, la escultura, la literatura. Para el hombre medieval—tanto el español como el de otros países europeos—la religión era el aspecto más importante de su vida. La vida para tal individuo era el camino para llegar al cielo y por eso era importante vivir bien para merecer la vida eterna. Aun en el Renacimiento, cuando se ponía más énfasis en el aspecto mundano de la vida, el arte y la literatura españoles de la época revelan que la religión seguía siendo importantísima.

Por la conquista de América se extendió el catolicismo al continente. En las regiones donde había grandes civilizaciones indígenas, las funciones de los dioses indígenas fueron absorbidas por santos cristianos que tenían funciones parecidas, y ciertas costumbres y actitudes de los indios llegaron a formar parte del tipo de catolicismo que se desarrolló allí. Es interesante notar, por ejemplo, que en la poesía española del siglo XV se expresa la idea de que la vida es transitoria y frágil, actitud que también aparece en poesías aztecas del mismo siglo, aunque esa observación les lleva a conclusiones diferentes.

En esta unidad se presentan varios testimonios de la importancia de la religión en el mundo hispánico: varios poemas de tema religioso y algunas pinturas magníficas de El Greco, el pintor que mejor supo captar la fe elevada y mística del español del siglo XVI.

VOCABULARIO ÚTIL

Estudie estas palabras.

acabar to end, to finish	**durar** to last
alegrarse to be glad	**duro, -a** hard
cruz *f* cross	**engañar(se)** to deceive (oneself)
dejar de to cease, to stop	**infierno** hell
dichoso, -a blessed	**juzgar** to judge
dolor *m* pain	**mover (ue)** to move

nahua   Nahuatl (Aztec language)
placer *m*   pleasure
prestar   to lend
préstamo   loan

ser   to be; to exist
sospechar   to suspect
temer   to fear
voluntad *f*   will

Anticipación

I. Complete Ud. con la forma correcta de una palabra apropiada del **Voca-bulario útil.**

Ayer tuve que ir al dentista porque tenía un _____ de muela (molar) muy malo. Para mí, ir al dentista no es un _____ y el ir allí requiere mucha _____ . Dicen que ningún dolor _____ mucho, pero siempre _____ que el dentista es indiferente a mi sufrimiento. Como siempre, el dentista me dijo que no había nada que _____ . Tal vez para _____ me dediqué a pensar en los _____ santos, pero terminé pensando en el sufrimiento de Cristo en la _____ y en las almas que sufrían en el _____ . ¡Cuánto _____ cuando el dentista anunció que había _____ su tarea!

II. El artículo neutro **lo** se usa en muchas expresiones. Es común usar **lo que** o **lo cual** para referirse a un antecedente no específico que es una idea o una situación.

No me habló, lo cual *(which)* me sorprendió.
Allí vimos a mis padres, lo que *(which)* me alegró bastante.

Lo que también se usa en el sentido de *what* cuando no se indica el antecedente.

Lo que *(what)* van a hacer es un secreto.
¿Quieres decirme lo que *(what)* piensas hacer?

También se usa **lo** con la forma neutra de un adjetivo para expresar un concepto abstracto.

Lo bueno *(the good thing, the good part)* es lo que pasó después.
Él siempre buscaba lo nuevo y lo perfecto *(the new and the perfect)*.

Pensando en los varios usos de **lo,** traduzca Ud. estas frases.

1. Lo que vio era extraño.
2. Quiero hacer lo mismo.
3. ¿Crees tú que Dios es todo lo que existe?
4. ¿Tienes miedo de lo que no conoces?

5. Lo único que hizo era salir sin decir nada.
6. Ella no se quedó, lo cual nos sorprendió.
7. En las pinturas de El Greco se presentan simultáneamente lo divino y lo humano.

III. Si Ud. no está de acuerdo con las siguientes afirmaciones, cámbielas para expresar su opinión personal.

1. Me parece que la vida hoy es más dura que en otras épocas.
2. La vida es breve y por eso debemos gozar de ella y no pensar en otra cosa.
3. Creo que existen el cielo y el infierno.
4. No puedo ni negar ni afirmar la existencia de Dios.
5. Es evidente que Dios controla lo que pasa en nuestras vidas.

Cinco poemas religiosos o filosóficos

En casi todas las culturas del mundo (si no en todas), los seres humanos han querido saber el porqué de nuestra existencia. Ciertos temas se repiten a través del tiempo y del espacio: la vida es breve; la existencia es fugaz y frágil; debe existir alguna divinidad que dé sentido a la vida. Esos temas aparecen en las culturas indígenas antes del descubrimiento de América y también, por supuesto, en las varias culturas hispánicas después de la conquista. Aquí presentamos cinco momentos de la poesía religiosa y filosófica en América y en España donde también aparecen esos temas.

El primer poema es un poema nahua, coleccionado por Juan Bautista Pomar. Pomar vivía en Texcoco, una de las principales ciudades que se establecieron cerca del lago de Texcoco en la época del imperio azteca. Se cree que Pomar nació allí en 1535, quince años después de la destrucción de Tenochtitlán y la desolación de Texcoco. Por su madre, Pomar era bisnieto de Nezahualcóyotl, famoso rey de Texcoco en el siglo XV. Ya que Pomar sabía hablar nahuatl, pudo coleccionar poemas de los aztecas.

El trozo que se presenta del segundo poema, «Coplas por la muerte de su padre», de Jorge Manrique, tiene un tema parecido al tema del poema nahua. Como muchos nobles de su época, Manrique (1440?–1479) se dedicó a las armas y las letras. Murió en una batalla durante el reino de los Reyes Católicos. Aunque las ideas y los conceptos de las coplas son tradicionales, por su belleza y su perfección este poema es considerado como la elegía más perfecta que se ha escrito en español.

El soneto «No me mueve, mi Dios...» es de un autor desconocido del siglo dieciséis. Sin duda es el soneto más famoso de inspiración religiosa que se ha escrito en español. Hay muchos sonetos dedicados a Cristo en la cruz, pero la sinceridad de este poema y su lirismo son extraordinarios.

En las últimas décadas del siglo XIX, la poesía en Hispanoamérica goza de un florecimiento no conocido antes en el continente. La producción de obras líricas de gran calidad es extraordinaria. Aún más, es una poesía cosmopolita que incorpora elementos extranjeros (especialmente franceses) además de elementos americanos; elementos modernos además de elementos antiguos. El movimiento literario que resultó se llama el Modernismo y los escritores modernistas se consideraban como héroes del arte y rebeldes contra el mundo burgués que los rodeaba. Lograron renovar la forma y el lenguaje de la poesía e influyeron en la sensibilidad y la manera de pensar de los intelectuales de su época.

Aquí presentamos dos ejemplos de poesía modernista: «Lo fatal» de Rubén Darío y «¿Cómo es?» de Amado Nervo. Darío (1867–1916) era nicaragüense y se dedicó totalmente a la literatura. Es sin duda el poeta más importante del Modernismo, tanto por su propia producción literaria como por su influencia en otros poetas. **Tal vez los libros más conocidos de él son** *Azul* **(1888),** *Prosas profanas* **(1896) y** *Cantos de vida y esperanza* **(1905). «Lo fatal» es de** *Cantos de vida y esperanza* **que, según muchos críticos, es su mejor libro, no sólo por la perfección de los varios poemas que en él se incluyen, sino también por su profundidad filosófica.**

Un tema parecido al de «Lo fatal» aparece en «¿Cómo es?» del mexicano Amado Nervo (1870–1919). Muchos poemas de Nervo exaltan el amor humano, pero en otros poemas, especialmente en los de sus últimos años, el poeta expresa su profunda fe religiosa, como se puede notar en el poema que se incluye aquí.

POEMA NAHUA

No vivimos en nuestra casa
aquí en la tierra.
Así solamente por breve tiempo
la tomamos en préstamo.
 ¡Adornaos, príncipes!

Solamente aquí
nuestro corazón se alegra:
por breve tiempo, amigos, estamos prestados unos a
 otros:
No es nuestra casa definitiva la tierra:
 ¡Adornaos, príncipes!

Adornaos Adorn yourselves

NOTA CULTURAL

Un tema que aparece con frecuencia en la literatura europea es que la vida es breve y por eso debemos gozar de cada momento de ella. Es interesante notar que ese concepto también aparece en muchos poemas aztecas escritos antes del descubrimiento de América.

Comprensión

1. Según el poeta, ¿por cuánto tiempo es nuestra la tierra?   2. Ya que la vida es transitoria, ¿qué debemos hacer?   3. ¿Dónde podemos sentir la alegría? 4. ¿Son permanentes las amistades?

COPLAS POR LA MUERTE DE SU PADRE (TROZO)

Recuerde el alma dormida,
avive el seso y despierte
   contemplando
cómo se pasa la vida,
cómo se viene la muerte
   tan callando;
  cuán presto se va el placer;
cómo, después de acordado,
   da dolor;
cómo, a nuestro parecer,
cualquiera tiempo pasado
   fue mejor.

  Pues si vemos lo presente
cómo en un punto se es ido
   e acabado,
si juzgamos sabiamente,
daremos lo non venido
   por pasado.
  Non se engañe nadie, no,
pensando que ha de durar
   lo que espera
más que duró lo que vio,
pues que todo ha de pasar
   por tal manera.

  Nuestras vidas son los ríos
que van a dar en la mar,
   que es el morir;
allí van los señoríos
derechos a se acabar
   e consumir;
  allí los ríos caudales,
allí los otros medianos,
   e más chicos,
allegados, son iguales
los que viven por sus manos
   e los ricos.

Recuerde *Awaken*
avive el seso *fig. be alert*

tan callando *so silently*
presto *quickly*
después de acordado
  once it is remembered
parecer *opinion*

en un punto *in a flash*

daremos... pasado *we will regard the future as already past*

por tal manera *in the same way*

van a dar en *flow into*

señoríos *great lords*
derechos... consumir *straight to be ended and consumed*
caudales *large*
medianos *middling*

allegados *upon arriving*

Comprensión

1. Según Manrique, ¿es breve o larga la vida?   2. ¿Cuál es mejor según Manrique: el pasado, el presente o el futuro?   3. El poeta indica que el presente pasa rápidamente. ¿Dura más tiempo el futuro?   4. ¿Con qué compara el poeta nuestras vidas?   5. ¿Qué simboliza la mar?   6. ¿Cuándo son iguales los ricos y los pobres?

SONETO

No me mueve, mi Dios, para quererte
el cielo que me tienes prometido,
ni me mueve el infierno tan temido
para dejar por eso de ofenderte.
    Tú me mueves, Señor; muéveme el verte
clavado en esa cruz y escarnecido;
muéveme el ver tu cuerpo tan herido;
muévenme tus afrentas y tu muerte.
    Muéveme, en fin, tu amor de tal manera
que, aunque no hubiera cielo, yo te amara,
y, aunque no hubiera infierno, te temiera.
    No me tienes que dar porque te quiera;
que, aunque cuanto espero no esperara,
lo mismo que te quiero te quisiera.

clavado *nailed*
escarnecido *mocked*
herido *wounded*
tus afrentas *the outrages
    done to you*

NOTA CULTURAL

El hombre medieval creía que era necesario vivir bien porque esta vida sólo tenía importancia como medio de ganar la vida eterna después de la muerte: el que vivía bien iba al cielo y el que vivía mal podía ir al infierno. La actitud que se presenta en este soneto es mucho más íntima, ya que su autor sólo es movido por su amor a Cristo, por el sufrimiento de Cristo y por el amor de Cristo por los seres humanos.

Comprensión

1. ¿Qué es lo que le mueve al poeta a querer a Dios?   2. ¿Qué momento de la vida de Cristo le mueve especialmente?   3. ¿Pone el poeta condiciones para su amor?   4. ¿Qué pasaría si no existieran el infierno y el cielo?

LO FATAL

Dichoso el árbol, que es apenas sensitivo,
y más la piedra dura, porque ésa ya no siente,
pues no hay dolor más grande que el dolor de ser
    vivo,
ni mayor pesadumbre que la vida consciente.
    Ser, y no saber nada, y ser sin rumbo cierto
y el temor de haber sido, y un futuro terror...
Y el espanto seguro de estar mañana muerto,
y sufrir por la vida, y por la sombra, y por
    lo que no conocemos y apenas sospechamos.
Y la carne que tienta con sus frescos racimos,
y la tumba que aguarda con sus fúnebres ramos
¡y no saber a dónde vamos,
ni de dónde venimos...!

pesadumbre grief
rumbo direction

espanto horror

tienta tempts
racimos clusters
aguarda... ramos awaits
   with its dark branches

Comprensión

1. ¿Por qué es especialmente dichosa la piedra?   2. ¿Qué cosas producen dolor?   3. ¿Qué dudas expresa Darío en cuanto a lo que significa la vida?
4. ¿Cree el poeta saber lo que nos espera después de la muerte?

¿CÓMO ES?

¿Es Dios personal?
¿Es impersonal?
¿Tiene forma?
¿No tiene forma?
¿Es esencia?
¿Es substancia?

¿Es uno?

¿Es múltiple?

¿Es la conciencia del Universo?

¿Es Voluntad sin conciencia y sin fin?

¿Es todo lo que existe?

¿Es distinto de todo lo que existe?

¿Es como el alma de la naturaleza?

¿Es una ley?

¿Es simplemente la armonía de las fuerzas?

¿Está en nosotros mismos?

¿Es nosotros mismos?

¿Está fuera de nosotros?

Alma mía, hace tiempo que tú ya no te preguntas
  estas cosas. Tiempo ha que estas cosas ya no te
  interesan.

Lo único que tú sabes es que Le amas...

NOTA CULTURAL

«¿Cómo es?» aparece en uno de los últimos libros de Nervo, *Plenitud* (1918). En otros poemas el poeta expresa su interés por el panteísmo y el budismo. En éste, las preguntas se refieren a conceptos que se encuentran en varias religiones. Abandona Nervo el aspecto intelectual de la religión a favor de una creencia más simple y personal.

Comprensión

1. ¿Cree Ud. en algunos de los conceptos de Dios que se presentan en el poema? ¿Cuáles?   2. ¿Qué es lo que sabe Nervo sobre Dios?

Expansión

I. Análisis literario

1. El uso de la repetición es una característica de la poesía nahua. ¿Cuál es un ejemplo de la repetición en el poema nahua que Ud. ha leído?

2. Tanto en el poema nahua como en las «Coplas» de Jorge Manrique se

indica que la vida es breve. Sin embargo, las conclusiones de los dos poetas son diferentes. ¿Qué diferencia hay?   3. ¿Se puede decir que la última estrofa del poema de Manrique tiene comentario social? ¿Cuál es? 4. ¿Cómo se usa la repetición en el soneto que Ud. ha leído? ¿Cuáles son algunas palabras que se repiten? ¿Cuál es el efecto de la repetición? 5. El cristiano medieval sabía exactamente cómo era la relación entre él y Dios. ¿Cómo se puede contrastar las creencias de un hombre como Jorge Manrique y las de Rubén Darío?   6. En «¿Cómo es?», la primera pregunta y la segunda representan conceptos opuestos de cómo es Dios. ¿Continúa ese tipo de contraste en las otras preguntas del poema?

II. Entrevista

Hágale algunas preguntas a otra persona de la clase sobre sus creencias religiosas o filosóficas. Después, escriba Ud. un párrafo, indicando lo que Ud. ha llegado a saber. Algunas preguntas posibles son:

¿Crees en alguna divinidad? ¿Cuál? ¿Cómo es?
¿Es necesario asistir a la iglesia o al templo para ser religioso? ¿Por qué sí o por qué no?
¿Influye la religión en las decisiones que haces? ¿Cómo?
¿Cuáles son dos valores que te parecen ser muy importantes en la vida?
¿?

III. Minidrama

Con un(a) compañero(a) de la clase, prepare Ud. un breve drama sobre el tema de la religión. Algunas situaciones posibles son:

1. Una persona que siempre hizo lo que le dio la gana *(whatever he or she fancied)* se muere. Después se encuentra ante San Pedro en la puerta del cielo.
2. Una persona que cree que todo tiene una explicación científica se encuentra con otra persona que piensa que algunas cosas no se pueden explicar así.
3. Un individuo viejo y otro joven discuten cuáles son las cosas más importantes de la vida.

El Greco

La Reforma, iniciada en Alemania en la primera mitad del siglo XVI, produjo en España la Contrarreforma, un nuevo despertar del sentimiento religioso y un retorno al misticismo y a la espiritualidad de la Edad Media. La influencia de la nueva actitud sobre el arte fue notable. Tal vez el que mejor supo expresar ese misticismo fue el pintor barroco El Greco (1541–1614).

El Greco nació en la isla de Creta—que pertenecía a Grecia en aquellos tiempos—y su nombre verdadero era Domenico Theotocopuli. De su vida no se sabe mucho. Parece que pasó su juventud en Venecia, donde posiblemente estudió con Ticiano y fue influenciado por las pinturas de Tintoreto. Después visitó Roma, pero no le impresionó ni el orden ni la armonía del verdadero arte renacentista. A la edad de 34 años viajó a España donde esperaba trabajar en la decoración de El Escorial, el gran palacio que hizo construir Felipe II—el enérgico monarca que encabezó la Contrarreforma. Pero a Felipe no le gustó el estilo de El Greco y rehusó darle la comisión. Así se produjo una de las grandes paradojas de la vida: el pintor más religioso fue rechazado por el monarca más religioso. Fue entonces El Greco a Toledo, una ciudad-isla a orillas del río Tajo. Como la percibió el Greco, era ésta una ciudad gris, oscura, en cuyo cielo se movían nubes verduscas; una ciudad cosmopolita, de grandes mezquitas, sinagogas e iglesias. Era el lugar que siempre había buscado el genio nada común de El Greco y allí se quedó el resto de su vida.

En Toledo El Greco creó un arte propio, único, que armonizaba perfectamente con el carácter y el alma españoles. Nos presenta un mundo místico. Sus figuras alargadas, con caras blancas y extenuadas, siempre parecen anhelar subir al cielo. Todo en ellas es rítmico y reflejan un éxtasis espiritual. Nadie como El Greco ha podido captar el misterio del fervor religioso.

La pintura de El Greco goza actualmente de gran popularidad y sus cuadros pueden verse en los mejores museos del mundo. Por ejemplo, hay siete obras suyas en el Museo Metropolitano de Nueva York, incluyendo su *Vista de Toledo*, uno de los primeros ejemplos de la pintura paisajista occidental. En España, su famosa pintura *El expolio* todavía se halla en la catedral de Toledo y *El entierro del Conde de Orgaz* también puede verse en esa ciudad, en la Iglesia de Santo Tomé.

Art Resource

El entierro del Conde de Orgaz

En los cuadros religiosos de El Greco siempre hay una mezcla de lo humano y lo divino. Para el pintor, lo que está ocurriendo en la parte superior del cuadro es tan real como lo que está pasando en la tierra y no separa los dos niveles. El pintor se identifica aquí con esta expresión de su fe al incluirse a sí mismo en el cuadro (la séptima cabeza, empezando desde la izquierda, es autorretrato del pintor). ¿Quiénes son las personas que se ven en el centro de la parte superior del cuadro? ¿Qué hace el ángel en el centro del cuadro? ¿Hacia dónde mira la mayoría de la gente que rodea al Conde? ¿Cuál parece ser la actitud de los vivos hacia la muerte?

The Metropolitan Museum of Art.
Bequest of Mrs. H. O. Havemeyer, 1929. The H. O. Havemeyer Collection.

Vista de Toledo

En este famoso cuadro El Greco no sólo nos presenta uno de los primeros ejemplos de la pintura de paisaje en el arte occidental, sino que logra indicar la cualidad espiritual y religiosa que se asocia con la ciudad de Toledo. Lo hace mediante el uso de luz y de color—matices de verde y de gris—y el movimiento rítmico tanto de la tierra como de las nubes. Aunque la ciudad ha cambiado mucho en los últimos siglos, todavía pueden verse allí el río, los cerros y las cúspides de la catedral que se ven en la pintura. ¿Por qué puede describirse Toledo como una *ciudad-isla*? ¿Hay alargamiento de formas en esta pintura? ¿Qué efecto produce el juego de la luz y de la sombra? ¿Le parece a Ud. que esta pintura tiene valor espiritual?

The Bettmann Archive

El espolio

En este cuadro también se ve la mezcla de lo humano y lo divino. En la figura de
Cristo hay cierta paz y resignación que contrastan con la violencia y el ritmo
agitado de las figuras que lo rodean. ¿Qué contraste hay entre la expresión de la
cara de Cristo y la de las otras figuras que se presentan en el cuadro? ¿Quiénes
son las mujeres que se ven a la izquierda? ¿Qué hace el hombre de la derecha?
¿Son de tamaño normal las figuras?

Para comentar

1. ¿Se puede comparar una de las pinturas de El Greco con uno de los poemas que Ud. ha leído? Indique cuáles son algunas comparaciones que se pueden hacer.

2. ¿Cómo reflejan las pinturas religiosas de El Greco el aspecto dramático que busca la persona hispánica en la religión?

3. Por lo general, en la Edad Media los grandes escritores y artistas pertenecían a la clase adinerada o eran patrocinados por el estado o la Iglesia. ¿Cree Ud. que el estado debe patrocinar las artes en nuestros tiempos? ¿Por qué?

4. ¿Reflejan las iglesias o templos modernos los valores de nuestro pueblo? ¿Cuáles son esos valores y cómo están reflejados en esos edificios? ¿Cómo reaccionaría una persona hispánica de creencias tradicionales ante la clase de arquitectura y decoraciones de nuestras estructuras religiosas modernas?

4

Aspectos de la familia en el mundo hispánico

Algunos indios todavía viven en la tierra de sus antepasados. Describa esta familia huichol. En su opinión, ¿cómo es su vida?

ENFOQUE

En los países hispánicos no hay institución más importante que la de la familia. La familia típica incluye no sólo a los padres y sus hijos, sino también a los parientes—abuelos, tíos, primos, etc. Las estrechas relaciones que se mantienen entre varias generaciones de la familia se reflejan en las ocasiones sociales—en las que participan todos—y también en la unidad de la familia frente a la sociedad.

Para el niño, este concepto de la unidad es muy importante. Desde muy pequeño, él participa en las actividades sociales de la familia y así aprende a portarse con personas de varias generaciones. No depende tanto de sus padres y hermanos, ya que en su vida diaria hay otros parientes que lo pueden cuidar y guiar. Los adultos tienen mucho contacto personal con los niños y jóvenes y les ofrecen su protección, cariño y ejemplo.

El interés por el niño en el mundo hispánico ha resultado en una copiosa literatura acerca del mundo del niño y del adolescente. Esta literatura sólo puede apreciarla completamente quien ha experimentado los aspectos cómicos y trágicos, crueles y tiernos, de esa época de la vida. Ya en el siglo XVI se publica *La vida del Lazarillo de Tormes,* obra anónima que fue muy popular. Trata de las aventuras de un muchacho pobre que tiene que usar su inteligencia y su astucia para no morirse de hambre. En el siglo XX, también, los niños y los jóvenes son el tema de una literatura rica y variada. En España, este tema se encuentra en obras tan distintas como *Platero y yo* de Juan Ramón Jiménez y en la novela *Juego de manos* de Juan Goytisolo. En Hispanoamérica, Gabriela Mistral, poetisa chilena que ganó el Premio Nobel en 1945, ha sabido expresar el mundo infantil con sus poemas sobre el amor materno y el sufrimiento del niño.

En esta unidad se presenta un cuento de Ana María Matute, donde la autora española revela el fantástico mundo de la imaginación de los niños. También se presentan unas pinturas de Picasso en las que el gran pintor logra expresar la relación íntima que existe entre el niño y el adulto.

VOCABULARIO ÚTIL

Estudie estas palabras.

acabar de   to have just
  acababa de comer   I had just eaten

acercarse   to approach
callarse   to be quiet
cara   face

cebolla onion
cocinar to cook
correr to run
cuchara spoon (tablespoon)
dedo finger, toe
finca property; farm
frente *f* forehead
garganta throat
labio lip
llorar to cry, weep
mejilla cheek

mentir to lie
negro, -a black; **negrura**
  blackness
patata potato (in Spain)
payaso clown
pecho chest
ponerse de pie to stand up
saltar to jump, leap
verde green; **verdoso, -a** greenish
voz *f* voice; **en voz alta** aloud;
  en voz baja in a whisper

Anticipación

I. Complete Ud. con la palabra o expresión en español equivalente a la indicada entre paréntesis.

Cuando yo tenía cuatro años, mi familia y yo fuimos a un circo. Nunca había visto un circo antes y por eso no sabía cómo eran los *(clowns)* _____ . *(We had just sat down)* _____ cuando se nos acercó un hombre. Me miró e indicó con *(his finger)* _____ que yo debía *(be quiet)* _____ . Pero no era un hombre ordinario: mientras hablaba *(he would jump)* _____ . Además, tenía el cabello azul, sus *(lips)* _____ eran verdosos, y su *(forehead)* _____ y sus *(cheeks)* _____ eran muy blancas. Empecé a *(cry)* _____ y *(I stood up)* _____ porque quería escaparme. Desde entonces no puedo ver a los payasos sin sentir algún miedo.

II. Ud. ya sabe que se usa el imperfecto del verbo para indicar acciones que se repetían en el pasado o que eran habituales. También se usa ese tiempo verbal para describir una condición que existía en el pasado y para indicar el estado mental, emocional o físico de una persona en el pasado. Pensando en esos usos, complete Ud. el siguiente párrafo, usando la forma correcta de los verbos entre paréntesis.

En aquellos tiempos nosotros (ser) _____ niños. En el verano (vivir) _____ en el campo en la casa de mi abuelo. Allí conocimos al hombre que, para nosotros, (ser) _____ el hombre más extraordinario del mundo. Las personas mayores (creer) _____ que don Pedro no (ser) _____ más que un simple campesino, pero nosotros (saber) _____ que en realidad (ser) _____ un tipo mágico. Nos (acompañar) _____ cuando (ir) _____ al bosque y allí, entre los árboles misteriosos, nos (contar) _____ historias terribles:

de monstruos, de seres de otros mundos, de animales que (devorar) _____ a los niños. Don Pedro murió hace muchos años, pero todavía me acuerdo del maravilloso miedo que (sentir) _____ en aquellas ocasiones.

III. El cuento «Don Payasito» de Ana María Matute tiene que ver con las actitudes de los niños. Antes de leer el cuento, indique qué opina de las siguientes observaciones. Ponga «**sí**» si está de acuerdo y «**no**» si no está de acuerdo y explique sus razones. Después, lea el cuento e indique cómo reaccionaría la autora a las observaciones y por qué reaccionaría ella así.

	La reacción de Ud.	La reacción de Matute
1. A los niños les gustan los payasos, pero también sienten cierto temor cuando están cerca de ellos.	_____	_____
2. Casi todos los niños, en algún momento, creen que los mayores pueden adivinarles el pensamiento.	_____	_____
3. Por instinto, los niños tienen miedo de las cosas muertas.	_____	_____
4. La imaginación de los niños es más fuerte que la de las personas mayores.	_____	_____

Don Payasito

Ana María Matute (n. 1926). **Después de la Guerra Civil (1936–1939), aparece en España una nueva generación de escritores, muchos de los cuales habían sido— de niños—testigos de aquella horrenda época de la historia española. Esa generación, influida por la guerra, se ha preocupado por las cuestiones económicas y sociales que España ha confrontado en las últimas décadas. Dentro de este grupo se hallan algunas novelistas de gran importancia: Carmen Laforet, Dolores Medio, Elena Quiroga y Ana María Matute, para mencionar sólo unas cuantas. Estas mujeres han presentado al mundo una producción literaria de primera calidad y han asegurado la posición femenina dentro de las artes españolas.**

Ana María Matute nació en Barcelona. De niña siempre pasaba sus vacaciones en la casa de su madre en Mansilla de la Sierra, un pueblo pequeño situado en las montañas de Castilla. Mansilla, que aparece en su obra bajo el nombre de «Artámila» o «Hegroz», es el escenario de sus obras literarias más importantes. Descripciones de la casa de su madre y del paisaje de esa región aparecen con frecuencia en sus ficciones. La escritora tenía diez años de edad cuando empezó la Guerra Civil. Llegó a conocer el hambre y fue testigo de la violencia, la crueldad y la muerte. Esta experiencia, sin duda, explica su interés por la pobreza y el sufrimiento, especialmente de los niños, temas muy importantes en su obra.

Publicó Matute su primera novela a los diecisiete años. Entre sus novelas se destacan *Los hijos muertos* (1958), en la que estudia la «generación perdida» que aparece después de la Guerra Civil, y la gran trilogía *Los mercaderes* (*Primera memoria*, 1959; *Los soldados lloran de noche*, 1963; y *La trampa*, 1969), en donde no sólo critica la burguesía, sino que eleva las circunstancias de la Guerra Civil a un nivel universal. También ha publicado más de siete colecciones de cuentos, entre ellas la colección *Historias de la Artámila*, cuentos sobre el mundo de los niños adolescentes.

El cuento «Don Payasito» tiene lugar en Mansilla de la Sierra (Artámila). Como en todos los cuentos de Matute, la realidad exterior—el mundo físico de los niños, el mundo de don Lucas—lleva a comprender la realidad interior o imaginada de algunos personajes: el mundo de don Payasito[1] percibido por la imaginación de los complejos niños de Ana María Matute.

En la finca del abuelo, entre los jornaleros, había uno   jornaleros   *day laborers*
muy viejo llamado Lucas de la Pedrería. Este Lucas
de la Pedrería decían todos que era un pícaro y un   pícaro   *rogue*
marrullero, pero mi abuelo le tenía gran cariño y   marrullero   *deceiver,*
                                                          wheedler
5 siempre contaba cosas suyas, de hacía tiempo: de hacía tiempo   *from*
                                                          long ago

—Corrió mucho mundo—decía—. Se arruinó siempre. Estuvo también en las islas de Java...

Las cosas de Lucas de la Pedrería hacían reír a las personas mayores. No a nosotros, los niños. Porque
5 Lucas era el ser más extraordinario de la tierra. Mi hermano y yo sentíamos hacia él una especie de amor, admiración y temor, que nunca hemos vuelto a sentir.

Lucas de la Pedrería habitaba la última de las ba-
10 rracas, ya rozando los bosques del abuelo. Vivía solo, y él mismo cocinaba sus guisos de carne, cebollas y patatas, de los que a veces nos daba con su cuchara de hueso, y él se lavaba su ropa, en el río, dándole grandes golpes con una pala. Era tan viejo que decía
15 perdió el último año y no lo podía encontrar. Siempre que podíamos nos escapábamos a la casita de Lucas de la Pedrería, porque nadie, hasta entonces, nos habló nunca de las cosas que él nos hablaba.

20 —¡Lucas, Lucas!—le llamábamos, cuando no le veíamos sentado a la puerta de su barraca.

Él nos miraba frotándose los ojos. El cabello, muy blanco, le caía en mechones sobre la frente. Era menudo, encorvado, y hablaba casi siempre en verso.
25 Unos extraños versos que a veces no rimaban mucho, pero que nos fascinaban:

—Ojitos de farolito—decía—. ¿Qué me venís a buscar...?[2]

Nosotros nos acercábamos despacio, llenos de
30 aquel dulce temor cosquilleante que nos invadía a su lado (como rodeados de mariposas negras, de viento, de las luces verdes que huían sobre la tierra grasienta del cementerio...).

—Queremos ver a don Payasito—decíamos, en voz
35 baja, para que nadie nos oyera. Nadie que no fuera él, nuestro mago.

Él se ponía el dedo, retorcido y oscuro como un cigarro, a través sobre los labios:

—¡A callar, a bajar la voz, muchachitos malvados
40 de la isla del mal!

Siempre nos llamaba «muchachitos malvados de la

corrió mucho mundo *he travelled a lot (saw a lot of the world)*

especie *kind*
nunca hemos vuelto a sentir *we never felt again*
barracas *cabins, huts*
rozando *bordering on*
guisos *stews*

hueso *bone*
golpes *blows*
pala *paddle*
perdió... año *lost track of the time (his age)*
siempre que *whenever*

frotándose *rubbing*
mechones *locks, curls*
menudo *small*
encorvado *bent over*

ojitos de farolito *little lantern eyes*

cosquilleante *thrilling*
mariposas *butterflies*
grasienta *oily, greasy*

nadie que no fuera él *no one except him*
mago *magician*
retorcido *twisted*

a callar *be quiet*
malvados *wicked*

isla del mal». Y esto nos llenaba de placer. Y decía: «Malos, pecadores, cuervecillos», para referirse a nosotros. Y algo se nos hinchaba en el pecho, como un globo de colores, oyéndole.

5 Lucas de la Pedrería se sentaba y nos pedía las manos:

—Acá las «vuesas» manos, acá pa «adivinasus» todito el corazón...

Tendíamos las manos, con las palmas hacia arriba.
10 Y el corazón nos latía fuerte. Como si realmente allí, en las manos, nos lo pudiera ver: temblando, riendo.

Acercaba sus ojos y las miraba y remiraba, por la palma y el envés, y torcía el gesto:

—Manitas de «pelandrín», manitas de cayado, ¡ay
15 de las tus manitas, cuitado...!

Así, iba canturreando, y escupía al suelo una vez que otra. Nosotros nos mordíamos los labios para no reír.

—¡Tú mentiste tres veces seguidas, como San
20 Pedro!—le decía, a lo mejor, a mi hermano. Mi hermano se ponía colorado y se callaba. Tal vez era cierto, tal vez no. Pero, ¿quién iba a discutírselo a Lucas de la Pedrería?

—Tú, golosa, corazón egoísta, escondiste pepitas
25 de oro en el fondo del río, como los malos pescadores de la isla de Java...

Siempre sacaba a cuento los pescadores de la isla de Java. Yo también callaba, porque ¿quién sabía si realmente había yo escondido pepitas de oro en el
30 lecho del río? ¿Podría decir acaso que no era verdad? Yo no podía, no.

—Por favor, por favor, Lucas, queremos ver a don Payasito...

Lucas se quedaba pensativo, y, al fin, decía:
35 —¡Saltad y corred, diablos, que allá va don Payasito, camino de la gruta...! ¡Ay de vosotros, si no le alcanzáis a tiempo!

Corríamos mi hermano y yo hacia el bosque, y en cuanto nos adentrábamos entre los troncos nos inva-
40 día la negrura verdosa, el silencio, las altas estrellas del sol acribillando el ramaje. Hendíamos el musgo, trepábamos sobre las piedras cubiertas de líquenes,

placer *pleasure*
pecadores *sinners*
cuervecillos *little crows, ravens*
se... pecho *swelled in our chests*
globo *balloon*

«vuesas» (vuestras) *your*
pa «adivinasus» (para adivinaros) todito el corazón *so that I can guess everything in your heart*
latía *beat*

envés *back*
torcía el gesto *made a face*
«pelandrín» (pelantrín) *farmer*
cayado *shepherd's crook*
cuitado *poor thing*
canturreando *humming*
escupía *he used to spit*
mordíamos *bit*
a lo mejor *perhaps*
se ponía colorado *blushed, turned red*

golosa *glutton*
egoísta *selfish*
pepitas *nuggets*
pescadores *fishermen*
sacaba a cuento *dragged in, mentioned*

lecho *bed*

saltad *jump (up)*
gruta *cavern*
alcanzáis *overtake*
a tiempo *in time*
nos adentrábamos *we entered, went in*
acribillando *piercing*
hendíamos *we cut through, went through*
trepábamos *climbed*

junto al torrente. Allá arriba, estaba la cuevecilla de
don Payasito, el amigo secreto.

5   Llegábamos jadeando a la boca de la cueva. Nos
sentábamos, con todo el latido de la sangre en la garganta, y esperábamos. Las mejillas nos ardían y nos
llevábamos las manos al pecho para sentir el galope
del corazón.

    Al poco rato, aparecía por la cuestecilla don Payasito. Venía envuelto en su capa encarnada, con soles
10 amarillos. Llevaba un alto sombrero puntiagudo de
color azul, el cabello de estopa, y una hermosa, una
maravillosa cara blanca, como la luna. Con la diestra
se apoyaba en un largo bastón, rematado por flores
de papel encarnadas, y en la mano libre llevaba unos
15 cascabeles dorados que hacía sonar.

    Mi hermano y yo nos poníamos de pie de un salto
y le hacíamos una reverencia. Don Payasito entraba
majestuosamente en la gruta, y nosotros le seguíamos.

20   Dentro olía fuertemente a ganado, porque algunas
veces los pastores guardaban allí sus rebaños, durante la noche. Don Payasito encendía parsimoniosamente el farol enmohecido, que ocultaba en un recodo de la gruta. Luego se sentaba en la piedra
25 grande del centro, quemada por las hogueras de los
pastores.

    —¿Qué traéis hoy?—nos decía, con una rara voz,
salida de tenebrosas profundidades.

    Hurgábamos en los bolsillos y sacábamos las pecadoras monedas que hurtábamos para él. Don Payasito
30 amaba las monedillas de plata. Las examinaba
cuidadosamente, y las guardaba en lo profundo de la
capa. Luego, también de aquellas mágicas profundidades, extraía un pequeño acordeón.

35   —¡El baile de la bruja Timotea!—le pedíamos.
Don Payasito bailaba. Bailaba de un modo increíble.
Saltaba y gritaba, al son de su música. La capa se
inflaba a sus vueltas y nosotros nos apretábamos contra la pared de la gruta, sin acertar a reírnos o a salir
40 corriendo. Luego, nos pedía más dinero. Y volvía a
danzar, a danzar, «el baile del diablo perdido». Sus
músicas eran hermosas y extrañas, y su jadeo nos llegaba como un raro fragor de río, estremeciéndonos.
Mientras había dinero había bailes y canciones.

---

cuevecilla *little cave*

jadeando *panting*

ardían *burned*

cuestecilla *little slope*
envuelto *wrapped*
encarnada *red*
puntiagudo *pointed*
cabello de estopa *yarn or hemp wig*
diestra *right hand*
bastón *cane*
rematado *topped*

cascabeles dorados *gilded bells*

reverencia *bow*

a ganado *like livestock*
rebaños *flocks*
parsimoniosamente *frugally (not using too much fuel)*
farol enmohecido *rusty lamp/lantern*
recodo *corner, angle*
quemada *scorched, burned*
hogueras *fires*
rara *strange*
tenebrosas *gloomy*
hurgábamos *we poked*
pecadoras *ill-gotten*
hurtábamos *we stole*

bruja *witch*

son *sound*
se inflaba *swelled, became inflated*
vueltas *turns, spins*
nos apretábamos *pressed ourselves*
acertar a *being able to decide whether*

fragor *din, loud noise*
estremeciéndonos *making us tremble*

Cuando el dinero se acababa don Payasito se echaba en el suelo y fingía dormir.

—¡Fuera, fuera, fuera!—nos gritaba. Y nosotros, llenos de pánico, echábamos a correr bosque abajo; 5 pálidos, con un escalofrío pegado a la espalda como una culebra.

Un día—acababa yo de cumplir ocho años—fuimos escapados a la cabaña de Lucas, deseosos de ver a don Payasito. Si Lucas no le llamaba, don Payasito 10 no vendría nunca.

La barraca estaba vacía. Fue inútil que llamáramos y llamáramos y le diéramos la vuelta, como pájaros asustados. Lucas no nos contestaba. Al fin, mi hermano, que era el más atrevido, empujó la puertecilla de madera, que crujió largamente. Yo, pegada a su 15 espalda, miré también hacia adentro. Un débil resplandor entraba en la cabaña, por la ventana entornada. Olía muy mal. Nunca antes estuvimos allí.

Sobre su camastro estaba Lucas, quieto, mirando 20 raramente al techo. Al principio no lo entendimos. Mi hermano le llamó. Primero muy bajo, luego muy alto. También yo le imité.

—¡Lucas, Lucas, cuervo malo de la isla del mal!... Nos daba mucha risa que no nos respondiera.

25 Mi hermano empezó a zarandearle de un lado a otro. Estaba rígido, frío, y tocarlo nos dio un miedo vago pero irresistible. Al fin, como no nos hacía caso, le dejamos. Empezamos a curiosear y encontramos un baúl negro, muy viejo. Lo abrimos. Dentro estaba 30 la capa, el gorro y la cara blanca, de cartón triste, de don Payasito. También las monedas, nuestras pecadoras monedas, esparcidas como pálidas estrellas por entre los restos.

Mi hermano y yo nos quedamos callados, mirán-35 donos. De pronto, rompimos a llorar. Las lágrimas nos caían por la cara, y salimos corriendo al campo. Llorando, llorando con todo nuestro corazón, subimos la cuesta. Y gritando entre hipos:

—¡Que se ha muerto don Payasito, ay, que se ha 40 muerto don Payasito...!

Y todos nos miraban y nos oían, pero nadie sabía qué decíamos ni por quién llorábamos.

Historias de la Artámila, 1961

---

fingía *pretended*
fuera *out*
echábamos a correr *began to run*
bosque abajo *down through the woods*
escalofrío...espalda *chill down our backs*
culebra *snake*
fuimos escapados *we sneaked away*
cabaña *hut*

le diéramos la vuelta *circle it (go around it)*
asustados *frightened*
atrevido *bold, daring*
empujó *pushed*
crujió *creaked*
resplandor *light, ray of light*
entornada *half-opened*

camastro *miserable bed*

nos... risa *it made us laugh hard*
zarandearle *turn him (move him to and fro)*
no nos hacía caso *he paid no attention to us*
curiosear *poke around*
baúl *trunk*
cartón *cardboard*

esparcidas *scattered*
restos *remains*

rompimos a llorar *we burst out crying*
lágrimas *tears*

hipos *sobs (hiccups)*

NOTAS CULTURALES

1 El payaso es el personaje del circo más querido y estimado por los niños—y también por muchas personas mayores. El uso del diminutivo en el título de este cuento ya indica el cariño que le tienen los dos hermanos. El uso del «don» revela la mezcla de admiración, amor y respeto que sienten por el payaso. Ana María Matute, de niña, sentía las mismas emociones, como lo confesó en una entrevista:

Siempre pensé en que sería escritora, pero confieso que durante un tiempo mi gran ilusión hubiera sido poder llegar a ser payaso. ¡Cómo influyeron para esto los carros de titiriteros que llegaban al pueblo! Cada vez que oigo la trompeta y el tambor, tal como se anunciaban ellos, siento en la espalda el mismo cosquilleo de entonces. Todos los seres que salen a un escenario, que cuentan historias, que representan algo, me han fascinado.

2 La manera de hablar de Lucas sugiere el lenguaje de los cuentos de hadas, en los que siempre existe lo extraordinario y lo mágico. Con frases como «muchachitos malvados de la isla del mal», Lucas les da a entender a los niños que sabe muchas cosas extrañas y que de una manera secreta ha podido penetrar en sus mentes y sabe lo que piensan y lo que han hecho.

Comprensión

1. ¿Quién era Lucas?   2. ¿Qué sentían los niños por este hombre?   3. ¿Qué expresiones usaba Lucas con los niños?   4. ¿Creían ellos que Lucas sabía adivinar cosas?   5. ¿Adónde corrían para ver a don Payasito?   6. ¿Cómo se vestía don Payasito y cómo era su cara?   7. ¿Qué debían traerle a don Payasito los niños?   8. ¿Qué hacía don Payasito después de recibir su pago?   9. ¿Qué encontraron un día los niños al entrar en la barraca de Lucas?   10. ¿Cómo reaccionaron al darse cuenta de que Lucas estaba muerto?   11. ¿Qué hallaron en un baúl?   12. ¿Cómo reaccionaron al ver esas cosas?

Expansión

I. Análisis literario

1. ¿Dónde tiene lugar la primera parte del cuento? ¿la segunda? ¿la conclusión?   2. ¿Con quién estaban los niños en la primera parte del cuento? ¿en la segunda? ¿en la conclusión?   3. Compare Ud. las cualidades de Lucas con las de don Payasito.   4. ¿Cuál de los dos (Lucas y don Payasito) es el más fantástico y mágico? Explique Ud. su respuesta.

5. ¿Qué sugiere el hecho de que los niños no lloran al saber que Lucas está muerto, pero sí lloran al ver lo que contiene al baúl?   6. Para los niños ¿es más importante la realidad o la fantasía?

II. Descripción

El uso de adjetivos, adverbios o de otras expresiones descriptivas añade color y vida a un texto. Por ejemplo, compare Ud. estas versiones de algunas frases del texto de Matute que Ud. acaba de leer. La primera versión tiene pocos elementos descriptivos; la segunda es de Matute.

1. Lucas era viejo.
   (Matute) Lucas era «tan viejo que decía perdió el último año y no lo podía encontrar».
2. Al encontrarnos con él sentíamos miedo.
   (Matute) «Nosotros nos acercábamos despacio, llenos de aquel dulce temor cosquilleante que nos invadía a su lado (como rodeados de mariposas negras, de viento, de las luces verdes que huían sobre la tierra grasienta del cementerio...)»

Busque Ud. en el texto el equivalente de estas frases.

1. Don Payasito aparecía. Estaba vestido como un payaso.
2. Las músicas y el jadeo de don Payasito nos impresionaban.

Ahora, describa Ud. algún aspecto de una persona. La persona puede ser real o imaginaria. Incluya elementos descriptivos.

III. Minidrama

Con un(a) compañero(a) de clase, prepare Ud. un breve drama sobre el tema del cuento. El drama puede tratar de un aspecto del cuento o uno puede usar la imaginación y presentar una idea que se relacione al tema. Algunas ideas posibles son:

1. Lo que pasaba cuando los niños del cuento iban a la cueva de don Payasito.
2. Dos jóvenes tienen dificultades con el automóvil y tienen que pasar la noche en una casa abandonada.
3. Dos niños encuentran una persona muerta en la playa. Los dos no saben nada de la muerte.

Pablo Ruiz Picasso

Pablo Ruiz Picasso (1881–1973), el pintor español más conocido de nuestro siglo, nació en Málaga, España. Picasso visitó París por primera vez a los dieciocho años y después pasó casi toda su larga vida en Francia, visitando España u otros países europeos muy raramente. Entre los dieciocho y los cuarenta años, Picasso estableció su reputación como el pintor más extraordinario de Europa. Su pintura pasó por varias épocas: la época azul, con su énfasis en el conflicto entre la vida y la muerte; la época rosa, una etapa más serena, con un mundo de gente joven, adolescente, frágil, solitaria; y, por último, la del cubismo, con un nuevo concepto estético que le ganó fama mundial. Pero Picasso no se limitó a esos estilos: también hizo obras impresionistas, algunas de tipo puntillista y otras muchas de línea clásica en su forma y en su expresión.

Aunque vivía en Francia, Picasso nunca perdió su españolismo. Pintaba ambientes y tipos puramente españoles. También fue grande la influencia ejercida sobre su arte por los pintores españoles que más admiraba: El Greco, Velázquez, Goya y otros. Su versión cubista del famoso cuadro *Las Meninas* de Velázquez es un sincero homenaje al gran maestro, y la tremenda pintura *Guernica*, que resume todo el horror de la Guerra Civil en España, expresa la misma tragedia universal que se encuentra en los *Desastres de la Guerra* de Goya.

Picasso dominaba todos los medios de expresión artística, y las obras de su vejez fueron tan revolucionarias e imaginativas como las de su juventud. Aunque famoso y millonario, no dejó de crear nuevos estilos y técnicas, transformando lo bello y lo feo en una visión personal y penetrante del mundo.

En sus obras pictóricas Picasso nos presenta todo un mundo de seres reales, imaginarios y míticos: desde toreros a mendigos, minotauros a ninfas, inocentes campesinas a prostitutas—todos retratados con las más variadas técnicas y formas. Se presentan aquí tres ejemplos de sus obras que tratan el tema de la familia.

Familia de saltimbanques

El cuadro de la página 60 es de la «época rosa», cuando Picasso visitaba con frecuencia el Cirque Medrano en París y pintó los diversos tipos del circo que observó allí. Es importante la relación que existe entre la figura grande, sólida, casi grosera del payaso y la figura frágil, indefensa, etérea del niño. El payaso está vestido de rosa, color que sugiere cariño; el cabello y el vestido del niño son de un azul pálido y ese color da énfasis a su fragilidad. Los dos son del circo y pertenecen al mundo de los artistas, un mundo incierto y, a veces, peligroso. ¿Cuál parece ser la relación entre el muchacho y el adulto?

Pablo Picasso, *Study for "Family of saltimbanques"* 1905. Watercolor, pastel, and charcoal. 23⅝″ × 18½″. The Baltimore Museum of Art, Cone Collection.

Mother and Child. Courtesy of The Art Institute of Chicago.

Madre e hijo

Durante su época neoclásica, Picasso pintó una serie de cuadros cuyo tema es la madre, tal como la percibiría un niño pequeño. En estos cuadros la madre es el símbolo de la vida, de la tierra, de la fecundidad. Es una diosa—enorme, serena, fuerte, cuyas dimensiones sugieren una escultura grande y pesada. En este cuadro, ¿cómo percibe el niño a su madre? ¿No es, para él, como un gigante?

Pablo Picasso. *First Steps*. Yale University Art Gallery. Gift of Stephen C. Clark, B.A. 1903.

Los primeros pasos

El tema de la maternidad siempre le ha interesado a Picasso. La madre, para él, es símbolo de la vida y la fecundidad, y con frecuencia es una figura grande cuyas dimensiones sugieren tanto la percepción que tiene el niño de ella como la seguridad que siente en su presencia. En este cuadro, ¿qué siente la madre al mirar a su niño? ¿Se comunica la incertidumbre del niño que da sus primeros pasos?

Para comentar

1. ¿Cómo reflejan los cuadros el tema de esta unidad?
2. En las tres obras de Picasso se ve al adulto desde el punto de vista del niño. Comente Ud. esta observación, indicando cómo parece percibir el niño a la persona mayor y qué es lo que ésta le ofrece al niño.
3. ¿Qué contraste hay entre el estilo de los tres cuadros?
4. Compare Ud. el cuento de Matute con los cuadros de Picasso. ¿Qué tienen en común?

El hombre y la mujer en la sociedad hispánica

Esta pareja madri-
leña pasa la tarde
en un parque.
¿Qué hacen allí?
¿Qué otras activi-
dades puede Ud.
hacer en un par-
que?

ENFOQUE

Esta unidad trata del tema del hombre y de la mujer, junto al tema de la vejez, época de la vida retratada en el drama que se presenta aquí, *Mañana de sol*. Los ideales, los entusiasmos y las pasiones que hemos conocido en la juventud nunca desaparecen del todo en la vejez. Puede ser que la experiencia disminuya su intensidad, pero los viejos todavía sienten su presencia, con nostalgia o con ironía. Por eso es que a veces un viejo se enamora de una joven, olvidándose de su vejez y del qué dirán, al pensar en la belleza de la mujer.

La manera en que los viejos recuerdan las ardientes pasiones de la juventud aparece en el breve drama de los hermanos Álvarez Quintero, *Mañana de sol*. Con un realismo fino e irónico, los Álvarez Quintero presentan un conflicto de tipo «Romeo y Julieta», así como lo recuerdan los que estaban enamorados en una época de su vida. La solución del conflicto es, a la vez, cómica y realista.

Diego Rodríguez de Silva y Velázquez, famoso pintor español del siglo XVII, también dejó testimonios del efecto de la vejez sobre el individuo en sus retratos de personas humildes o poderosas, pintadas con un realismo intransigente pero también con una gran comprensión de la condición humana.

VOCABULARIO ÚTIL

Estudie estas palabras.

aficionado, -a fond; **ser aficionado, -a** to be fond of
alejarse to move away, withdraw
apellido (family) name, surname
arena sand
cura *m* priest
charlar to chat
gana desire
  no me da la gana I don't feel like it
  tener ganas de to feel like
gorrión *m* sparrow
junto, -a united, together
marea tide
nariz *f* nose
nombre *m* (first or given) name
ola wave

playa beach, shore
presentar to introduce
provecho benefit, profit
  Buen provecho. Enjoy (yourself, your meal), Bon appétit.
seguida:
  en seguida at once, immediately
sol *m* sun
  hace sol it is sunny
  mañana de sol sunny morning
tontería foolishness, foolish act
vez *f* time, occasion, turn
  a veces sometimes, at times
  alguna vez sometime
  dos veces twice
  varias veces several times

Anticipación

I. Complete Ud. el siguiente diálogo. Use palabras o expresiones del **Voca-bulario útil** equivalentes a las que aparecen entre paréntesis.

MIGUEL   ¿Qué hacemos hoy?

SUSANA   No sé. Laura y Gonzalo querían que los acompañáramos al teatro, pero *(I don't feel like it)* _____ . Ya fuimos al teatro *(twice)* _____ esta semana y me parece que es bastante.

MIGUEL   Yo no *(feel like going)* _____ tampoco. ¿Qué te parece si los invitamos para ir a *(the beach)* _____ ?

SUSANA   Creo que no van a querer ir. Laura dice que en el teatro van a presentar una obra que se llama *(It's Sunny)* _____ o *(Sunny Morning)* _____ o algo así. Ellos han visto la obra *(several times)* _____ , pero les gusta y quieren verla *(again)* _____ .

MIGUEL   Bueno. Que vayan ellos. Yo siempre he preferido ir a la playa para ver subir *(the tide)* _____ , jugar en *(the waves)* _____ y construir castillos de *(sand)* _____ .

SUSANA   De acuerdo. Voy a llamar a Laura y después podemos ir *(at once)* _____ .

II. Lea el siguiente trozo *(excerpt)* del drama que van a leer en esta unidad. Subraye *(Underline)* las palabras o las expresiones que Ud. no conoce o que no entiende. Después, con otras dos personas, discuta lo subrayado para saber si pueden adivinar *(guess)* lo que quiere decir.

Mi amiga esperó noticias un día, y otro, y otro... y un mes, y un año... y la carta no llegaba nunca. Una tarde, a la puesta del sol, con el primer lucero de la noche, se la vio salir resuelta camino de la playa... de aquella playa donde el predilecto de su corazón se jugó la vida. Escribió su nombre en la arena—el nombre de él,—y se sentó luego en una roca, fija la mirada en el horizonte... Las olas murmuraban su monólogo eterno... e iban poco a poco cubriendo la roca en que estaba la niña... ¿Quiere usted saber más?... Acabó de subir la marea... y la arrastró consigo...

III. Complete Ud. las siguientes frases para expresar su opinión.

1. Cuando uno llega a ser viejo, los ideales de la juventud...
2. El amor entre viejos...
3. Los viejos piensan que los jóvenes de hoy...
4. Al pensar en cosas que ocurrieron hace mucho tiempo, a veces nosotros...
5. Es una lástima que los viejos...

Mañana de sol

Los hermanos *Serafín y Joaquín Álvarez Quintero* nacieron en Andalucía, Serafín en el año 1871 y Joaquín en 1873. En 1888 cuando ya era obvio su talento como dramaturgos, se mudaron con su familia a Madrid. Entre 1888 y 1938 escribieron más de 200 piezas teatrales, de gran variedad. Aunque pasaron casi toda la vida en la capital, nunca olvidaron su origen andaluz y gran parte de su obra refleja el ambiente y el dialecto andaluces. Desde jóvenes trabajaron juntos, estableciéndose entre ellos una armonía intelectual muy rara. Describieron su método de composición como una conversación continua: por la mañana discutían sus dramas, formando un plan para la trama y comentando el diálogo y los personajes. Cuando ya habían desarrollado verbalmente toda la obra, con muchos detalles, Serafín la escribía. Mientras así lo hacía se la leía a su hermano, quien la comentaba y corregía. De esta manera, el drama completo parece ser el producto de un solo hombre y no el resultado de una colaboración.

Aunque escribieron dramas de dos, tres y cuatro actos, son más conocidos por su obra dentro del «género chico»: el sainete o entremés y el paso de comedia. Los primeros son breves cuadros dramáticos que describen costumbres y otros aspectos de la vida entre la clase baja. El paso de comedia también es una obra breve, pero los personajes no representan a la clase baja, hablan castellano en vez de andaluz, y hay más énfasis en la sicología de los personajes que en la presentación de las costumbres regionales.

El paso de comedia más famoso de los Álvarez Quintero es el que se incluye aquí, *Mañana de sol* (1905). Tiene muchas características de los otros pasos de los hermanos: la trama es esencialmente sencilla y no hay gran conflicto; el diálogo es muy natural y animado; y al dibujar los personajes principales, doña Laura y don Gonzalo, los cuales representan la clase cómoda de comienzos del siglo, los hermanos mezclan lo filosófico con lo humorístico y lo real con lo poético. Nos presentan un retrato de dos viejos que llegan a simbolizar el eterno amor juvenil.

PASO DE COMEDIA

PERSONAJES

DOÑA LAURA	DON GONZALO
PETRA	JUANITO

Lugar apartado de un paseo público, en Madrid. Un banco a la izquierda del actor. Es una mañana de otoño templada y alegre.

apartado *out-of-the-way, remote*
banco *bench*
templada *temperate, fair*

Doña Laura y Petra salen por la derecha. Doña Laura es una viejecita setentona, muy pulcra, de cabellos muy blancos y manos muy finas y bien cuidadas. Aunque está en la edad de chochear, no cho-
5 chea. Se apoya de una mano en una sombrilla, y de la otra en el brazo de Petra, su criada.

setentona *in her seventies*
pulcra *neat*

chochear *to be in one's dotage, to be getting senile*
se apoya *she leans*
sombrilla *parasol*

DOÑA LAURA	Ya llegamos... Gracias a Dios. Temí que me hubieran quitado el sitio. Hace una mañanita tan templada...
10 PETRA	Pica el sol.
DOÑA LAURA	A ti, que tienes veinte años. *(Siéntase en el banco.)* ¡Ay!... Hoy me he cansado más que otros días. *(Pausa. Observando a Petra, que parece impaciente.)*
15	Vete, si quieres, a charlar con tu guarda.
PETRA	Señora, el guarda no es mío; es del jardín.
DOÑA LAURA	Es más tuyo que del jardín. Anda en
20	su busca, pero no te alejes.
PETRA	Está allí esperándome.
DOÑA LAURA	Diez minutos de conversación, y aquí en seguida.
PETRA	Bueno, señora.
25 DOÑA LAURA	*(Deteniéndola.)* Pero escucha.
PETRA	¿Qué quiere usted?
DOÑA LAURA	¡Que te llevas las miguitas de pan!
PETRA	Es verdad; ni sé dónde tengo la cabeza.
30 DOÑA LAURA	En la escarapela del guarda.
PETRA	Tome usted. *(Le da un cartucho de papel pequeñito y se va por la izquierda.)*
DOÑA LAURA	Anda con Dios. *(Mirando hacia los árboles de la derecha.)* Ya están llegando
35	los tunantes. ¡Cómo me han cogido la hora!... *(Se levanta, va hacia la derecha y arroja adentro, en tres puñaditos, las migas de pan.)* Éstas, para los más atrevidos... Éstas, para los más glo-

pica *burns, is hot*

anda en su busca *go look for him*

miguitas *crumbs*

escarapela *cockade, badge*
cartucho *roll*

tunantes *rascals*
¡cómo... hora! *how quickly they have learned when I come!*
arroja *throws*
puñaditos *little handfuls*

tones... Y éstas, para los más granujas, que son los más chicos... Je...
*(Vuelve a su banco y desde él observa
complacida el festín de los pájaros.)* Pero,
hombre, que siempre has de bajar tú
el primero. Porque eres el mismo: te
conozco. Cabeza gorda, boqueras
grandes... Igual a mi administrador.
Ya baja otro. Y otro. Ahora dos juntos. Ahora tres. Ese chico va a llegar
hasta aquí. Bien; muy bien; aquél
coge su miga y se va a una rama a
comérsela. Es un filósofo. Pero ¡qué
nube! ¿De dónde salen tantos? Se
conoce que ha corrido la voz... Je,
je... Gorrión habrá que venga desde
la Guindalera. Je, je... Vaya, no pelearse, que hay para todos. Mañana
traigo más.

       *(Salen don Gonzalo y Juanito por la
izquierda del foro. Don Gonzalo es un
viejo contemporáneo de doña Laura, un
poco cascarrabias. Al andar arrastra los
pies. Viene de mal temple, del brazo de
Juanito, su criado.)*

DON GONZALO   Vagos, más que vagos... Más valía
que estuvieran diciendo misa...

JUANITO   Aquí se puede usted sentar: no hay
más que una señora.

       *(Doña Laura vuelve la cabeza y es-
cucha el diálogo.)*

DON GONZALO   No me da la gana, Juanito. Yo quiero un banco solo.

JUANITO   ¡Si no lo hay!

DON GONZALO   ¡Es que aquél es mío!

JUANITO   Pero si se han sentado tres curas...

DON GONZALO   ¡Pues que se levanten!... ¿Se le-
vantan, Juanito?

JUANITO   ¡Qué se han de levantar! Allí están
de charla.

DON GONZALO   Como si los hubieran pegado al
banco... No; si cuando los curas co-

Glosses (right margin):

granujas   *rascally*

boqueras   *corners of the
mouth*

ha corrido la voz   *the
word has spread*

Guindalera   *suburb of
Madrid*
no pelearse   *don't fight*

foro   *back of the stage*

cascarrabias   *irritable*
arrastra   *drags*
de mal temple   *in a bad
humor*

vagos   *loafers*

¡Qué... levantar!   *Of
course they haven't gotten
up!*

gen un sitio... ¡cualquiera los echa! Ven por aquí, Juanito, ven por aquí.

(Se encamina hacia la derecha resueltamente. Juanito lo sigue.)

5 DOÑA LAURA *(Indignada.)* ¡Hombre de Dios!

DON GONZALO *(Volviéndose.)* ¿Es a mí?

DOÑA LAURA Sí señor; a usted.

DON GONZALO ¿Qué pasa?

10 DOÑA LAURA ¡Que me ha espantado usted los gorriones, que estaban comiendo miguitas de pan!

DON GONZALO ¿Y yo qué tengo que ver con los gorriones?

15 DOÑA LAURA ¡Tengo yo!

DON GONZALO ¡El paseo es público!

DOÑA LAURA Entonces no se queje usted de que le quiten el asiento los curas.

DON GONZALO Señora, no estamos presentados.
20 No sé por qué se toma usted la libertad de dirigirme la palabra. Sígueme, Juanito.

(Se van los dos por la derecha.)

DOÑA LAURA ¡El demonio del viejo! No hay
25 como llegar a cierta edad para ponerse impertinente. *(Pausa.)* Me alegro; le han quitado aquel banco también. ¡Anda! para que me espante los pajaritos. Está furioso...
30 Sí, sí; busca, busca. Como no te sientes en el sombrero... ¡Pobrecillo! Se limpia el sudor... Ya viene, ya viene... Con los pies levanta más polvo que un coche.

35 DON GONZALO *(Saliendo por donde se fue y encaminándose a la izquierda.)* ¿Se habrán ido los curas, Juanito?

JUANITO No sueñe usted con eso, señor. Allí siguen.

40 DON GONZALO ¡Por vida...! *(Mirando a todas partes perplejo.)* Este Ayuntamiento, que

---

¡cualquiera los echa! *no one can throw them out!*

espantado *frightened*

qué... con *what do I have to do with*

no se queje usted *don't complain*

no estamos presentados *we haven't been introduced*

no hay como *there's nothing like*

para... pajaritos *serves him right for frightening my birds*

como... sombrero *but unless you sit on your hat*

polvo *dust*

Ayuntamiento *city government*

no pone más bancos para estas
mañanas de sol... Nada, que me
tengo que conformar con el de la
vieja. *(Refunfuñando, siéntase al otro*   refunfuñando *grumbling*
5   *extremo que doña Laura, y la mira con*
indignación.) Buenos días.
DOÑA LAURA   ¡Hola! ¿Usted por aquí?
DON GONZALO   Insisto en que no estamos presentados.
10   DOÑA LAURA   Como me saluda usted, le contesto.
DON GONZALO   A los buenos días se contesta con
los buenos días, que es lo que ha
debido usted hacer.
DOÑA LAURA   También usted ha debido pedirme
15   permiso para sentarse en este banco
que es mío.
DON GONZALO   Aquí no hay bancos de nadie.
DOÑA LAURA   Pues usted decía que el de los curas
era suyo.
20 DON GONZALO   Bueno, bueno, bueno... se con-   entre dientes *muttering*
cluyó. *(Entre dientes.)* Vieja chocha...   chocha *senile*
Podía estar haciendo calceta...   haciendo calceta *knitting*
DOÑA LAURA   No gruña usted, porque no me voy.   no gruña usted *don't*
DON GONZALO   *(Sacudiéndose las botas con el pa-*   *growl*
25   *ñuelo.)* Si regaran un poco más,   regaran *they would water*
tampoco perderíamos nada.
DOÑA LAURA   Ocurrencia es: limpiarse las botas   occurencia es *that's a new*
con el pañuelo de la nariz.   *idea*
DON GONZALO   ¿Eh?
30   DOÑA LAURA   ¿Se sonará usted con un cepillo?   se sonará usted *I suppose*
DON GONZALO   ¿Eh? Pero, señora, ¿con qué dere-   *you blow your nose*
cho...?   cepillo *brush*
DOÑA LAURA   Con el de vecindad.
DON GONZALO   *(Cortando por lo sano.)* Mira, Jua-   cortando por lo sano
35   nito, dame el libro; que no tengo   *getting on safe ground*
ganas de oír más tonterías.
DOÑA LAURA   Es usted muy amable.
DON GONZALO   Si no fuera usted tan entreme-   entremetida *nosy,*
tida....   *meddlesome*
40   DOÑA LAURA   Tengo el defecto de decir todo lo
que pienso.

DON GONZALO	Y el de hablar más de lo que conviene. Dame el libro, Juanito.	conviene *is proper*
JUANITO	Vaya, señor. *(Saca del bolsillo un libro y se lo entrega. Paseando luego por el foro, se aleja hacia la derecha y desaparece.*	vaya *here it is* entrega *hands over*
	Don Gonzalo, mirando a doña Laura siempre con rabia, se pone unas gafas prehistóricas, saca una gran lente, y con el auxilio de toda esa cristalería se dispone a leer.)	rabia *rage, fury* gafas *spectacles* lente *magnifying glass* cristalería *glassware*
DOÑA LAURA	Creí que iba usted a sacar ahora un telescopio.	
DON GONZALO	¡Oiga usted!	
DOÑA LAURA	Debe usted de tener muy buena vista.	
DON GONZALO	Como cuatro veces mejor que usted.	
DOÑA LAURA	Ya, ya se conoce.	
DON GONZALO	Algunas liebres y algunas perdices lo pudieran atestiguar.	liebres *hares, rabbits* perdices *partridges* atestiguar *bear witness*
DOÑA LAURA	¿Es usted cazador?	cazador *hunter*
DON GONZALO	Lo he sido... Y aún... aún...	
DOÑA LAURA	¿Ah, sí?	
DON GONZALO	Sí, señora. Todos los domingos, ¿sabe usted? cojo mi escopeta y mi perro, ¿sabe usted? y me voy a una finca de mi propiedad, cerca de Aravaca... A matar el tiempo, ¿sabe usted?	escopeta *shotgun*
DOÑA LAURA	Sí, como no mate usted el tiempo... ¡lo que es otra cosa!	como... otra cosa *if you don't kill time, you won't kill anything*
DON GONZALO	¿Conque no? Ya le enseñaría yo a usted una cabeza de jabalí que tengo en mi despacho.	jabalí *wild boar*
DOÑA LAURA	¡Toma! y yo a usted una piel de tigre que tengo en mi sala. ¡Vaya un argumento!	¡Vaya un argumento! *What a story!*
DON GONZALO	Bien está, señora. Déjeme usted leer. No estoy por darle a usted más palique.	No... palique. *I don't feel like going on with the conversation (chit-chat).*

DOÑA LAURA Pues con callar, hace usted su gusto.

DON GONZALO Antes voy a tomar un polvito. *(Saca una caja de rapé.)* De esto sí le doy. ¿Quiere usted?

DOÑA LAURA Según. ¿Es fino?

DON GONZALO No lo hay mejor. Le agradará.

DOÑA LAURA A mí me descarga mucho la cabeza.

DON GONZALO Y a mí.

DOÑA LAURA ¿Usted estornuda?

DON GONZALO Sí, señora: tres veces.

DOÑA LAURA Hombre, y yo otras tres: ¡qué casualidad!

(Después de tomar cada uno su polvito, aguardan los estornudos haciendo visajes, y estornudan alternativamente.)

DOÑA LAURA ¡Ah...chis!

DON GONZALO ¡Ah...chis!

DOÑA LAURA ¡Ah...chis!

DON GONZALO ¡Ah...chis!

DOÑA LAURA ¡Ah...chis!

DON GONZALO ¡Ah...chis!

DOÑA LAURA ¡Jesús!

DON GONZALO Gracias. Buen provechito.

DOÑA LAURA Igualmente. (Nos ha reconciliado el rapé.)

DON GONZALO Ahora me va usted a dispensar que lea en voz alta.

DOÑA LAURA Lea usted como guste: no me incomoda.

DON GONZALO *(Leyendo.)* «Todo en amor es triste; mas, triste y todo, es lo mejor que existe.» De Campoamor,[1] es de Campoamor.

DOÑA LAURA ¡Ah!

DON GONZALO *(Leyendo.)* «Las niñas de las madres que amé tanto, me besan ya como se besa a un santo.» Éstas son humoradas.

DOÑA LAURA Humoradas, sí.

DON GONZALO Prefiero las doloras.

polvito *pinch of snuff*
rapé *snuff*
Según. *It depends.*
A... cabeza. *It clears my head a lot.*
¿Usted estornuda? *Do you sneeze?*
casualidad *coincidence*
visajes *faces*
mas *yet*
triste... mejor *sad as it is, it's the best thing*
humoradas *humorous poems*
doloras *sad poems*

DOÑA LAURA	Y yo.
DON GONZALO	También hay algunas en este tomo. *(Busca las doloras y lee.)* Escuche usted ésta: «Pasan veinte años: vuelve él...»
DOÑA LAURA	No sé qué me da verlo a usted leer con tantos cristales...
DON GONZALO	¿Pero es que usted, por ventura, lee sin gafas?
DOÑA LAURA	¡Claro!
DON GONZALO	¿A su edad?... Me permito dudarlo.
DOÑA LAURA	Déme usted el libro. *(Lo toma de mano de don Gonzalo y lee:)* «Pasan veinte años; vuelve él, y al verse, exclaman él y ella: (—¡Santo Dios! ¿y éste es aquél?...) (—Dios mío ¿y ésta es aquélla?...).» *(Le devuelve el libro.)*
DON GONZALO	En efecto: tiene usted una vista envidiable.
DOÑA LAURA	(¡Como que me sé los versos de memoria!)
DON GONZALO	Yo soy muy aficionado a los buenos versos... Mucho. Y hasta los compuse en mi mocedad.
DOÑA LAURA	¿Buenos?
DON GONZALO	De todo había. Fui amigo de Espronceda, de Zorrilla, de Bécquer[2]... A Zorrilla lo conocí en América.
DOÑA LAURA	¿Ha estado usted en América?
DON GONZALO	Varias veces. La primera vez fui de seis años.
DOÑA LAURA	¿Lo llevaría a usted Colón en una carabela?
DON GONZALO	*(Riéndose.)* No tanto, no tanto... Viejo soy, pero no conocí a los Reyes Católicos...
DOÑA LAURA	Je, je...
DON GONZALO	También fui gran amigo de éste: de Campoamor. En Valencia nos conocimos... Yo soy valenciano.

no... da *I can't tell you what it does to me*
cristales *glasses*
por ventura *by any chance*

Y hasta los compuse *and I even composed them*
mocedad *youth*

de todo había *there were all kinds*

carabela *caravel (sailing vessel, especially the type of the 15th and 16th centuries)*

DOÑA LAURA	¿Sí?	
DON GONZALO	Allí me crié; allí pasé mi primera juventud... ¿Conoce usted aquello?	me crié *grew up* juventud *youth* aquello *that region*
5 DOÑA LAURA	Sí, señor. Cercana a Valencia, a dos o tres leguas de camino, había una finca que si aún existe se acordará de mí. Pasé en ella algunas temporadas. De esto hace muchos años; muchos. Estaba próxima al mar, oculta entre naranjos y limoneros... Le decían... ¿cómo le decían?... *Maricela.*	algunas temporadas *some length of time* de... mucho años *many years ago now* naranjos *orange trees* limoneros *lemon trees* le decían *they called it*
DON GONZALO	*¿Maricela?*	
15 DOÑA LAURA	*Maricela.* ¿Le suena a usted el nombre?	¿Le... nombre? *Does the name sound familiar to you?*
DON GONZALO	¡Ya lo creo! Como si yo no estoy trascordado—con los años se va la cabeza,—allí vivió la mujer más preciosa que nunca he visto. ¡Y ya he visto algunas en mi vida!... Deje usted, deje usted... Su nombre era Laura. El apellido no lo recuerdo... *(Haciendo memoria.)* Laura. Laura... ¡Laura Llorente!	trascordado *mistaken (forgetful)* deje usted *wait* haciendo memoria *searching his memory*
DOÑA LAURA	Laura Llorente...	
DON GONZALO	¿Qué?	
	(Se miran con atracción misteriosa.)	
30 DOÑA LAURA	Nada... Me está usted recordando a mi mejor amiga.	
DON GONZALO	¡Es casualidad!	
DOÑA LAURA	Sí que es peregrina casualidad. La *Niña de Plata.*	peregrina *strange*
35 DON GONZALO	La *Niña de Plata...* Así le decían los huertanos y los pescadores. ¿Querrá usted creer que la veo ahora mismo, como si la tuviera presente, en aquella ventana de las campanillas azules?... ¿Se acuerda usted de aquella ventana?...	huertanos *farmers* campanillas *bells (flowers)*

DOÑA LAURA	Me acuerdo. Era la de su cuarto. Me acuerdo.	
DON GONZALO	En ella se pasaba horas enteras... En mis tiempos, digo.	digo *I mean*
5 DOÑA LAURA	(*Suspirando.*) Y en los míos también.	
DON GONZALO	Era ideal, ideal... Blanca como la nieve... Los cabellos muy negros... Los ojos muy negros y muy dulces... De su frente parecía que brotaba luz... Su cuerpo era fino, esbelto, de curvas muy suaves...	brotaba *flowed*
10		esbelto *slender*
	«¡Qué formas de belleza soberana modela Dios en la escultura humana!» Era un sueño, era un sueño...	soberana *sovereign*
15		
DOÑA LAURA	(¡Si supieras que la tienes al lado, ya verías lo que los sueños valen!) Yo la quise de veras, muy de veras. Fue muy desgraciada. Tuvo unos amores muy tristes.	desgraciada *unlucky, unfortunate*
20		
DON GONZALO	Muy tristes.	
	(*Se miran de nuevo.*)	de nuevo *again*
DOÑA LAURA	¿Usted lo sabe?	
DON GONZALO	Sí.	
25 DOÑA LAURA	(¡Qué cosas hace Dios! Este hombre es aquél.)	
DON GONZALO	Precisamente el enamorado galán, si es que nos referimos los dos al mismo caso...	
30 DOÑA LAURA	¿Al del duelo?	¿Al del duelo? *To the one in the duel?*
DON GONZALO	Justo: al del duelo. El enamorado galán era... era un pariente mío, un muchacho de toda mi predilección.	justo *just so (exactly)*
		de toda mi predilección *of whom I was very fond*
35 DOÑA LAURA	Ya vamos, ya. Un pariente... A mí me contó ella en una de sus últimas cartas, la historia de aquellos amores, verdaderamente románticos.	ya *to be sure*
40 DON GONZALO	Platónicos. No se hablaron nunca.	
DOÑA LAURA	Él, su pariente de usted, pasaba todas las mañanas a caballo	

por la veredilla de los rosales, y arrojaba a la ventana un ramo de flores, que ella cogía.

veredilla *path*
rosales *rosebushes*
ramo *bouquet*

DON GONZALO Y luego, a la tarde, volvía a pasar el gallardo jinete, y recogía un ramo de flores que ella le echaba. ¿No es esto?

jinete *horseman*

DOÑA LAURA Eso es. A ella querían casarla con un comerciante... un cualquiera, sin más títulos que el de enamorado.

un cualquiera *a nobody*

DON GONZALO Y una noche que mi pariente rondaba la finca para oírla cantar, se presentó de improviso aquel hombre.

rondaba *was making the rounds of*
de improviso *unexpectedly*

DOÑA LAURA Y le provocó.

DON GONZALO Y se enzarzaron.

DOÑA LAURA Y hubo desafío.

DON GONZALO Al amanecer: en la playa. Y allí se quedó malamente herido el provocador. Mi pariente tuvo que esconderse primero, y luego que huir.

se enzarzaron *they quarrelled*
desafío *challenge*
al amanecer *at dawn*
herido *wounded*

DOÑA LAURA Conoce usted al dedillo la historia.

DON GONZALO Y usted también.

al dedillo *perfectly, down to the last detail*

DOÑA LAURA Ya le he dicho a usted que ella me la contó.

DON GONZALO Y mi pariente a mí... (Esta mujer es Laura... ¡Qué cosas hace Dios!)

DOÑA LAURA (No sospecha quién soy: ¿para qué decírselo? Que conserve aquella ilusión...)

DON GONZALO (No presume que habla con el galán... ¿Qué ha de presumirlo?... Callaré.)

(Pausa.)

DOÑA LAURA ¿Y fue usted, acaso, quien le aconsejó a su pariente que no volviera a pensar en Laura? (¡Anda con ésa!)

anda con ésa *take that*

DON GONZALO ¿Yo? ¡Pero si mi pariente no la olvidó un segundo!

DOÑA LAURA Pues ¿cómo se explica su conducta?

DON GONZALO ¿Usted sabe?... Mire usted, señora: el muchacho se refugió primero en mi casa—temeroso de las consecuencias del duelo con aquel hombre, muy querido allá;—luego se trasladó a Sevilla; después vino a Madrid... Le escribió a Laura ¡qué sé yo el número de cartas!—algunas en verso, me consta... —Pero sin duda las debieron de interceptar los padres de ella, porque Laura no contestó... Gonzalo, entonces, desesperado, desengañado, se incorporó al ejército de África, y allí, en una trinchera, encontró la muerte, abrazado a la bandera española y repitiendo el nombre de su amor: Laura... Laura... Laura...

temeroso *fearful*
se trasladó *he moved*
me consta *I happen to know*
desengañado *disillusioned*
ejército *army*
trinchera *trench*
bandera *flag*

DOÑA LAURA (¡Qué embustero!)

embustero *faker, cheat*

DON GONZALO (No me he podido matar de un modo más gallardo.)

DOÑA LAURA ¿Sentiría usted a par del alma esa desgracia?

a par del alma *to the bottom of your heart*

DON GONZALO Igual que si se tratase de mi persona. En cambio, la ingrata, quién sabe si estaría a los dos meses cazando mariposas en su jardín, indiferente a todo...

en cambio *on the other hand*

DOÑA LAURA Ah, no señor; no, señor...

DON GONZALO Pues es condición de mujeres...

es condición de mujeres *women are like that*

DOÑA LAURA Pues aunque sea condición de mujeres, la *Niña de Plata* no era así. Mi amiga esperó noticias un día, y otro, y otro... y un mes, y un año... y la carta no llegaba nunca. Una tarde, a la puesta del sol, con el primer lucero de la noche, se la vio salir resuelta camino de la playa... de aquella playa donde el predilecto de su corazón se jugó la vida. Escribió su nombre en la arena—el

puesta de sol *sunset*
lucero *star*
resuelta *resolutely*
camino de *in the direction of*
predilecto *favorite*
se jugó la vida *gambled his life*

nombre de él,—y se sentó luego en una roca, fija la mirada en el horizonte... Las olas murmuraban su monólogo eterno... e iban poco a poco cubriendo la roca en que estaba la niña... ¿Quiere usted saber más?... Acabó de subir la marea... y la arrastró consigo...

poco a poco   *little by little*

arrastró   *dragged away*

DON GONZALO   ¡Jesús!

DOÑA LAURA   Cuentan los pescadores de la playa que en mucho tiempo no pudieron borrar las olas aquel nombre escrito en la arena. (¡A mí no me ganas tú a finales poéticos!)

borrar   *erase*

no... poéticos   *you can't beat me in poetic endings*

DON GONZALO   (¡Miente más que yo!)

(Pausa.)

DOÑA LAURA   ¡Pobre Laura!

DON GONZALO   ¡Pobre Gonzalo!

DOÑA LAURA   (¡Yo no le digo que a los dos años me casé con un fabricante de cervezas!)

a los dos años   *two years later*

fabricante de cervezas   *brewer*

DON GONZALO   (¡Yo no le digo que a los tres meses me largué a París con una bailarina!)

me largué a   *I went off to*

DOÑA LAURA   Pero, ¿ha visto usted cómo nos ha unido la casualidad, y cómo una aventura añeja ha hecho que hablemos lo mismo que si fuéramos amigos antiguos?

añeja   *ancient*

DON GONZALO   Y eso que empezamos riñendo.

eso que   *in spite of the fact that*

DOÑA LAURA   Porque usted me espantó los gorriones.

DON GONZALO   Venía muy mal templado.

DOÑA LAURA   Ya, ya lo vi. ¿Va usted a volver mañana?

DON GONZALO   Si hace sol, desde luego. Y no sólo no espantaré los gorriones, sino que también les traeré miguitas...

DOÑA LAURA   Muchas gracias, señor... Son buena gente; se lo merecen todo. Por cierto que no sé dónde anda mi chica... *(Se levanta.)* ¿Qué hora será ya?

DON GONZALO *(Levantándose.)* Cerca de las doce. También ese bribón de Juanito... *(Va hacia la derecha.)*

bribón *rascal*

DOÑA LAURA *(Desde la izquierda del foro, mirando hacia dentro.)* Allí la diviso con su guarda... *(Hace señas con la mano para que se acerque.)*

señas *signals*

DON GONZALO *(Contemplando mientras a la señora.)* (No... no me descubro... Estoy hecho un mamarracho tan grande... Que recuerde siempre al mozo que pasaba al galope y le echaba las flores a la ventana de las campanillas azules...)

no me descubro *I won't reveal myself*
Estoy... grande *I have become such an old scarecrow*

DOÑA LAURA ¡Qué trabajo le ha costado despedirse! Ya viene.

DON GONZALO Juanito, en cambio... ¿Dónde estará Juanito? Se habrá engolfado con alguna niñera. *(Mirando hacia la derecha primero, y haciendo señas como doña Laura después.)* Diablo de muchacho...

engolfado *involved*
niñera *nursemaid*

DOÑA LAURA *(Contemplando al viejo.)* (No... no me descubro... Estoy hecha una estantigua... Vale más que recuerde siempre a la niña de los ojos negros, que le arrojaba las flores cuando él pasaba por la veredilla de los rosales...)

estantigua *old witch, spook*

(Juanito sale por la derecha y Petra por la izquierda. Petra trae un manojo de violetas.)

manojo *bunch*

DOÑA LAURA Vamos, mujer; creí que no llegabas nunca.

DON GONZALO Pero, Juanito, ¡por Dios! que son las tantas...

son las tantas *it's so late*

PETRA Estas violetas me ha dado mi novio para usted.

DOÑA LAURA	Mira qué fino... Las agradezco mucho... *(Al cogerlas se le caen dos o tres al suelo.)* Son muy hermosas...
DON GONZALO	*(Despidiéndose.)* Pues, señora mía, yo he tenido un honor muy grande... un placer inmenso...
DOÑA LAURA	*(Lo mismo.)* Y yo una verdadera satisfacción...
DON GONZALO	¿Hasta mañana?
DOÑA LAURA	Hasta mañana.
DON GONZALO	Si hace sol...
DOÑA LAURA	Si hace sol... ¿Irá usted a su banco?
DON GONZALO	No, señora; que vendré a éste.
DOÑA LAURA	Este banco es muy de usted.
	(Se ríen.)
DON GONZALO	Y repito que traeré miga para los gorriones...
	(Vuelven a reírse.)
DOÑA LAURA	Hasta mañana.
DON GONZALO	Hasta mañana.
	(Doña Laura se encamina con Petra hacia la derecha. Don Gonzalo, antes de irse con Juanito hacia la izquierda, tembloroso y con gran esfuerzo se agacha a coger las violetas caídas. Doña Laura vuelve naturalmente el rostro y lo ve.)
JUANITO	¿Qué hace usted, señor?
DON GONZALO	Espera, hombre, espera...
DOÑA LAURA	(No me cabe duda: es él...)
DON GONZALO	(Estoy en lo firme: es ella...)
	(Después de hacerse un nuevo saludo de despedida.)
DOÑA LAURA	(¡Santo Dios! ¿y éste es aquél?...)
DON GONZALO	(¡Dios mío! ¿y ésta es aquélla?...)
	(Se van, apoyado cada uno en el brazo de su servidor y volviendo la cara sonrientes, como si él pasara por la veredilla de los rosales y ella estuviera en la ventana de las campanillas azules.)

Line numbers: 5, 10, 15, 20, 25, 30, 35

se agacha *stoops*

no me cabe duda *I have no doubt*

estoy en lo firme *I'm sure*

NOTAS CULTURALES

1 Ramón del Campoamor (1871–1901) era un famoso poeta español cuya poesía favorecía «el arte por la idea». Es decir, las ideas son el elemento más importante del arte y todo lo demás debe ser secundario.

2 José de Espronceda (1808–1842), José Zorrilla y Moral (1817–1893) y Gustavo Adolfo Bécquer (1836–1870) eran otros famosos poetas españoles del siglo XIX.

Comprensión

1. ¿Por qué trae doña Laura unas miguitas de pan al parque?   2. Qué hace Petra mientras se divierte su señora?   3. ¿Por qué se enoja don Gonzalo? 4. ¿Dónde se sienta don Gonzalo por fin?   4. ¿Cómo se sabe que don Gonzalo no puede ver bien?   6. ¿Es buena la vista de doña Laura? (¿Cómo le engaña ella a don Gonzalo?)   7. ¿Cuál de los dos menciona primero el nombre de un lugar que ambos habían conocido en la juventud?   8. ¿Qué clase de amores existían entre Laura y don Gonzalo cuando eran jóvenes?   9. Al darse cuenta de lo que ha pasado, ¿por qué no quieren confesárselo el uno al otro? 10. Según don Gonzalo, ¿qué le pasó al joven galán? ¿Qué le pasó en realidad?   11. Según doña Laura, ¿qué hizo la joven cuando no recibió noticias del galán? ¿Qué hizo ella en realidad?   12. ¿Qué piensan hacer los viejos al día siguiente?   13. ¿Existe todavía un eco de sus antiguos amores? (¿Cómo se sabe?)

Expansión

I. Análisis literario

1. Los dos últimos versos del poema de Campoamor son paralelos:
—*¡Santo Dios! ¿y éste es aquél?*...
—*¡Dios mío! ¿y ésta es aquélla?*...
Indique Ud. tres ejemplos de acciones o comentarios paralelos en el drama.   2. ¿Son paralelas las acciones de los criados?   3. Para Ud., ¿cuál de los viejos es más inteligente y astuto?   4. Según lo que se percibe en el drama, ¿es verdad que el concepto del amor sentimental sólo puede existir entre jóvenes?   5. Se puede definir la ironía como el dar a entender lo contrario de lo que se dice. Cite y comente Ud. un ejemplo del uso de ironía en este drama.

II. Descripción

A continuación se presenta una serie de frases cortas que describen a doña Laura. Después se combinan esas frases para hacer una sola frase larga que tiene el mismo sentido. Por el momento, vea Ud. este ejemplo:

Doña Laura es viejecita.
Tiene unos setenta años.
Es muy pulcra.
Tiene los cabellos blancos.
Sus manos son muy finas.
También son bien cuidadas.

La combinación: Doña Laura es una viejecita setentona, muy pulcra, de cabellos blancos y manos muy finas y bien cuidadas.

Ahora, combine Ud. estas frases para hacer una sola frase que describa a don Gonzalo.

Don Gonzalo es viejo.
Es contemporáneo de doña Laura.
Es un poco cascarrabias.

La combinación: ¿?

Finalmente, haga lo mismo con estas frases. Después, Ud. puede comparar sus frases con las del texto del drama.

Don Gonzalo mira a doña Laura.
Lo hace siempre con rabia.
Se pone unas gafas prehistóricas.
Saca una gran lente.
Con el auxilio de toda esa cristalería se dispone a leer.

La combinación: ¿?

III. Minidrama

Con otra persona de la clase, prepare Ud. un breve drama sobre algún aspecto o concepto del drama de los Álvarez Quintero. Algunos temas posibles son:

1. Petra y Juanito observan y comentan lo que hacen los viejos.
2. Volvemos al pasado para ver lo que pasó la noche del desafío *(challenge, duel).*
3. Llegamos a saber lo que hacían y decían Petra y Juanito mientras los viejos conversaban.

Diego Rodríguez de Silva y Velázquez

Velázquez nació en Sevilla en 1599. Su padre era portugués y su madre sevillana, y ambos pertenecían a la aristocracia, hecho de bastante importancia puesto que Velázquez iba a ser no sólo pintor, sino también persona de mucha influencia en la corte de Felipe IV. A los once años Velázquez fue aprendiz de Francisco Pacheco, famoso profesor de pintura en Sevilla y consejero para la Inquisición en materia de arte. Aprendió mucho de su maestro, quien le impuso una disciplina severa aunque también dejó que el joven manifestara su originalidad y talento. Al terminar su aprendizaje, Diego se casó con la hija de Pacheco, Juana, y se estableció en Sevilla como padre de familia y pintor de retratos y de cuadros religiosos.

En aquella época ocurrieron hechos históricos que influyeron radicalmente en la vida de Velázquez. Llegó al trono Felipe IV, quien, como su padre, prefería dejar el gobierno del país en manos de otro. Así llegó al poder un noble sevillano, Don Gaspar de Guzmán, Conde-Duque de Olivares, y en poco tiempo se estableció en Madrid un grupo de sevillanos, muchos de los cuales eran amigos de Pacheco. Éste supo aprovechar la situación: en 1622 su yerno visitó Madrid por primera vez, llegó a conocer a algunos amigos de Olivares, y pintó un retrato del famoso poeta Luis de Góngora. Un año más tarde, Olivares le mandó volver a la corte, lo presentó al Rey, y le hizo pintar un retrato del soberano. De ahí en adelante, durante más de treinta y un años, Velázquez gozó de la protección y de la amistad del Rey, quien no sólo lo empleó como pintor, sino también como diplomático, y le confirió grandes honores. Aunque Velázquez recibió muchos favores reales durante su vida, nunca se envaneció por eso. El testimonio de sus contemporáneos confirma que era un amigo leal, buen padre de familia, y un hombre noble, orgulloso, generoso y que sabía gozar de la vida. Cuando murió en 1660, a los sesenta y un años, el Rey escribió que se sentía abrumado por la pérdida de tan fiel vasallo y amigo.

Si las pinturas de El Greco reflejan su fervor místico y su pasión religiosa, las de Velázquez revelan su interés por el instante, la realidad inmediata y su deseo de fijarlos para siempre. Fiel a su concepto del realismo, el artista no lisonjea a sus modelos, sean nobles o humildes. Sin embargo, todos tienen una dignidad que hace que sus retratos sean una afirmación de la vida. Al captarlos en el instante, Velázquez los inmortaliza, así como al pintar las cosas más humildes y reales, las eleva al nivel de lo perdurable y eterno.

The National Galleries of Scotland

La vieja cocinera (1618)

Una de las contribuciones originales de Valázquez al arte fue su manera de dar énfasis a las cosas que están en el primer plano de un cuadro al presentarlas desde una perspectiva en la que se las ve desde arriba. En esta pintura, por ejemplo, se ven desde arriba los objetos que están en la mesa o cerca de la cocinera, mientras lo demás—las dos figuras y lo que está detrás—se ve desde otra perspectiva. ¿Cómo describiría Ud. a la cocinera? ¿Cuál sería la actitud del pintor hacia ella? ¿Qué es lo que queda mejor definido en el cuadro—las cosas o los seres humanos? ¿Puede nombrar algunas de las cosas que Ud. ve en el retrato?

Art Resource

Esopo (1637–1640)

Según fuentes antiguas, el creador de las *Fábulas* era esclavo. También se decía que era feo y algo deformado. Según Vico en su *Scienza Nuova* (1725), Esopo representaba a los que eran compañeros y ayudantes de los héroes.

En la pintura se ve a la izquierda el cubo que se usaba para curtir pieles, una alusión a una de las fábulas en la que un rico llega a aceptar con ecuanimidad algo que le molesta—el olor de una curtiduría que se encuentra al lado de su casa. El libro que tiene Esopo en la mano es un ejemplar de las *Fábulas*.

En esta pintura Velázquez usa los matices de tres colores: el gris, el verde y el café. El rostro de Esopo es asimétrico, pero esto aumenta el interés cuando examinamos la magnífica ejecución del artista: es como si Velázquez quisiera definir el espíritu del personaje en la honestidad brutal de su retrato. El rostro de Esopo revela su sufrimiento, pero también su nobleza y, sobre todo, su dignidad.

¿Cómo compararía Ud. la cara de Esopo con la de la vieja cocinera? ¿Qué cualidades tienen en común?

The Metroplitan Museum of Art, Isaac D. Fletcher Fund, Rogers Fund and Bequest of Adelaide Milton de Groot (1876–1967), Bequest of Joseph H. Durkee, by exchange, supplemented by gifts from Friends of the Museum, 1971.

Juan de Pareja (1649–1650)

Juan de Pareja, nacido en Sevilla en 1610, era hijo de esclavos moros. Recibió la libertad y se hizo pintor. En 1630 se mudó a Madrid y entró en el taller de Velázquez. Acompañó al maestro durante su viaje a Italia entre 1649 y 1651 para comprar obras de arte para el palacio real.

En este retrato Velázquez se limita al uso de muy pocos colores: predominan un verde y un café aceitunados. Pero se ve que sabe modular y cambiar la luz por medio de su pincel. Son notables el uso del contraste entre los tonos y la capacidad del artista de sugerir la textura de la ropa.

¿Qué parte del rostro de Pareja se nota más? ¿Cuál es el efecto del collar blanco? ¿Qué impresión tiene Ud. del carácter del modelo? (¿Qué clase de hombre sería?)

Para comentar

1. ¿Cuál de las pinturas de Velázquez le gusta más? ¿Por qué? (Describa lo que significa esa pintura para Ud.)
2. En la España del siglo XVII existían varias clases sociales. Aunque no había igualdad económica, se creía que todos los hombres eran iguales ante los ojos de Dios. El individuo digno de su clase merecía el respeto de los demás. Esto se nota en la relación entre don Quijote y Sancho Panza en la obra de Cervantes y también se encuentra en varios dramas de la época, en los que el humilde labrador sabe defender su honor y dignidad cuando éstos son atacados por unos nobles abusivos. ¿Cómo reflejan las pinturas de Velázquez este concepto?
3. Muchos artistas han preferido pintar a los viejos. ¿Por qué les ha interesado pintar personas de edad?
4. ¿Puede Ud. comparar las pinturas de Velázquez con las que hemos visto de El Greco?
5. Busque Ud. en la biblioteca otra pintura de Velázquez. Muéstrela a la clase, analizando el tema del cuadro y la técnica que ha empleado el artista.

6

El concepto hispánico de la muerte

Se puede ver esta estatua de Cristo en una iglesia en Oaxaca, México. ¿Qué nos revela acerca de la actitud hispánica ante la muerte?

ENFOQUE

Es probable que no haya tema tan fascinante para la mente y la imaginación del hombre como el de la muerte. Tanto en las tribus primitivas como en las sociedades más complejas se hallan explicaciones y teorías sobre el significado del fin de la vida. Los ritos, las supersticiones, las costumbres y las prácticas que se asocian con la muerte son tan innumerables como las canciones, las poesías y otras expresiones verbales que se dedican a ella.

En algunas sociedades se percibe la muerte como parte de un ciclo vinculado a la vida. Así la entendieron los aztecas, cuya cosmología y teología eran bastante complejas. En otras sociedades, como en la anglosajona, se trata de esconder o negar la muerte. Se emplean cosméticos de todo tipo para evitar enfrentar la realidad. (Se dice, por ejemplo, que una persona muerta «ya no está con nosotros», que «se ha ido».) En general, se puede decir que aunque todos los países cristianos comparten ciertos conceptos relacionados con la muerte (el concepto de la inmortalidad del alma, la esperanza de la redención por Cristo, etc.), la presencia de la muerte como cosa tangible y real en la vida es mucho más notable en los países hispánicos que en los anglosajones. A veces, en aquellos países, se hace presente la muerte en la vida diaria de una forma directa y simple. Por ejemplo, en México en el Día de los Muertos (el dos de noviembre), se ven dulces, pan y juguetes en forma de calaveras o esqueletos.

Como tema literario, la muerte y la inmortalidad son de suma importancia en el mundo hispánico. Aquí se incluyen dos ejemplos ilustrativos de la vitalidad de ese tema en Hispanoamérica: grabados de la obra de José Guadalupe Posada, artista mexicano muy popular, y un cuento de Jorge Luis Borges, uno de los prosistas más brillantes de la América Hispana.

VOCABULARIO ÚTIL

Estudie estas palabras.

atardecer *m* dusk, twilight
azúcar *m* sugar
calor *m* heat
capítulo chapter
cerrar to close
  cerrar con llave to lock
colegio school (usually a private school)
cruz *f* cross

estudiante *m or f* student
graduarse to graduate
hallar to find
hallazgo discovery
huelga strike
instruir to instruct
jugar to play
juego game, gambling
jugador *m* player

lugar *m* place
tarea task, job
taza cup
  tacita little cup

techo roof
trueno thunder
veranear to spend the summer
verano summer

Anticipación

I. Complete Ud. con la forma correcta de una palabra apropiada del **Vocabulario útil.**

En los años cuando estaba en el _____ , Baltasar era muy buen _____ . Mientras los otros jóvenes _____ al fútbol, él _____ su puerta con llave y se preparaba una _____ de café con _____ . No lo visitábamos mientras estaba en ese _____ porque sabíamos que estaba preparando sus _____ para el día siguiente. A pesar del calor del _____ , no salía hasta el _____ . No sé por qué no participó en los deportes: decían que era buen _____ , pero no le gustaban los _____ . Ya que se dedicó totalmente a sus estudios, _____ cuando sólo tenía quince años.

II. A continuación hay dos párrafos. Cada uno contiene una frase que no se relaciona directamente al tema del párrafo. Elimine Ud. la frase que no es necesaria, para que todas las frases sean coherentes y relacionadas al tema. Después, indique por qué ha eliminado la frase.

1. Espinosa expresaba ideas contradictorias. Veneraba a Francia, pero no le gustaban los franceses. Hablaba mal de los Estados Unidos y admiraba los rascacielos *(skyscrapers)* de Buenos Aires. No conocía otro país, pero eso no le importaba. Criticaba la Argentina, pero no quería que otros hicieran lo mismo.

2. Los Gómez vivían en un rancho y estaban tan aislados del resto del mundo que no tenían concepto de la geografía, la historia ni el tiempo. Además, eran analfabetos y por eso no podían aprender nada de los libros. Con frecuencia los viejos pierden la memoria o sólo tienen un concepto vago de las fechas. Los Gómez no sabían el año en que nacieron ni la distancia entre el rancho y la capital del país. Tampoco sabían nada del gobierno ni de la historia de su región.

III. Si Ud. no está de acuerdo con las siguientes afirmaciones, cámbielas para expresar su opinión personal.

1. Lo que dice la Biblia no es alegórico: se debe aceptarlo al pie de la letra *(literally).*

2. Algunas ideas están en la sangre de uno: no son parte de la cultura, sino parte de la herencia biológica.
3. Si existe el cielo, uno lo gana por las buenas obras, no simplemente por la fe.
4. Lo que comunica un libro no depende del lector ni de otros factores exteriores: un libro es una cosa absoluta.
5. A veces lo mágico y lo milagroso tienen una base científica.

El Evangelio según Marcos

Jorge Luis Borges (1899–1987), escritor argentino que ha sido comparado con Kafka, Poe y Wells, crea en sus obras literarias un mundo fantástico e imaginario, independiente de un tiempo o un espacio específicos. Borges ha dicho que necesita alejar sus cuentos, situarlos en tiempos y espacios algo lejanos para liberar su imaginación y obrar con mayor libertad. Es un hombre sumamente intelectual para quien las ideas tienen vida y son capaces de provocar el asombro y el deleite del lector a través de sus ficciones.

Borges nació en Buenos Aires, de padres intelectuales de la clase media. Educado en la capital y en Ginebra, pasa luego tres años en España antes de regresar a Buenos Aires en 1921. En los años siguientes se distingue como poeta, pero es probable que la verdadera originalidad de Borges no esté ni en las poesías ni en la crítica literaria que publica en esos años, sino en las breves narraciones que aparecen en los años siguientes—entre 1930 y 1955—, especialmente en dos colecciones: *Ficciones* y *El Aleph*. Aunque en aquellos años los dos tomos no atrajeron mucha atención, después gozaron de fama mundial y situaron a Borges entre los escritores más importantes de nuestro tiempo.

En los cuentos de esa época Borges explora los temas que, según él, son básicos en toda literatura fantástica: la obra dentro de la obra, la contaminación de la realidad por el sueño, el viaje a través del tiempo y el concepto del doble. En ellos el orden se encuentra en la mente humana, mientras que la realidad exterior tiene cualidades caóticas y peligrosas. También se manifiesta, en esos cuentos, la condición absurda y tal vez heroica del hombre que lucha por imponer orden sobre el caos del mundo físico que lo rodea.

En este capítulo se presenta «El Evangelio según Marcos», cuento que, según Borges, se debe a un sueño y, como toda literatura, es un «sueño dirigido». En este caso, el sueño se basa en un pasaje de la Biblia, y en la narración que allí se hace del sacrificio de Cristo en la cruz, acto que asegura la salvación del alma del creyente y que se ha establecido como parte de la «intrahistoria» de los pueblos occidentales. Es un cuento que debe leerse con cuidado. Sólo el lector cuidadoso y detallista tendrá el placer de anticipar el fin dramático e inevitable que el autor ha preparado mediante la acumulación de indicios.

5 El hecho sucedió en la estancia La Colorada, en el partido de Junín, hacia el sur, en los últimos días del mes de marzo de 1928. Su protagonista fue un estudiante de medicina, Baltasar Espinosa. Podemos definirlo por ahora como uno de tantos muchachos

sucedió *took place*
partido *township*

porteños, sin otros rasgos dignos de nota que esa facultad oratoria que le había hecho merecer más de un premio en el colegio inglés de Ramos Mejía y que una casi ilimitada bondad. No le gustaba discutir;
5   prefería que el interlocutor tuviera razón y no él. Aunque los azares del juego le interesaban, era un mal jugador, porque le desagradaba ganar. Su abierta inteligencia era perezosa; a los treinta y tres años le faltaba rendir una materia para graduarse, la
10   que más lo atraía. Su padre, que era librepensador, como todos los señores de su época, lo había instruido en la doctrina de Herbert Spencer,[1] pero su madre, antes de un viaje a Montevideo, le pidió que todas las noches rezara el Padrenuestro e hiciera la
15   señal de la cruz. A lo largo de los años no había quebrado nunca esa promesa. No carecía de coraje; una mañana había cambiado, con más indiferencia que ira, dos o tres puñetazos con un grupo de compañeros que querían forzarlo a participar en una huelga
20   universitaria. Abundaba, por espíritu de aquiescencia, en opiniones o hábitos discutibles: el país le importaba menos que el riesgo de que en otras partes creyeran que usamos plumas; veneraba a Francia pero menospreciaba a los franceses; tenía en poco a
25   los americanos, pero aprobaba el hecho de que hubiera rascacielos en Buenos Aires; creía que los gauchos de la llanura son mejores jinetes que los de las cuchillas o los cerros. Cuando Daniel, su primo, le propuso veranear en La Colorada, dijo inmediata-
30   mente que sí, no porque le gustara el campo sino por natural complacencia y porque no buscó razones válidas para decir que no.[2]

El casco de la estancia era grande y un poco abandonado; las dependencias del capataz, que se llamaba
35   Gutre, estaban muy cerca. Los Gutres eran tres: el padre, el hijo, que era singularmente tosco, y una muchacha de incierta paternidad. Eran altos, fuertes, huesudos, de pelo que tiraba a rojizo y de caras aindiadas. Casi no hablaban. La mujer del capataz había
40   muerto hace años.

Espinosa, en el campo, fue aprendiendo cosas que

porteños   *from Buenos Aires*
rasgos   *characteristics*

discutir   *to argue*

azares   *risks*

perezosa   *lazy (undirected)*
rendir una materia   *to take an exam on a course*

no... coraje   *he was not lacking in courage*
ira   *anger*
puñetazos   *punches*
abundaba... en   *he was full of*
discutibles   *questionable*
usamos plumas   *we wear feathers (we are Indians)*
menospreciaba   *he scorned*
tenía en poco   *he despised, thought little of*
jinetes   *riders*
cuchillas   *mountains*

casco   *main house*
dependencias   *quarters*
capataz   *foreman*
tosco   *uncouth*
huesudos   *bony, big-boned*
que... rojizo   *which had a reddish tinge*
aindiadas   *Indian-looking*

no sabía y que no sospechaba. Por ejemplo, que no hay que galopar cuando uno se está acercando a las casas y que nadie sale a andar a caballo sino para cumplir con una tarea. Con el tiempo llegaría a dis-
5 tinguir los pájaros por el grito.

grito *cry, call*

A los pocos días, Daniel tuvo que ausentarse a la capital para cerrar una operación de animales. A lo sumo, el negocio le tomaría una semana. Espinosa, que ya estaba un poco harto de las *bonnes fortunes* de
10 su primo y de su infatigable interés por las variaciones de la sastería, prefirió quedarse en la estancia, con sus libros de texto. El calor apretaba y ni siquiera la noche traía un alivio. En el alba, los truenos lo despertaron. El viento zamarreaba las casuarinas. Es-
15 pinosa oyó las primeras gotas y dio gracias a Dios. El aire frío vino de golpe. Esa tarde, el Salado se desbordó.

operación *deal*
a lo sumo *at most*

harto *tired, fed up*
bonnes fortunes *good fortune (with women)*
sastería *men's fashions*
apretaba *was oppressive*
alivio *respite, relief*
zamarreaba las casuarinas *shook the Australian pines*
de golpe *suddenly*
el Salado *the Salado ("Salty") River*
se desbordó *overflowed*
anegados *flooded*
equipara *compares*

Al otro día, Baltasar Espinosa, mirando desde la galería los campos anegados, pensó que la metáfora
20 que equipara la pampa[3] con el mar no era por lo menos esa mañana, del todo falsa, aunque Hudson[4] había dejado escrito que el mar nos parece más grande, porque lo vemos desde la cubierta del barco y no desde el caballo o desde nuestra altura. La lluvia
25 no cejaba; los Gutres, ayudados o incomodados por el pueblero, salvaron buena parte de la hacienda, aunque hubo muchos animales ahogados. Los caminos para llegar a La Colorada eran cuatro: a todos los cubrieron las aguas. Al tercer día, una gotera
30 amenazó la casa del capataz; Espinosa les dio una habitación que quedaba en el fondo, al lado del galpón de las herramientas. La mudanza los fue acercando; comían juntos en el gran comedor. El diálogo resultaba difícil; los Gutres, que sabían tantas
35 cosas en materia de campo, no sabían explicarlas. Una noche, Espinosa les preguntó si la gente guardaba algún recuerdo de los malones, cuando la comandancia estaba en Junín. Le dijeron que sí, pero lo mismo hubieran contestado a una pregunta sobre
40 la ejecución de Carlos Primero. Espinosa recordó que su padre solía decir que casi todos los casos de

cubierta *deck*

cejaba *let up*

pueblero *city man*
hacienda *herd*
ahogados *drowned*

gotera *leak*

galpón de las herramientas *tool shed*
la... acercando *the move brought them closer together*

guardaba *held, kept*

malones *Indian raids*
comandancia *frontier command*

longevidad que se dan en el campo son casos de mala memoria o de un concepto vago de las fechas. Los gauchos suelen ignorar por igual el año en que nacieron y el nombre de quien los engendró.

5 En toda la casa no había otros libros que una serie de la revista *La Chacra,* un manual de veterinaria, un ejemplar de lujo de *Tabaré,* una *Historia del Shorthorn en la Argentina,* unos cuantos relatos eróticos o policiales y una novela reciente: *Don Segundo Sombra.*[5] Es-

10 pinosa, para distraer de algún modo la sobremesa inevitable, leyó un par de capítulos a los Gutres, que eran analfabetos. Desgraciadamente, el capataz había sido tropero y no le podían importar las andanzas de otro. Dijo que ese trabajo era liviano, que llevaban

15 siempre un carguero con todo lo que se precisa y que, de no haber sido tropero, no habría llegado nunca hasta la Laguna de Gómez, hasta el Bragado y hasta los campos de los Núñez, en Chacabuco. En la cocina había una guitarra; los peones, antes de los

20 hechos que narro, se sentaban en rueda; alguien la templaba y no llegaba nunca a tocar. Esto se llamaba una guitarreada.

Espinosa, que se había dejado crecer la barba, solía demorarse ante el espejo para mirar su cara cam-

25 biada y sonreía al pensar que en Buenos Aires aburriría a los muchachos con el relato de la inundación del Salado. Curiosamente, extrañaba lugares a los que no iba nunca y no iría: una esquina de la calle Cabrera en la que hay un buzón, unos leones de

30 mampostería en un portón de la calle Jujuy, a unas cuadras del Once, un almacén con piso de baldosa que no sabía muy bien donde estaba. En cuanto a sus hermanos y a su padre, ya sabrían por Daniel que estaba aislado—la palabra, etimológicamente, era

35 justa[6]—por la creciente.

Explorando la casa, siempre cercada por las aguas, dio con una Biblia en inglés. En las páginas finales los Guthrie—tal era su nombre genuino—habían dejado escrita su historia. Eran oriundos de Inverness, habían

40 arribado a este continente, sin duda como peones, a principios del siglo diecinueve, y se habían cruzado con indios. La crónica cesaba hacia mil ochocientos

---

chacra *farm*
de lujo *deluxe*

sobremesa *after-dinner conversation*
analfabetos *illiterate*
tropero *cattle driver*
andanzas *doings, activities*

carguero *packhorse*

en rueda *in a circle*
templaba *tuned*
guitarreada *guitarfest*

demorarse *linger, stop*

mampostería *concrete*
portón *gateway*
almacén *store*
baldosa *tile*

creciente *floodwaters*

dio con *he came across*

oriundos *natives*

setenta y tantos; ya no sabían escribir. Al cabo de unas pocas generaciones habían olvidado el inglés; el castellano, cuando Espinosa los conoció, les daba trabajo. Carecían de fe, pero en su sangre perduraban,
5 como rastros oscuros, el duro fanatismo del calvinista[7] y las supersticiones del pampa. Espinosa les habló de su hallazgo y casi no escucharon.

Hojeó el volumen y sus dedos lo abrieron en el comienzo del Evangelio según Marcos. Para ejerci-
10 tarse en la traducción y acaso para ver si entendían algo, decidió leerles ese texto después de la comida. Le sorprendió que lo escucharan con atención y luego con callado interés. Acaso la presencia de las letras de oro en la tapa le diera más autoridad. Lo
15 llevan en la sangre, pensó. También se le ocurrió que los hombres, a lo largo del tiempo, han repetido siempre dos historias: la de un bajel perdido que busca por los mares mediterráneos una isla querida, y la de un dios que se hace crucificar en Gólgota.[8]
20 Recordó las clases de elocución en Ramos Mejía y se ponía de pie para predicar las parábolas.

Los Gutres despachaban la carne asada y las sardinas para no demorar el Evangelio.

Una corderita que la muchacha mimaba y ador-
25 naba con una cintita celeste se lastimó con un alambrado de púa. Para parar la sangre, querían ponerle una telaraña; Espinosa la curó con unas pastillas. La gratitud que esa curación despertó no dejó de asombrarlo. Al principio, había desconfiado de los Gutres
30 y había escondido en uno de sus libros los doscientos cuarenta pesos que llevaba consigo; ahora, ausente el patrón, él había tomado su lugar y daba órdenes tímidas, que eran inmediatamente acatadas. Los Gutres lo seguían por las piezas y por el corredor,
35 como si anduvieran perdidos. Mientras leía, notó que le retiraban las migas que él había dejado sobre la mesa. Una tarde los sorprendió hablando de él con respeto y pocas palabras. Concluido el Evangelio según Marcos, quiso leer otro de los tres que faltaban;
40 el padre le pidió que repitiera el que ya había leído, para entenderlo bien. Espinosa sintió que eran como niños, a quienes la repetición les agrada más que la

---

al cabo de   *after*

perduraban   *survived, remained*

pampa *(m)*   *pampa Indian*

hojeó   *he leafed through*

tapa   *cover*

a lo largo del   *throughout*
bajel   *ship*

predicar las parábolas
   preach the parables
despachaban   *gulped down, dispatched*
corderita   *lamb*
mimaba   *pampered*
cintita celeste   *light blue ribbon*
un... púa   *strand of barbed wire*
telaraña   *cobweb*
pastillas   *pills*
desconfiado   *distrusted*

acatadas   *obeyed*

migas   *crumbs*

variación o la novedad. Una noche soñó con el Diluvio, lo cual no es de extrañar; los martillazos de la
fabricación del arca lo despertaron y pensó que acaso
eran truenos. En efecto, la lluvia, que había amai-
5 nado, volvió a recrudecer. El frío era intenso. Le dijeron que el temporal había roto el techo del galpón
de las herramientas y que iban a mostrárselo cuando
estuvieran arregladas las vigas. Ya no era un forastero y todos lo trataban con atención y casi lo mima-
10 ban. A ninguno le gustaba el café, pero había
siempre una tacita para él, que colmaban de azúcar.

El temporal ocurrió un martes. El jueves a la
noche lo recordó un golpecito suave en la puerta
que, por las dudas, él siempre cerraba con llave. Se
15 levantó y abrió: era la muchacha. En la oscuridad no
la vio, pero por los pasos notó que estaba descalza y
después, en el lecho, que había venido desde el
fondo, desnuda. No lo abrazó, no dijo una sola palabra; se tendió junto a él y estaba temblando. Era la
20 primera vez que conocía a un hombre. Cuando se
fue, no le dio un beso; Espinosa pensó que ni siquiera sabía cómo se llamaba. Urgido por una íntima
razón que no trató de averiguar, juró que en Buenos
Aires no le contaría a nadie esa historia.

25 El día siguiente comenzó como los anteriores,
salvo que el padre habló con Espinosa y le preguntó
si Cristo se dejó matar para salvar a todos los
hombres. Espinosa, que era librepensador pero que
se vio obligado a justificar lo que les había leído, le
30 contestó:

—Sí. Para salvar a todos del infierno.

Gutre le dijo entonces:

—¿Qué es el infierno?

—Un lugar bajo tierra donde las ánimas arderán y
35 arderán.

—¿Y también se salvaron los que le clavaron los
clavos?

—Sí—replicó Espinosa, cuya teología era incierta.

Había temido que el capataz le exigiera cuentas de
40 lo ocurrido anoche con su hija. Después del almuerzo, le pidieron que releyera los últimos capítulos.

---

el Diluvio *the (biblical) Flood*
no es de extrañar *is not surprising*
martillazos *hammer blows*
acaso *maybe*
amainado *let up*
recrudecer *fall harder*

arregladas *fixed*
vigas *beams*
forastero *stranger*

colmaban de *(they) heaped with*

recordó *awakened*

pasos *footsteps*
lecho *bed*
fondo *back (of the house)*

urgido *motivated*

ánimas *souls*
arderán *will burn*

le... clavos *hammered in the nails*

le... ocurrido *would demand an accounting from him of what had taken place*

Espinosa durmió una siesta larga, un leve sueño interrumpido por persistentes martillos y por vagas premoniciones. Hacia el atardecer se levantó y salió al corredor. Dijo como si pensara en voz alta:

5 —Las aguas están bajas. Ya falta poco.

—Ya falta poco—repitió Gutre, como un eco.

Los tres lo habían seguido. Hincados en el piso de piedra le pidieron la bendición. Después lo maldijeron, lo escupieron y lo empujaron hasta el fondo.

10 La muchacha lloraba. Espinosa entendió lo que le esperaba del otro lado de la puerta. Cuando la abrieron, vio el firmamento. Un pájaro gritó; pensó: Es un jilguero. El galpón estaba sin techo; habían arrancado las vigas para construir la Cruz.

Ya falta poco *It won't be long now*

hincados *kneeling*

lo... empujaron *they cursed him, spat on him and shoved him*

jilguero *goldfinch*
galpón *shed*
arrancado *pulled down*

El informe de Brodie, 1970

NOTAS CULTURALES

1 Herbert Spencer (1820–1903), filósofo inglés, fundador de la filosofía evolucionista. Postuló el concepto del darwinismo social, la sobrevivencia del más apto. Influido por Spencer, el filósofo francés Henri Bergson sugiere que ciertos mitos o ideas pueden perdurar en la sangre, en la raza. El hecho de que el fanatismo calvinista perdura en la sangre de los Gutres confirma las ideas de Bergson.

2 Normalmente los dueños de las grandes estancias viven en Buenos Aires y visitan sus estancias sólo de vez en cuando. Aparentemente Daniel y Baltasar tenían esa costumbre.

3 La pampa es un llano enorme, parecida a los «*Great Plains*» de los Estados Unidos. El gaucho se parece al «*cowboy*» norteamericano.

4 William Henry Hudson (1840–1922) escribió su obra en inglés, pero es famoso en la Argentina por la evocación nostálgica de la pampa bonaerense, escenario de los relatos y las obras autobiográficas del autor. Hudson nació en la pampa y pasó su infancia y adolescencia allí.

5 Esta lista de obras es típica de la técnica de Borges de vincular la «realidad» de la trama con la del mundo de las ideas. Cinco de las obras se relacionan con el ambiente de la pampa y la estancia, y reflejan varias actitudes hacia ese ambiente: la revista *La Chacra* refleja las actitudes y preocupaciones del estanciero; el manual de veterinaria, las actitudes de los científicos; *Tabaré* de Juan Zorrilla de San Martín, el punto de vista romántico, con su característico fatalismo; la *Historia del Shorthorn en la Argentina,* la perspectiva de los historiadores; y *Don Segundo Sombra* de Ricardo Güiraldes, la evocación del gaucho ideal.

6   La etimología de «aislado» sugiere la idea de «isla» y describe el estado del casco de la estancia después del diluvio.

7   Calvinista es el que acepta la teología de Jean Calvin (1509–1564), teólogo francés que mantuvo que la Biblia es la única fuente verdadera de la ley de Dios y que el deber del hombre es interpretarla y mantener el orden en el mundo. Según Calvin, sólo los elegidos de Dios pueden redimirse: la redención no puede ganarse por buenas obras. En el cuento, los Gutres aceptan al pie de la letra lo que dice la Biblia y creen que Espinosa es un elegido de Dios.

8   Las dos historias son: la *Odisea* de Homero, modelo de toda la poesía épica posterior, que sugiere la idea de la búsqueda del hombre, y la historia de Cristo, que se hace crucificar en el monte Gólgota para redimir a la humanidad, y que constituye, desde entonces, el ejemplo y prototipo ideal del hombre que se sacrifica por los demás.

Comprensión

1. ¿Dónde y cuándo tienen lugar los sucesos del cuento?   2. ¿Qué actitudes básicas de los padres de Baltasar Espinosa influyeron en su formación intelectual?   3. ¿Por qué viajó Espinosa a la estancia?   4. ¿Cómo eran los Gutres?   5. ¿Cómo llegó a aislarse la estancia?   6. ¿Por qué se mudaron los Gutres a la habitación que quedaba al lado del galpón de las herramientas?   7. ¿Qué sabían los Gutres de su pasado?   8. ¿Qué clase de libros y revistas había en la casa?   9. ¿Qué encontró Espinosa en las páginas finales de la Biblia de los Guthrie?   10. ¿Qué clase de creencia religiosa tenían los Gutres?   11. ¿Cómo reaccionaron los Gutres cuando Espinosa les leyó el Evangelio según Marcos?   12. ¿Cómo cambió la relación entre los Gutres y Espinosa?   13. ¿Qué pasó el jueves por la noche?   14. ¿Qué preguntas le hizo el padre de los Gutres a Espinosa al día siguiente?   15. ¿Qué le hicieron los Gutres a Espinosa cuando salió después de dormir la siesta?   16. ¿Qué le esperaba a Espinosa en el galpón?

Expansión

I. Análisis literario

1. Con frecuencia, Borges indica en sus cuentos que las ideas que se expresan en un libro son capaces de cambiar el mundo real. ¿Refleja este cuento tal concepto?   2. ¿Cómo influyeron en las acciones de los Gutres los rastros del «duro fanatismo del calvinista y las supersticiones del pampa» que perduraban en su sangre?   3. Comente Ud. los paralelos que pueden establecerse entre la vida de Espinosa y la de Cristo. 4. Contraste Ud. la actitud religiosa de Espinosa con la de los Gutres. 5. ¿Cuál es el tema principal del cuento?

II. Reportaje

Ud. es periodista de Buenos Aires. Acaba de entrevistar a los Gutres sobre la muerte de Espinosa. Escriba un reportaje sobre lo que pasó, incluyendo:

1. una descripción de los Gutres.
2. cómo reaccionaron los Gutres al comienzo, cuando conocieron a Espinosa por primera vez.
3. por qué llegaron a respetar a Espinosa.
4. el «milagro» que vieron.
5. qué hicieron después de ver el milagro.
6. por qué el padre le hizo a Espinosa la pregunta sobre los que le clavaron los clavos a Cristo.
7. qué hicieron después de la siesta el día de la muerte de Espinosa.
8. cómo reaccionó Ud. como periodista y ciudadano *(citizen)* frente a los hechos que acaba de describir.

III. Minidrama

Con otra(s) persona(s) de la clase, presente un breve drama que se relacione al tema del cuento de Borges. Algunos temas posibles son:

1. En vez de decir que «sí», Espinosa contesta «no» cuando el padre de los Gutres le pregunta si los que le clavaron los clavos a Cristo también se salvaron. ¿Qué pasaría después?
2. El primo de Espinosa, Daniel, vuelve inesperadamente en el momento cuando van a crucificar a Espinosa.
3. Una familia que siempre ha vivido en un lugar remotísimo de Alaska, sin ninguna comunicación con el mundo exterior, toma al pie de la letra algo que un explorador les cuenta.

José Guadalupe Posada

Los adelantos de la prensa en el siglo XIX presentan nuevas oportunidades para el escritor que busca un público más numeroso y también para el artista que quiere presentar su obra, no a la aristocracia o a los críticos oficiales, sino a la gente del pueblo. Así lo percibió José Guadalupe Posada (1852–1913), cuyos grabados dirigidos al hombre del pueblo mexicano pueden compararse con los de Goya, tanto por su alta calidad artística como por la penetración, a veces acerba y mordaz, con que captó la sociedad que lo rodeaba.

Posada nació en Aguascalientes, México, de padres humildes. Al mudarse a la capital, consiguió empleo en la editorial de Antonio Vanegas Arroyo, quien se había enriquecido enormemente vendiendo al pueblo millones de ejemplares de vidas de santos, horóscopos, historias de crímenes y milagros, caricaturas y sátiras, canciones populares, etc. El público era gente del pueblo, en su mayoría analfabeta, de modo que necesitaban dibujos para recordarles el texto que escuchaban de boca de los vendedores ambulantes que vendían esos impresos. Posada, durante más de cincuenta años, produjo una enorme cantidad de grabados que no sólo ilustraban sucintamente los temas del día, sino que constituían una historia de México durante esa larga época. Así se estableció Posada como uno de los artistas más grandes del hemisferio, tanto por su originalidad como por sus profundos vínculos con su pueblo, cuyos derechos, esperanzas y angustias hallaban en su obra una expresión extraordinaria.

Las figuras típicas que empleaba Posada en sus dibujos eran los esqueletos y las calaveras cuyos antecedentes precolombinos vinculan el arte del maestro con una larga tradición artística. De esta manera unía lo tradicional a lo revolucionario, combinación que anticipaba la técnica y la temática del gran florecimiento del arte mexicano que había de aparecer a raíz de la Revolución Mexicana.

National Institute of Fine Arts, Mexico City

Calavera huertista

Es probable que en toda la historia de México no haya aparecido una figura más siniestra que la del General Victoriano Huerta. Con el apoyo del embajador de los Estados Unidos, Henry Lane Wilson, Huerta fue responsable del asesinato del Presidente Francisco Madero, el idealista cuyo inofensivo libro *La sucesión presidencial de 1910* había iniciado el proceso de la Revolución. En la caricatura de Posada, Huerta es una enorme araña. ¿Qué simbolizan los huesos y las calaveras?

Posada, José Guadalupe, *El jarabe en ultratumba*. Relief engraving in type metal, printed in black. Comp: 4¾″ × 8³⁄₁₆″. Collection. The Museum of Modern Art, New York, Larry Aldrich Fund.

El jarabe en ultratumba

Todo en este grabado es típicamente mexicano: las actitudes de los que bailan, los sombreros de los hombres, el uso del sarape, la manera de preparar la comida, el arpa que todavía se usa en grupos folklóricos, etc. Aunque el uso de esqueletos le da un tono fantástico, eso no disminuye la alegría de la fiesta que tan bien ha sabido captar el artista. Posada parece querer expresar que la muerte siempre está presente, aun en los momentos más alegres de la vida.

Para comentar

1. Octavio Paz sugiere que la propensión del mexicano hacia la violencia durante las fiestas refleja la necesidad que siente de desafiar o de atraer a la muerte. ¿Cómo refleja *El jarabe en ultratumba* esa actitud? ¿Se puede relacionar ese grabado con la danza de la muerte medieval?

2. ¿Qué contrastes hay entre la presentación de la muerte en el cuento de Borges y los grabados de Posada?

3. ¿Hay algún dibujante político moderno que a Ud. le guste? ¿Quién es y cómo es su obra? (Traiga Ud. a la clase un ejemplo de la obra del dibujante que más le gusta y explique por qué le gusta.)

4. ¿Aparece la muerte como tema en la literatura y el arte norteamericanos? ¿Cuál es un buen ejemplo? ¿Cómo se puede comparar la actitud hacia la muerte en las obras norteamericanas con la que hemos visto en las obras hispánicas?

7

Aspectos económicos de Hispanoamérica

Aunque el nivel de vida en Hispanoamérica se ha mejorado en la última década, todavía existe mucha pobreza. Describa las condiciones bajo las cuales la gente vive en este barrio de Puerto Vallarta, México.

ENFOQUE

Hispanoamérica es riquísima en materias primas. Sin embargo, por varias razones históricas, hay muchos problemas económicos que todavía no se han resuelto y que siguen amenazando la estabilidad de muchas regiones.

Uno de los problemas más obvios es el de la pobreza. Este problema se manifiesta en lo que el antropólogo Oscar Lewis ha descrito como la «cultura de la pobreza», cultura que tiene ciertas características comunes y que se encuentra en casi todos los centros metropolitanos. La misma pobreza se encuentra en muchas regiones rurales, donde su efecto sobre el individuo no es menos desastroso.

Los factores que pueden explicar la pobreza de la gente del campo son diversos: la falta de tierra cultivable, la concentración de la tierra en manos de unos pocos propietarios, las adversas condiciones climáticas, la falta de educación de los campesinos, la poca variedad agrícola, la falta de capital para comprar maquinarias, los malos gobiernos, etc. El hecho es que, con pocas excepciones, el campesino todavía sufre la misma pobreza que sus padres y su situación de miseria provee campo fértil para los que proponen soluciones revolucionarias.

En México, el problema de la pobreza rural se hizo evidente en la Revolución de 1910, cuando los campesinos, especialmente los peones que siguieron a Emiliano Zapata, se rebelaron en favor de «pan y tierra». Esta lucha no terminó con la Revolución: todavía se presentan nuevos planes para distribuir la tierra y mejorar la condición de los hombres que viven en ella. Pero muchos campesinos, desilusionados ante la miseria que caracteriza la vida rural, han abandonado sus campos e ido a la ciudad (en donde, irónicamente, muchos han encontrado condiciones aún peores). Así es que la creación de una política que pueda aliviar la pobreza del campesino todavía es uno de los problemas que afrontan México y otros países de la América Hispana.

En México, primer país que en este siglo produjo una verdadera revolución social, los intelectuales se han dedicado a la investigación de las raíces de los problemas económicos y sociales y a la representación literaria y pictórica de las condiciones actuales. Buscan en el pasado la explicación del presente. El resultado ha sido la creación de una literatura y un arte principalmente dedicados al mejoramiento de la condición del obrero y del campesino. Su gran calidad y originalidad han merecido el aplauso universal.

Como ejemplos de esta labor extraordinaria se han seleccionado un cuento de Juan Rulfo que trata del tema de la pobreza y varios ejemplos de las pinturas murales de Diego Rivera, fecundo creador de la conciencia nacional mexicana.

VOCABULARIO ÚTIL

Estudie estas palabras.

abrazar   to embrace, hug
cama   bed
cuerno   horn (of an animal)
cuenta   account
  darse cuenta de   to realize
cumplir... años   to turn . . . (years old)
de repente   suddenly
despertarse   to wake up, awaken
entretenerse   to entertain oneself
gallina   hen
inundación   flood
llevarse   to carry away, carry off

madrugada   dawn
oreja   ear
orilla   bank
pata   foot (of an animal)
poco a poco   little by little
raíz *f*   root
regalar   to give (a present)
ruido   noise
seno   breast
sonido   sound
sueño   sleep
vestido   dress

Anticipación

I. Complete Ud. el siguiente diálogo, usando la forma correcta de palabras del **Vocabulario útil.**

PEPE   ¿Y cuándo supiste que hubo una inundación?

TACHA   Acababa de _____ diez años. Muy temprano por la mañana, a la _____ , algo me despertó. También _____ mi hermano.

PEPE   ¿Qué te despertó?

TACHA   Era el _____ del agua del río. Mi hermano y yo _____ de que no era el sonido de siempre.

PEPE   ¿Qué hicieron Uds.?

TACHA   Saltamos de la _____ y fuimos a la _____ del río. Las _____ de mi tía habían desaparecido y desde la orilla vi las _____ de un animal que era llevado por la corriente. No le vi los _____ ni las _____ ni otra parte de la cabeza: solamente _____ . Mañana _____ doce años y creo que mi padre me va a _____ una vaca. ¡Ojalá que a ella no le pase lo mismo!

II. En el siguiente párrafo las palabras subrayadas indican el orden de los acontecimientos. Sin entender lo que significan esas palabras, sería difícil comprender correctamente lo que pasa. Lea el párrafo y después, de la lista que se presenta a continuación, sustituya un sinónimo por cada palabra subrayada.

Sinónimos

de pronto	inmediatamente	primero
después	luego	un rato después
en aquel momento	mientras	tan pronto como
finalmente	por un rato	

Me desperté a las cinco de la mañana. En aquel instante (1) estaba soñando con mi tía, que murió la semana pasada. Unos minutos después (2) salí a la calle. Estaba oscuro; no se veía nada. Luego que (3) se acostumbraron mis ojos a la oscuridad, vi a algunos hombres que parecían buscar algo. Al mismo tiempo que (4) los miraba, me di cuenta de que alguien me hablaba. Reconocí la voz en seguida (5): era mi hermana. Me dijo que había desaparecido la vaca que mi padre le regaló para su cumpleaños. Al comienzo (6), no sabíamos qué hacer. Entonces (7) empezamos a buscarla en todas partes. Por último (8) llegamos a la orilla del río. De repente (9) mi hermana se puso a gritar: había visto la vaca en las aguas del río. Estaba muerta. Por algún tiempo (10) nos quedamos allí, abrazados, mirando las aguas sucias. Más tarde (11) volvimos a casa.

1. _____   5. _____   9. _____
2. _____   6. _____   10. _____
3. _____   7. _____   11. _____
4. _____   8. _____

III. Complete las frases siguientes expresando su opinión personal.

1. En los Estados Unidos, la pobreza se nota más...
2. La causa más importante de la pobreza es...
3. Uno de los aspectos de la pobreza es que...
4. Para aliviar *(alleviate)* la pobreza en nuestro país debemos...
5. En cuanto a los problemas económicos de los países del Tercer Mundo, creo que...

Es que somos muy pobres[1]

Juan Rulfo (1918–1986), nació durante la Revolución Mexicana, y de niño vivió en el pueblo de San Gabriel, estado de Jalisco. En la época colonial San Gabriel había gozado de alguna prosperidad, pero después empezó a decaer. Este proceso, visible también en muchos pueblos de la misma región, se aceleró después de la revolución. Rulfo indica que la región en que está San Gabriel es árida y desolada. La mayoría de la gente de esa región ha emigrado y la que todavía vive en los pequeños pueblos es gente pobre que se ha quedado para acompañar a sus muertos.

Uno de los primeros recuerdos de niño fue una rebelión campesina (1926–1928) en la que murió su padre. Habían mandado al niño a Guadalajara para hacer sus estudios primarios. Seis años después, cuando murió su madre, fue enviado a un orfanato donde pasó varios años. Después de terminar sus estudios primarios, Rulfo estudió contabilidad, pero su progreso en esta carrera quedó interrumpido por una huelga general que clausuró las escuelas. Entonces, Rulfo tuvo que trasladarse a México (en 1933) para continuar sus estudios. Los dos años siguientes fueron difíciles. Sin dinero y sin nadie que lo ayudara, Rulfo vivía en la pobreza. Manteniéndose lo mejor que podía, estudió jurisprudencia y literatura. Finalmente, consiguió un empleo en el Departamento de Inmigración, puesto que ocupó hasta 1947, cuando pasó a la oficina de ventas de Goodrich Rubber. Después Rulfo trabajó para el gobierno, la televisión y el cine, hasta conseguir empleo en el Instituto Nacional Indigenista.

La obra literaria de Rulfo empezó en 1940, cuando escribió una novela extensa sobre la vida en la capital. El lenguaje retórico de la novela no le gustó y resolvió destruirla. Entonces se dedicó a crear un estilo simple, libre de afectación literaria. El resultado fue la colección de cuentos que publicó en 1953, *El llano en llamas*. El escenario de los cuentos es Jalisco, con todo su calor, aridez y soledad. Los personajes son la gente que recuerda Rulfo de su niñez, gente que conocía el sufrimiento, el amor, la violencia y la pobreza. Rulfo describe con profunda comprensión y simpatía su lucha perpetua contra la pobreza y la humillación.

Aquí todo va de mal en peor. La semana pasada se murió mi tía Jacinta, y el sábado, cuando ya la habíamos enterrado y comenzaba a bajársenos la tristeza, comenzó a llover como nunca. A mi papá eso le dio 5 coraje, porque toda la cosecha de cebada estaba asoleándose en el solar. Y el aguacero llegó de repente, en grandes olas de agua, sin darnos tiempo ni siquiera a esconder aunque fuera un manojo; lo

de mal en peor *from bad to worse*

comenzaba... tristeza *our sadness was beginning to go away*
le dio coraje *made him mad*

aunque... manojo *even a handful*

único que pudimos hacer, todos los de mi casa, fue estarnos arrimados debajo del tejabán, viendo cómo el agua fría que caía del cielo quemaba aquella cebada amarilla tan recién cortada.

5   Y apenas ayer, cuando mi hermana Tacha acababa de cumplir doce años, supimos que la vaca que mi papá le regaló para el día de su santo se la había llevado el río.

El río comenzó a crecer hace tres noches, a eso de
10   la madrugada. Yo estaba muy dormido y, sin embargo, el estruendo que traía el río al arrastrarse me hizo despertar en seguida y pegar el brinco de la cama con mi cobija en la mano, como si hubiera creído que se estaba derrumbando el techo de mi
15   casa. Pero después me volví a dormir, porque reconocí el sonido del río y porque ese sonido se fue haciendo igual hasta traerme otra vez el sueño.

Cuando me levanté, la mañana estaba llena de nublazones y parecía que había seguido lloviendo sin
20   parar. Se notaba en que el ruido del río era más fuerte y se oía más cerca. Se olía, como se huele una quemazón, el olor a podrido del agua revuelta.

A la hora en que me fui a asomar, el río ya había perdido sus orillas. Iba subiendo poco a poco por la
25   calle real, y estaba metiéndose a toda prisa en la casa de esa mujer que le dicen *La Tambora*. El chapaleo del agua se oía al entrar por el corral y al salir en grandes chorros por la puerta. *La Tambora* iba y venía caminando por lo que era ya un pedazo de río,
30   echando a la calle sus gallinas para que se fueran a esconder a algún lugar donde no les llegara la corriente.

Y por el otro lado, por donde está el recodo, el río se debía de haber llevado, quién sabe desde cuándo,
35   el tamarindo que estaba en el solar de mi tía Jacinta, porque ahora ya no se ve ningún tamarindo. Era el único que había en el pueblo, y por eso nomás la gente se da cuenta de que la creciente esta que vemos es la más grande de todas las que ha bajado el
40   río en muchos años.

Mi hermana y yo volvimos a ir por la tarde a mirar

---

estarnos arrimados *take shelter together*
tejabán *roof*

el día de su santo *patron saint's day*

crecer *rise*

estruendo *clamor*
al arrastrarse *as it dragged by*
pegar el brinco *jump, leap*
cobija *blanket*
derrumbando *falling in*

nublazones *big, dark clouds*

quemazón *fire*
el... podrido *the rotten smell*
revuelta *stirred up*
asomar *take a look*
perdido sus orillas *overflowed its banks*
real *main*
a toda prisa *rapidly*
tambora *bass drum*
chapaleo *splashing, splattering*
chorros *streams*

recodo *bend*

tamarindo *tamarind tree*
por eso nomás *from that alone*
la creciente esta *this flood*

aquel amontonadero de agua que cada vez se hace más espesa y oscura y que pasa ya muy por encima de donde debe estar el puente. Allí nos estuvimos horas y horas sin cansarnos viendo la cosa aquella.

5 Después nos subimos por la barranca, porque queríamos oír bien lo que decía la gente, pues abajo, junto al río, hay un gran ruidazal y sólo se ven las bocas de muchos que se abren y se cierran y como que quieren decir algo; pero no se oye nada. Por eso

10 nos subimos por la barranca, donde también hay gente mirando el río y contando los perjuicios que ha hecho. Allí fue donde supimos que el río se había llevado a *la Serpentina*, la vaca esa que era de mi hermana Tacha porque mi papá se la regaló para el día

15 de su cumpleaños y que tenía una oreja blanca y otra colorada y muy bonitos ojos.

No acabo de saber por qué se le ocurriría a *la Serpentina* pasar el río este, cuando sabía que no era el mismo río que ella conocía de a diario. *La Serpentina*

20 nunca fue tan atarantada. Lo más seguro es que ha de haber venido dormida para dejarse matar así nomás por nomás. A mí muchas veces me tocó despertarla cuando le abría la puerta del corral, porque si no, de su cuenta, allí se hubiera estado el día entero

25 con los ojos cerrados, bien quieta y suspirando, como se oye suspirar a las vacas cuando duermen.

Y aquí ha de haber sucedido eso de que se durmió. Tal vez se le ocurrió despertar al sentir que el agua pesada le golpeaba las costillas. Tal vez en-

30 tonces se asustó y trató de regresar; pero al volverse se encontró entreverada y acalambrada entre aquella agua negra y dura como tierra corrediza. Tal vez bramó pidiendo que la ayudaran. Bramó como sólo Dios sabe cómo.

35 Yo le pregunté a un señor que vio cuando la arrastraba el río si no había visto también al becerrito que andaba con ella. Pero el hombre dijo que no sabía si lo había visto. Sólo dijo que la vaca manchada pasó patas arriba muy cerquita de donde él estaba y

40 que allí dio una voltereta y luego no volvió a ver ni los cuernos ni las patas ni ninguna señal de vaca. Por el río rodaban muchos troncos de árboles con todo y

---

amontonadero *enormous pile, hoard*
espesa *thick*
muy... de *high above*

barranca *ravine*

ruidazal *roaring*

perjuicios *damage*

no... saber *I still don't know*
de a diario *from everyday life*
atarantada *silly*
así... nomás *just like that*
me tocó *it was my lot, I had to*

de su cuenta *on her own*
quieta *still*
suspirando *sighing*

Y... durmió. *And what must have happened is that she fell asleep.*
costillas *ribs*
se asustó *she got scared*
entreverada y acalambrada *bogged down and with a cramp*
corrediza *moving*
bramó *(she) bellowed*

becerrito *little calf*

manchada *spotted*
patas arriba *legs up*
dio una voltereta *it turned over*

rodaban *rolled*
con... raíces *roots and all*

raíces y él estaba muy ocupado en sacar leña, de modo que no podía fijarse si eran animales o troncos los que arrastraba.

5   Nomás por eso, no sabemos si el becerro está vivo, o si se fue detrás de su madre río abajo. Si así fue, que Dios los ampare a los dos.

    La apuración que tienen en mi casa es lo que pueda suceder el día de mañana, ahora que mi hermana Tacha se quedó sin nada. Porque mi papá con 10 muchos trabajos había conseguido a *la Serpentina*, desde que era una vaquilla, para dársela a mi hermana, con el fin de que ella tuviera un capitalito y no se fuera a ir de piruja como lo hicieron mis otras dos hermanas las más grandes.

15   Según mi papá, ellas se habían echado a perder porque éramos muy pobres en mi casa y ellas eran muy retobadas. Desde chiquillas ya eran rezongonas. Y tan luego que crecieron les dio por andar con hombres de lo peor, que les enseñaron cosas malas. 20 Ellas aprendieron pronto y entendían muy bien los chiflidos, cuando las llamaban a altas horas de la noche. Después salían hasta de día. Iban cada rato por agua al río y a veces, cuando uno menos se lo esperaba, allí estaban en el corral, revolcándose en el 25 suelo, todas encueradas y cada una con un hombre trepado encima.

    Entonces mi papá las corrió a las dos. Primero les aguantó todo lo que pudo; pero más tarde ya no pudo aguantarlas más y les dio carrera para la calle. 30 Ellas se fueron para Ayutla o no sé para dónde; pero andan de pirujas.

    Por eso le entra la mortificación a mi papá, ahora por la Tacha, que no quiere vaya a resultar como sus otras dos hermanas, al sentir que se quedó muy 35 pobre viendo la falta de su vaca, viendo que ya no va a tener con qué entretenerse mientras le da por crecer y pueda casarse con un hombre bueno, que la pueda querer para siempre. Y eso ahora va a estar difícil. Con la vaca era distinto, pues no hubiera fal- 40 tado quién se hiciera el ánimo de casarse con ella, sólo por llevarse también aquella vaca tan bonita.

    La única esperanza que nos queda es que el becerro

---

leña *firewood*

nomás por eso *just for that reason*

ampare *protect*
apuración *concern*

vaquilla *heifer*
capitalito *little bit of money*
ir de piruja *go out as a prostitute*
se... perder *they had become bad, were ruined*

retobadas *wild*
rezongonas *sassy*
les dio por andar *they took to going around*

chiflidos *whistles*
altas *late*

revolcándose *rolling*
encueradas *naked*

trepado encima *mounted on top*
las corrió *chased them away*
les... calle *he chased them down the street*

andan de *they are*

con... crecer *anything to occupy herself with while she grows up*

se... de *would be willing to*

esté todavía vivo. Ojalá no se le haya ocurrido pasar
el río detrás de su madre. Porque si así fue, mi hermana Tacha está tantito así de retirado de hacerse
piruja. Y mamá no quiere.

5   Mi mamá no sabe por qué Dios la ha castigado
tanto al darle unas hijas de ese modo, cuando en su
familia, desde su abuela para acá, nunca ha habido
gente mala. Todos fueron criados en el temor de
Dios y eran muy obedientes y no le cometían i-
10 rreverencias a nadie. Todos fueron por el estilo.
Quién sabe de dónde les vendría a ese par de hijas
suyas aquel mal ejemplo. Ella no se acuerda. Le da
vuelta a todos sus recuerdos y no ve claro dónde estuvo su mal o el pecado de nacerle una hija tras otra
15 con la misma mala costumbre. No se acuerda. Y cada
vez que piensa en ellas, llora y dice: «Que Dios las
ampare a las dos».

Pero mi papá alega que aquello ya no tiene remedio. La peligrosa es la que queda aquí, la Tacha, que
20 va como palo de ocote crece y crece y que ya tiene
unos comienzos de senos que prometen ser como los
de sus hermanas: puntiagudos y altos y medio alborotados para llamar la atención.

—Sí—dice—, llenará los ojos a cualquiera donde
25 quiera que la vean. Y acabará mal; como que estoy
viendo que acabará mal.

Ésa es la mortificación de mi papá.

Y Tacha llora al sentir que su vaca no volverá porque se la ha matado el río. Está aquí, a mi lado, con
30 su vestido color de rosa, mirando el río desde la barranca y sin dejar de llorar. Por su cara corren chorretes de agua sucia como si el río se hubiera metido
dentro de ella.

Yo la abrazo tratando de consolarla, pero ella no
35 entiende. Llora con más ganas. De su boca sale un
ruido semejante al que se arrastra por las orillas del
río, que la hace temblar y sacudirse todita, y, mientras, la creciente sigue subiendo. El sabor a podrido
que viene de allá salpica la cara mojada de Tacha y
40 los dos pechitos de ella se mueven de arriba abajo,
sin parar, como si de repente comenzaran a hincharse para empezar a trabajar por su perdición.[2]

El llano en llamas, 1953

Glosas (margen derecho):

tantito... retirado   *just this far away*

castigado   *punished*

por el estilo   *that way*

le da vuelta a   *she turns over*

alega   *affirms, maintains*

va... crece   *keeps right on growing like a pine tree*

puntiagudos   *pointed*
alborotados   *stirred up*

acabará   *she'll wind up*

chorretes   *little streams*
metido   *entered*

semejante... arrastra   *similar to the sound which drags*
sacudirse   *tremble*
sabor a podrido   *rotten smell*
salpica   *splashes*
mojada   *wet*
hincharse   *swell*

NOTAS CULTURALES

1 En las «culturas de la pobreza», como las que existen en México y otros países, una de las posibles reacciones del pueblo es aceptar como inevitable lo que no pueden cambiar. Muchos mexicanos, ante una realidad que les parece poco flexible, adoptan una actitud fatalista. En este cuento, la expresión «Es que...» del título sugiere cierto fatalismo: parece decir que «Así es la vida. No hay nada que hacer». En los Estados Unidos, tal vez por tradición cultural y especialmente por las mejores condiciones económicas, no se nota tanto esta actitud. Históricamente siempre se ha creído en el progreso y se ha expresado la creencia en la eficacia del esfuerzo del individuo para superar sus circunstancias económicas y sociales.

2 Es notable también en este cuento la relación que existe entre el individuo y las cosas, entre la persona y sus posesiones: el destino de Tacha está tan unido a la vida de su vaca y su becerro que se puede decir que está determinado por ellos. Inclusive los pechitos de Tacha la amenazan, porque inexorablemente la conducirán a la prostitución. Su tragedia, que se vincula a las fuerzas ciegas de la naturaleza, parece inevitable y Tacha no tendrá más remedio que resignarse a su destino.

Comprensión

1. ¿Cuántos años tiene Tacha?   2. ¿Cómo llegó Tacha a recibir la vaca?   3. ¿Qué la ha pasado a la vaca?   4. ¿Qué olor tiene el agua del río?   5. ¿Adónde fueron el narrador y su hermana para mirar el río?   6. ¿Por qué no podían entender lo que decía la gente?   7. ¿Se sabe lo que le pasó al becerro?   8. ¿Qué dice el narrador al pensar en los dos animales muertos?   9. ¿Por qué le dio su padre la vaca a Tacha?   10. ¿Qué les había pasado a las dos hermanas mayores?   11. ¿Cuál fue la actitud del padre ante lo que habían hecho las dos hermanas?   12. ¿De qué tiene miedo el padre ahora que se ha perdido la vaca?   13. ¿Qué esperanza les queda?   14. ¿Entiende la madre por qué le han resultado tan malas las dos hijas?   15. ¿Qué dice al pensar en ellas?   16. ¿Por qué es peligroso para Tacha su propio cuerpo?   17. ¿Cuál es la reacción de Tacha al sentir que su vaca no volverá?   18. ¿Cómo describe el narrador las lágrimas de ella?   19. ¿Qué tipo de ruido hace Tacha al llorar?   20. ¿Por qué menciona Rulfo los pechitos de Tacha al final?

Expansión

I. Análisis literario.

1. Con frecuencia, Rulfo, imitando el uso popular, coloca el adjetivo demostrativo después del sustantivo a que se refiere. Dice, por ejemplo, «la creciente esta» en vez de «esta creciente». Busque Ud. dos ejemplos más de ese uso.   2. En el primer párrafo, ¿qué importancia tiene la muerte de la tía Jacinta en comparación con otras pérdidas que ocurrieron esa misma semana?   3. Describa Ud. el río y el proceso de la inundación. 4. Al comentar la pérdida de la vaca y su becerro, dice el narrador: «Si así fue, que Dios los ampare a los dos». ¿Quién repite casi la misma frase? 5. Los animales son arrastrados por el río. ¿Qué arrastra a las hermanas? 6. Al final del cuento, ¿cómo se unen la descripción de Tacha y la de la naturaleza?   7. Aunque este cuento trata de una situación regionalista, ¿tiene aspectos o ideas universales? ¿Cuáles son?

II. Composición

Escriba Ud. un párrafo que se relacione al cuento «Es que somos muy pobres» o a alguna parte del cuento. Use por lo menos cinco de las palabras o expresiones siguientes:

antes	en seguida	poco después
de pronto	luego	primero
después	mientras	tan pronto como
en cuanto		

III. Minidrama

Con otra(s) persona(s) de la clase, presente un breve drama sobre el tema de la pobreza. Algunos temas posibles son:

1. Varios jóvenes discuten el efecto de la pobreza en sus familias.
2. Tacha y su familia: diez años después de la pérdida de la vaca.
3. Tacha y su familia están discutiendo la pérdida de la vaca cuando llega un tío de Tacha con buenas noticias: ¡el padre de Tacha ha ganado la lotería nacional!

Diego Rivera

Diego Rivera (1887–1959) es uno de los artistas mexicanos más famosos de la época de la Revolución de 1910. La revolución influyó mucho en los artistas de este tiempo y provocó un gran cambio en las artes. Los líderes de la revolución utilizaron el arte pictórico para ponerse en contacto con un pueblo que en su mayoría era analfabeto. De ese modo podían hablar con el pueblo, ofrecerles su ayuda en la lucha, indicarles sus metas y hacerlos conscientes de su valor como ciudadanos de una gran nación. Los temas del arte de esta época son sociales y revolucionarios: la pobreza, las condiciones de trabajo, la reforma agraria y los problemas de la gente común—el obrero, el indio y el campesino.

La expresión más típica de este arte se encuentra en las pinturas murales de los edificios públicos de México, pinturas grandes y, por lo general, realistas. La creación de estas obras ha sido apoyada desde 1922 por el gobierno. En ese año, David Alfaro Siqueiros, otro gran muralista mexicano, dijo que la misión de la pintura social en México era crear obras de gran tamaño y de un realismo absoluto, con nuevas técnicas para atraer la atención del pueblo.

Diego Rivera es tal vez el artista que mejor cumplió con la misión social de los muralistas. En su juventud, el entusiasmo de Rivera por la revolución le inspiró un profundo interés por conocer la historia de su pueblo. Viajó a todas partes, estudiando todos los aspectos de su patria: sus maravillosos monumentos y artefactos precolombinos; su historia; sus mitos, leyendas y tradiciones; su flora y fauna y, sobre todo, su gente. Rivera vio a sus compatriotas con los ojos de un humanista que quería dar expresión tanto al sufrimiento y dolor de entonces como a la grandeza del pasado prehispánico. También vivió en Europa, donde pasó unos quince años estudiando la larga tradición del arte europeo. El resultado de su ardua labor se manifestó en las grandes obras que produjo entre 1922 y 1959. Su obra maestra es una serie de pinturas murales en el Palacio Nacional de México, cuyo tema es el conflicto entre el indio y el español. Por primera vez en la historia del arte un artista buscó representar la épica mexicana, y al hacerlo Rivera dejó a la pintura posterior un estilo original, compuesto de lo mexicano y lo moderno, lo tradicional y lo experimental. No sólo logró comunicar el mensaje de la revolución, sino que estableció la importancia del muralismo mexicano en la historia del arte.

Escuela Nacional de Agricultura en Chapingo, México. Photo courtesy of OAS.

Florecimiento de la Revolución

Entre 1926 y 1927 pintó Rivera más de cuarenta pinturas murales en la capilla de la Escuela Nacional de Agricultura en Chapingo. Todas representan, en forma simbólica, el concepto del mundo del artista e incluyen un comentario sobre la revolución social.

En esta pintura se ve que la muerte del joven revolucionario hace florecer el árbol que está en el fondo. Es decir, el sacrificio del joven libera la tierra de sus opresores. ¿Qué piensa Ud. de tales sacrificios? ¿Se puede justificarlos a veces? ¿Cuándo?

Escuela Nacional de Agricultura, Chapingo, México. Photograph courtesy of OAS.

El triunfo de la Revolución

Los peones que siguieron a Emiliano Zapata durante la Revolución Mexicana se rebelaron a favor de «pan y tierra». Después de la Revolución empezaron a distribuir la tierra y las cosechas, como se puede ver en esta pintura de Rivera.

¿Cómo se visten los campesinos? ¿Se visten igual los hombres que están más cerca de la mesa? Descríbalos.

Rivera, Diego. *Open Air School.* 1932. Lithograph, printed in black. Comp: 12½″ × 16⅜″. Collection, The Museum of Modern Art, New York. Gift of Abby Aldrich Rockefeller.

Escuela al aire libre

Una de las metas de la revolución era combatir la pobreza y el analfabetismo mediante la educación. Los primeros ejemplos del arte mural y algunas de las mejores obras posteriores se hallan en instituciones educativas. Ya que la mayoría de la población de México no vivía en las ciudades, se reconocía la necesidad de llevar la educación al campo. En este cuadro vemos a una de las maestras rurales que enseñaban a los campesinos allí donde se encontraban: al aire libre, en el campo.

¿Quiénes son los alumnos de la escuela? ¿Cuántas generaciones se pueden observar en este cuadro?

Para comentar

1. Según lo que hemos visto en las pinturas de Rivera, ¿cuáles son algunos de los problemas que existen en el campo mexicano? ¿Qué soluciones ofrece el pintor?
2. ¿Cómo se puede comparar el tema de «Es que somos muy pobres» con la temática de una de las pinturas de Rivera?
3. Describa en sus propias palabras el uso de los elementos alegóricos en la literatura y el arte mexicanos.
4. En México, la sociedad influye muchísimo en el arte y la literatura. Comente esta observación, refiriéndose a las obras que ha estudiado.

Los movimientos revolucionarios del siglo XX

Se organizó este desfile para celebrar el vigésimo aniversario de la fundación del Frente sandinista en Nicaragua. ¿ Cómo se sentiría Ud. al ser espectador(a) en la calle?

ENFOQUE

La pobreza, la injusticia y la desesperanza son condiciones que pueden producir conflictos y rebelión. Las grandes revoluciones hispanoamericanas del siglo XX— la mexicana en 1910, la boliviana en 1952 y la cubana de 1959—tuvieron una base popular, compuesta de gente que creía que el gobierno no representaba sus intereses. En la revolución mexicana de 1910, por ejemplo, Pancho Villa y Emiliano Zapata fueron apoyados por peones que buscaban escapar de la pobreza en que vivían. En nuestros días los líderes todavía necesitan el apoyo de la gente de las clases obreras si quieren producir verdaderos cambios revolucionarios.

Los medios de comunicación han llevado a la atención de las clases bajas la existencia de una enorme diferencia entre su nivel de vida y el de las clases media y alta. Han aumentado las expectativas tanto del obrero como del campesino. Puesto que pocos gobiernos han podido satisfacer estas expectativas, la posibilidad de una reacción violenta ha aumentado todavía más. Esta situación tiene su aspecto irónico, ya que los gobiernos han entendido bien la importancia de los medios de comunicación y los han utilizado para conseguir el apoyo o, por lo menos, la aceptación del pueblo.

La literatura ha ayudado a atacar las malas condiciones sociales y económicas y a describir la violencia que puede resultar de situaciones intolerables. El cuento que se incluye aquí, «Un día de estos», del escritor colombiano Gabriel García Márquez, ejemplifica las posibilidades literarias del tema de la violencia. A continuación, en la obra de los grandes pintores Orozco y Siqueiros, se verá cómo se desarrolla el mismo tema en la pintura mural de México.

VOCABULARIO ÚTIL

Estudie estas palabras.

afeitar to shave	**muela** molar
alcalde *m* mayor	**mandíbula** jaw
anterior previous	**olor** *m* odor
barba beard	**pedalear** to pedal
brazo arm	**pegar un tiro** to shoot
diente *m* tooth	**pulir** to polish
escupidera spittoon	**sacar** to take out
fresa drill	**sala de espera** waiting room
gabinete *m* office	**servirse de** to use
gaveta drawer	**silla** chair
lágrima tear	**sillón** *m* chair, armchair

Anticipación

I. Complete Ud. con la forma apropriada de una palabra del **Vocabulario útil.**

EMILIO   ¿Cómo fue tu visita al dentista?

CLARA   Bueno, llegué un poco antes de las ocho y tuve que esperar en la _____ . Me dijo la recepcionista que el _____ había llegado inesperadamente. Tenía la _____ toda hinchada *(swollen)* porque tenía una _____ dañada *(defective)*.

EMILIO   ¿Lo viste entonces?

CLARA   En ese momento, no, pero la señorita me dijo que el dentista no quiso recibirlo, pero el alcalde le dijo que si no lo recibía, le iba a _____ .

EMILIO   ¡Qué barbaridad!

CLARA   Tú sabes cómo es. Además, todo el mundo sabe que el dentista y él son enemigos políticos.

EMILIO   Sí. Me han dicho que el dentista le tiene miedo y por eso tiene un revólver en la _____ de una mesa en su _____ . Ha dicho el dentista que _____ del revólver si fuera necesario.

CLARA   Es verdad. Pero en esa ocasión no pasó nada. Después de un rato salió el alcalde. Era obvio que no se había _____ por varios días, porque tenía la _____ muy larga. El dentista le había _____ la muela y el pobre tenía _____ en los ojos. No dijimos nada y él salió en seguida. Creo que tenía vergüenza *(he was ashamed)*.

II. Para aprender a leer más rápido, es importante tratar de adivinar *(guess)* lo que significa una palabra desconocida, según el contexto en que aparece. Pensando en el contexto, trate de adivinar el significado de las palabras subrayadas.

1. Don Aureliano nunca estudió en la universidad y por eso era dentista sin <u>título</u>.

   a. title   b. document   c. degree

2. Parecía no pensar en lo que hacía, pero trabajaba con obstinación, pedaleando en la fresa <u>incluso</u> cuando no se servía de ella.

   a. even   b. including   c. inclusive

3. El dentista abrió por completo la gaveta <u>inferior</u> de la mesa. Allí estaba el revólver.

   a. inferior   b. lower   c. middle

4. Movió el sillón hasta quedar <u>de frente a</u> la puerta, esperando a su enemigo.

   a. back to   b. facing   c. with his front to

5. El dentista le movió la mandíbula con una cautelosa <u>presión</u> de los dedos.

   a. apprehension   b. pension   c. pressure

6. El alcalde vio la muela <u>a través de</u> las lágrimas.

   a. crossing   b. through   c. traversing

7. Él buscó su dinero en el <u>bolsillo</u> del pantalón.

   a. pocket   b. purse   c. bag

III. Complete las siguientes frases para indicar cómo reacciona Ud. cuando
   tiene que visitar al dentista.

   1. Si tengo que esperar mucho tiempo en la sala de espera,...
   2. En cuanto a la música que se oye en el gabinete del dentista...
   3. Cuando se acerca el dentista con la fresa en la mano,...
   4. Para distraerme *(distract myself),* trato de pensar en...
   5. Al salir del gabinete siempre me siento...

Un día de estos

Gabriel García Márquez nació en 1928 en Aracataca, un pueblo pequeño en la costa del Caribe, en Colombia. Allí vivió unos ocho años, en la casa de sus abuelos, mientras sus padres vivían en otra parte. Muchos años más tarde, el autor había de recordar esos años como la época más importante de su vida. Su abuelo le contaba historias de la Guerra de Mil Días (1899–1902) y del legendario General Uribe Uribe, historias que el escritor utilizaría después en su famosísima novela *Cien años de soledad*, donde el General se transforma en la figura del Coronel Aureliano Buendía. Su abuela le contaba muchas cosas sobrenaturales, pero siempre lo hacía en un tono ordinario, como si lo irreal fuera natural. Así de ella aprendió el niño una técnica para narrar cosas que ya de adulto caracterizaría varias de sus obras literarias. La cultura de Aracataca refleja la de la costa: en parte es africana y en parte es hispánica, una mezcla que hace que sea única y exótica. Allí lo real parece ser fantástico y lo fantástico se acepta a veces como real, de modo que muchas de las percepciones de García Márquez en sus novelas se basan en una realidad vivida, ya que son parte de la cultura que lo rodeaba de niño.

Después de la muerte de su abuelo, sus padres mandaron al joven a Barranquilla y después a Zipaquirá, un pueblo cerca de Bogotá, para su educación secundaria. Después estudió leyes, primero en Bogotá y después en Cartagena. Pero en esos años empezó a escribir cuentos y a leer vorazmente, especialmente obras de Kafka y Faulkner. También se hizo periodista, escribiendo primero para *El Universal* de Cartagena y, después, para *El Heraldo* de Barranquilla y *El Espectador* de Bogotá. En 1955 el gobierno hizo que se cerrara *El Espectador*. García Márquez se encontraba en Europa, donde era corresponsal del periódico. Sin fondos ni empleo, se quedó tres años en Europa, escribiendo dos novelas en París y haciendo varios viajes. En 1958 volvió a Colombia y se casó. Después de la revolución cubana en 1959, trabajó el autor para la *Prensa Latina* de Cuba en Bogotá, La Habana y Nueva York.

Durante esos años, García Márquez publicó tres novelas (*La hojarasca, La mala hora,* y *El coronel no tiene quien le escriba*) y los cuentos que se incluyen en la colección *Los funerales de la Mamá Grande.*

En 1961 vivía en México, donde en los años siguientes escribió guiones para el cine con el famoso escritor mexicano Carlos Fuentes. En enero de 1965 salía para Acapulco con su familia de vacaciones, y en el camino se le ocurrió cómo contar *Cien años de soledad.* Volvió a México y durante dos años el autor se dedicó completamente a la creación de esa novela.

La publicación de *Cien años de soledad* en 1967 constituyó un fenómeno extraordinario. En seguida la novela se hizo popular, tanto entre los críticos como entre los lectores generales. Ya han aparecido casi cincuenta ediciones en español y se ha traducido la novela a casi todos los idiomas del mundo. El autor recibió el Premio Nobel en literatura (1982). Pero no le ha gustado mucho el renombre, ya que esencialmente es un hombre modesto y tímido. Es una novela que tiene muchos niveles de interpretación: se puede estudiarla como síntesis de la cultura occidental, como resumen de la historia hispanoamericana, o como novela regional. Casi todos los críticos han indicado que es la novela más importante que ha aparecido en Hispanoamérica.

En años recientes, García Márquez ha publicado otras novelas *(El otoño del patriarca, Crónica de una muerte anunciada* y *El amor en los tiempos del cólera)*, otro volumen de cuentos *(La increíble y triste historia de la cándida Eréndira y de su abuela desalmada)*, y varios libros de reportaje y de ensayos.

El cuento que se incluye aquí, «Un día de estos», fue publicado en 1962, en *Los funerales de la Mamá Grande.* La acción tiene lugar en Macondo, pueblo imaginario que también es el pueblo de *Cien años de soledad.* Es un cuento que refleja tanto el humor sardónico del autor como su preocupación por la violencia que, desgraciadamente, ha caracterizado varias épocas de la historia colombiana.

El lunes amaneció tibio y sin lluvia. Don Aurelio Escovar, dentista sin título y buen madrugador, abrió su gabinete a las seis. Sacó de la vidriera una dentadura postiza montada aún en el molde de yeso y
5 puso sobre la mesa un puñado de instrumentos que ordenó de mayor a menor, como en una exposición. Llevaba una camisa a rayas, sin cuello, cerrada arriba con un botón dorado, y los pantalones sostenidos con cargadores elásticos. Era rígido, enjuto, con una mi-
10 rada que raras veces correspondía a la situación, como la mirada de los sordos.

Cuando tuvo las cosas dispuestas sobre la mesa rodó la fresa hacia el sillón de resortes y se sentó a pulir la dentadura postiza. Parecía no pensar en lo
15 que hacía, pero trabajaba con obstinación, pedaleando en la fresa incluso cuando no se servía de ella.

Después de las ocho hizo una pausa para mirar el cielo por la ventana y vio dos gallinazos pensativos que se secaban al sol en el caballete de la casa vecina.
20 Siguió trabajando con la idea de que antes del almuerzo volvería a llover. La voz destemplada de su hijo de once años lo sacó de su abstracción.

—Papá.

—Qué.

Glosas:

tibio *warm*
madrugador *early riser*
vidriera *glass case*
dentadura postiza *set of false teeth*
yeso *plaster*
puñado *handful*
exposición *display*
a rayas *striped*
dorado *golden*
sostenidos... elásticos *held up by suspenders*
enjuto *skinny*
sordos *deaf people*
dispuestas *arranged*
sillón de resortes *(fig.) dental chair*

gallinazos *buzzards*
se secaban *were drying themselves*
caballete *ridge of a roof*
destemplada *shrill*

—Dice el alcalde que si le sacas una muela.

—Dile que no estoy aquí.

Estaba puliendo un diente de oro. Lo retiró a la distancia del brazo y lo examinó con los ojos a medio
5 cerrar. En la salita de espera volvió a gritar su hijo.

—Dice que sí estás porque te está oyendo.

El dentista siguió examinando el diente. Sólo cuando lo puso en la mesa con los trabajos terminados, dijo:
10 —Mejor.

Volvió a operar la fresa. De una cajita de cartón donde guardaba las cosas por hacer, sacó un puente de varias piezas y empezó a pulir el oro.

—Papá.
15 —Qué.

Aún no había cambiado de expresión.

—Dice que si no le sacas la muela te pega un tiro.

Sin apresurarse, con un movimiento extremadamente tranquilo, dejó de pedalear en la fresa, la re-
20 tiró del sillón y abrió por completo la gaveta inferior de la mesa. Allí estaba el revólver.

—Bueno —dijo—. Dile que venga a pegármelo.

Hizo girar el sillón hasta quedar de frente a la puerta, la mano apoyada en el borde de la gaveta. El
25 alcalde apareció en el umbral. Se había afeitado la mejilla izquierda, pero en la otra, hinchada y dolorida, tenía una barba de cinco días. El dentista vio en sus ojos marchitos muchas noches de desesperación. Cerró la gaveta con la punta de los dedos y dijo
30 suavemente:

—Siéntese.

—Buenos días —dijo el alcalde.

—Buenos —dijo el dentista.

Mientras hervían los instrumentos, el alcalde
35 apoyó el cráneo en el cabezal de la silla y se sintió mejor. Respiraba un olor glacial. Era un gabinete pobre: una vieja silla de madera, la fresa de pedal, y una vidriera con pomos de loza. Frente a la silla, una ventana con un cancel de tela hasta la altura de un
40 hombre. Cuando sintió que el dentista se acercaba, el alcalde afirmó los talones y abrió la boca.

Don Aurelio Escovar le movió la cara hacia la luz.

---

a medio cerrar *half closed*

cajita de cartón *small cardboard box*

sin apresurarse *without hurrying*

Hizo girar *He rolled*
borde *edge*

hinchada y dolorida *swollen and painful*

hervían *were boiling*
cráneo *skull*
cabezal *headrest*

pomos de loza *ceramic bottles*
cancel de tela *cloth curtain*
afirmó los talones *dug in his heels*

Después de observar la muela dañada, ajustó la mandíbula con una cautelosa presión de los dedos.

—Tiene que ser sin anestesia —dijo.

—¿Por qué?

5 —Porque tiene un absceso.

El alcalde lo miró en los ojos.

—Está bien —dijo, y trató de sonreír. El dentista no le correspondió. Llevó a la mesa de trabajo la cacerola con los instrumentos hervidos y los sacó del

10 agua con unas pinzas frías, todavía sin apresurarse. Después rodó la escupidera con la punta del zapato y fue a lavarse las manos en el aguamanil. Hizo todo sin mirar al alcalde. Pero el alcalde no lo perdió de vista.

15 Era una cordal inferior. El dentista abrió las piernas y apretó la muela con el gatillo caliente. El alcalde se aferró en las barras de la silla, descargó toda su fuerza en los pies y sintió un vacío helado en los riñones, pero no soltó un suspiro. El dentista sólo

20 movió la muñeca. Sin rencor, más bien con una amarga ternura, dijo:

—Aquí nos paga veinte muertos, teniente.

El alcalde sintió un crujido de huesos en la mandíbula y sus ojos se llenaron de lágrimas. Pero no

25 suspiró hasta que no sintió salir la muela. Entonces la vio a través de las lágrimas. Le pareció tan extraña a su dolor, que no pudo entender la tortura de sus cinco noches anteriores. Inclinado sobre la escupidera, sudoroso, jadeante, se desabotonó la guerrera

30 y buscó a tientas el pañuelo en el bolsillo del pantalón. El dentista le dio un trapo limpio.

—Séquese las lágrimas —dijo.

El alcalde lo hizo. Estaba temblando. Mientras el dentista se lavaba las manos, vio el cielorraso desfon-

35 dado y una telaraña polvorienta con huevos de araña e insectos muertos. El dentista regresó secándose las manos. —Acuéstese —dijo— y haga buches de agua de sal—. El alcalde se puso de pie, se despidió con un displicente saludo militar, y se dirigió a la puerta

40 estirando las piernas, sin abotonarse la guerrera.

—Me pasa la cuenta —dijo.

—¿A usted o al municipio?

Glossary

dañada *defective (infected)*
presión *pressure*

no le correspondió *did not answer him in kind*
cacerola *basin*
pinzas *forceps, tweezers*
rodó *pushed, moved*
punta *tip*
aguamanil *washbasin*
no... vista *didn't take his eyes off him*

cordal *wisdom tooth*
apretó *grasped*
gatillo *forceps*
se aferró... barras *clasped the arms*
descargó... pies *pushed down on his feet with all his strength*
vacío helado *icy void*
riñones *kidneys*
no... suspiro *didn't even emit a sigh*
amarga ternura *bitter tenderness*
crujido de huesos *crunch of bones*
extraña *alien, foreign*

sudoroso, jadeante *sweating, panting*
guerrera *tunic*
buscó... pañuelo *felt for his handkerchief*
trapo *rag*

cielorraso *ceiling*
desfondado *crumbling*
telaraña... araña *dusty cobweb with spider's eggs*
haga... sal *gargle with salt water*

displicente *peevish*

Me... cuenta *Send me the bill*

El alcalde no lo miró. Cerró la puerta, y dijo, a
través de la red metálica.

—Es la misma vaina.

red metálica   *screen*

vaina   *thing*

NOTAS CULTURALES

«Un día de estos» se publicó en 1962 en la colección de cuentos *Los funerales de
la Mamá Grande*. El ambiente del cuento refleja las guerras fratricidas que ca-
racterizaron las luchas entre liberales y conservadores en Colombia entre 1948
y 1958. «La Violencia», como dicen los colombianos al referirse a esas guerras,
tuvo un efecto profundo en todo el país, aun en los pueblos más pequeños,
como vemos en este cuento de García Márquez.

Comprensión

1. ¿A qué hora abrió don Aureliano su gabinete?   2. ¿Qué hizo después de
arreglar sus instrumentos?   3. ¿Qué anuncia el hijo de don Aureliano?
4. ¿Cómo reacciona el dentista al saber que el alcalde ha llegado?   5. ¿De qué
sufre el alcalde?   6. ¿Cómo amenaza *(threatens)* el alcalde al dentista?
7. ¿Qué busca el dentista antes de dejar entrar al alcalde?   8. Después de sentarse, el alcalde se siente mejor. Pero, ¿cómo reacciona al sentir que se acerca
el dentista?   9. Según el dentista, ¿por qué tiene que sacar la muela sin
anestesia?   10. ¿Qué hace el alcalde mientras el dentista hace los preparativos
para sacar la muela?   11. ¿Qué dice el dentista justo antes de sacarla?
12. ¿Cómo reacciona el dentista al ver las lágrimas del otro?   13. El alcalde
trata de esconder la debilidad *(weakness)* que ha mostrado durante la operación.
¿Cómo lo hace?   14. ¿Cómo sabemos que el alcalde tiene un control absoluto
sobre el pueblo?

Expansión

I. Análisis literario

1. El lector puede identificarse fácilmente con las reacciones del alcalde
durante su visita al dentista. Mencione Ud. algunas de las reacciones con
las cuales Ud. se identifica.   2. A otro nivel, el cuento puede interpretarse como una lucha política. Indique cómo entra la política en el
cuento.   3. Ud. ya sabe que el machismo es muy importante como fe-

nómeno sociosicológico en el mundo hispánico. ¿Cómo utiliza García Márquez ese concepto en su cuento? 4. ¿Con cuál de los dos hombres se
identifica más el autor? Explique su respuesta. 5. «Un día de estos» es
un cuento en el cual se dice menos de lo que realmente pasa. Es decir,
hay cosas que están pasando que no se expresan explícitamente en el
texto. Comente Ud. esa observación.

II. Descripción

Escriba dos párrafos sobre cómo reacciona Ud. cuando tiene que visitar al
dentista. En el primer párrafo, describa cómo se siente, en qué piensa y lo
que hace mientras espera el turno en la sala de espera. En el segundo,
describa cómo se siente, en qué piensa y lo que hace mientras el dentista
le arregla un diente. También puede indicar cómo reacciona Ud. al salir
del gabinete. Aquí tiene Ud. algunas palabras que le pueden ser útiles
para su descripción.

agarrar to grasp
ahogarse to choke
alivio relief
ayudante *m or f* assistant
doler (ue) to hurt (a tooth, for
  example)
empastar to fill (a tooth)
empaste *m* filling
encía gum (of the mouth)

hacerle daño a uno to hurt
  someone
incómodo, -a uncomfortable
lengua tongue
nervioso, -a nervous
recepcionista *m or f* receptionist
revista magazine
saliva saliva
tragar to swallow

III. Minidrama

Con otra(s) persona(s) de la clase, presente Ud. un breve drama sobre el
tema de una visita al (a la) dentista. Algunos temas posibles son:

1. Mientras el (la) dentista le empasta un diente a una persona, le hace
   preguntas filosóficas o políticas que no tienen contestación simple. La
   pobre persona trata de responder.
2. Una persona visita a un (una) dentista por primera vez. El (La) dentista
   parece ser muy competente y la persona se siente tranquila mientras el
   (la) dentista le da la anestesia. Pero mientras el (la) dentista le arregla
   el diente, la persona lo (la) reconoce. Es...
3. Tres personas están sentadas en la sala de espera de un (una) dentista.
   Empiezan a conversar. Una de las personas es estoica: no siente ningún
   dolor mientras el (la) dentista le arregla los dientes. Otra, que fue recepcionista de un dentista, menciona cosas terribles que vio en esa
   época de su vida. La tercera tiene mucho miedo cuando tiene que ir al
   dentista. En cierto momento, oyen gritar a la persona que está en el
   gabinete con el (la) dentista.

José Clemente Orozco y David Alfaro Siqueiros

Las cualidades que se asocian con la obra de José Clemente Orozco (1883–1949), uno de los tres grandes pintores del muralismo mexicano, son la austeridad, la soledad y la sobriedad. Presenta un mundo sombrío de drama y de luto, un mundo cruel y caótico. Orozco nació en Jalisco (como Juan Rulfo, autor cuya obra ya se ha visto), uno de los estados más pobres de Mexico. Pasó sus años formativos en la ciudad de México. Durante los agitados años de la revolución Orozco creó una serie de caricaturas en las que criticaba varios aspectos de la revolución que él había observado personalmente cuando luchó en ella con las fuerzas de Carranza. En las décadas siguientes, Orozco se dedicó al muralismo, creando extraordinarias pinturas murales tanto en los Estados Unidos como en su país.

Hay ciertos temas que se repiten con frecuencia en la obra de Orozco: la desigualdad, la corrupción y la crueldad; la venalidad y la falsedad de muchos líderes del pueblo; la sumisión nada heroica de las masas que sufren o mueren por ideales que no comprenden y la ingratitud de la humanidad para su mesías, sea Cristo o Quetzalcóatl. Sin embargo, su visión no es totalmente pesimista. Así por ejemplo, el Prometeo de su pintura *Hombre en llamas* sugiere que algún día ha de nacer un hombre nuevo y puro que tal vez justifique la humanidad. Así es que se puede afirmar que Orozco añade al humanismo del muralismo mexicano un aspecto místico que da a su obra una cualidad única.

De los tres grandes pintores del muralismo mexicano, sólo David Alfaro Siqueiros (1896–1974) dedicó gran parte de su vida a las luchas políticas y económicas. Participó personalmente en los movimientos sindicales y luchó en favor de las fuerzas revolucionarias, en México y en España. Siendo estudiante de arte fue encarcelado por su participación en una huelga estudiantil violenta en 1910. En los años siguientes el pintor sufrió períodos de encarcelamiento o de destierro (voluntario o forzado) por su participación en actividades políticas controversiales. Se le ha criticado este aspecto de su vida, ya que no hay duda de que la cantidad, si no la calidad, de su producción artística sufrió como resultado. Pero los mismos móviles de las actividades políticas de Siqueiros—su energía, su dinamismo, su entusiasmo y su agresividad—también resultaron en las grandes innovaciones técnicas con que él contribuyó a la pintura mural. Éstas incluyen la proyección de las figuras hacia adelante, contornos que parecen querer salir de la pared; el énfasis en la acción, en el movimiento; el uso simultáneo de diferentes texturas; el uso de equipos de pintores que emplean aparatos y materiales modernos para trabajar, y el uso de colores y formas con vida propia. La temática de Siqueiros es siempre social: el sufrimiento de la clase obrera; el conflicto entre el socialismo y el capitalismo; el conflicto armado provocado por la desesperación del pueblo ante la corrupción y la decadencia de la sociedad burguesa. Para Siqueiros su arte era como un arma que podría utilizarse en favor del progreso de su pueblo y como un grito capaz de hacer rebelar a los que siempre habían sufrido la injusticia y la miseria.

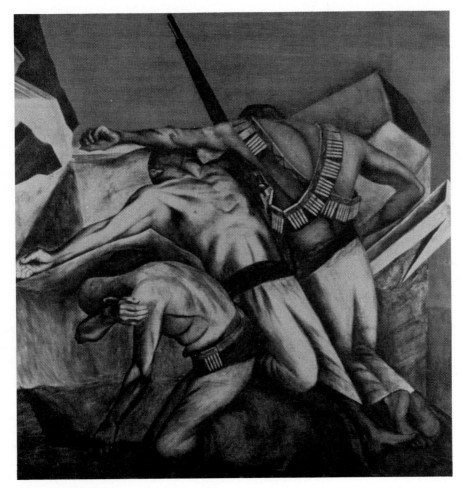

Palacio Nacional de México

La trinchera (1923–1924)

En esta pintura, que es de la serie que pintó Orozco para la Escuela Preparatoria, el artista retrata la muerte de manera directa, sencilla y austera. Decriba Ud. la pintura, indicando el tema y el uso de las formas geométricas que se encuentran en ella.

Palacio Nacional de México

Hombre en llamas (1938–1939)

Aunque el mundo que retrató Orozco en el Hospicio Cabañas de Guadalajara es aparentemente negativo—un mundo en el que triunfan la injusticia, la traición y la corrupción—, en la cúpula del Hospicio representó el pintor una visión puramente espiritual, tremendista, de la creación en las llamas de un hombre nuevo y purificado que tal vez había de justificar la humanidad. El tema se vincula al concepto azteca del hombre que debe ser sacrificado para que siga brillando el sol sobre la humanidad. ¿Cómo describiría Ud. el movimiento de la pintura? ¿Qué relación hay entre la pintura y el edificio?

Siqueiros, David Alfaro, *The Sob,* 1939. Duco on composition board, 48½″ × 24¾″. Collection, The Museum of Modern Art, New York. Given anonymously.

El sollozo

La angustia y el sufrimiento son temas que aparecen con frecuencia en las obras de Siqueiros. Aquí, el pintor logra captar la esencia de esos sentimientos. En la

pintura, ¿qué parte del cuerpo se nota más? ¿Qué otro pintor sabía sugerir la tercera dimensión en sus pinturas?

Para comentar

1. ¿Existe alguna relación entre el tema de una de las pinturas de Orozco y el cuento de García Márquez? ¿Cuál es?
2. ¿Conoce Ud. la obra de otro artista que haya contribuido a la innovación técnica como lo hizo Siqueiros? ¿Quién es? ¿Cuál es una de sus innovaciones?
3. ¿Hay algunas pinturas murales en la ciudad donde vive Ud.? ¿Dónde se encuentran? ¿Cómo son?
4. Comente Ud. el uso de temas mitológicos en las diversas pinturas que ha estudiado.

UNIDAD 9

La educación en el mundo hispánico

Estos estudiantes van a la universidad en metro porque es el medio de transporte más rápido y barato en Buenos Aires. ¿Cómo llega Ud. a sus clases?

ENFOQUE

Aunque en España el concepto de la autonomía de la universidad tuvo raíces medievales, en la América colonial el estado y la iglesia ejercían un control riguroso sobre la educación. Sólo en el siglo XIX, después de la independencia, se estableció la idea de que la clave de una verdadera institución educativa superior consistía en su autonomía. En la universidad se había de tener libertad absoluta para investigar, enseñar y aprender sin interferencias de ninguna clase. Pero aunque los gobiernos se declaraban a favor de tal autonomía, existía la tendencia de intervenir en la universidad o de suprimir su autonomía si los del gobierno no estaban de acuerdo con las decisiones del cuerpo directivo. Esta situación preparó el terreno para lo que se conoce en Hispanoamérica como Reforma Universitaria, un movimiento general que comenzó en 1918 en la Universidad de Córdoba, Argentina, y se extendió rápidamente a las otras universidades hispanoamericanas. El *Manifiesto de la Juventud Argentina de Córdoba a los Hombres Libres de Sudamérica*, del 15 de julio de 1918, se hizo muy famoso y fue muy copiado. Entre otras cosas, el manifiesto exigía autonomía política, docente y administrativa de la universidad, participación en su gobierno de profesores y alumnos, libertad de enseñanza e instrucción gratuita.

El mismo impulso que produjo el Manifiesto ha producido también protestas estudiantiles en otros países, a favor de la autonomía de la universidad o dirigidas a varias cuestiones políticas. Aunque en su mayoría las protestas han sido pacíficas, a veces han resultado en choques violentos. En México, en 1968, la intervención de las fuerzas armadas en la UNAM (Universidad Autónoma de México) resultó en más de 350 muertos y muchos heridos. También fueron violentos los choques que ocurrieron en los Estados Unidos a raíz de la guerra en Vietnam y la invasión a Camboya. Otros choques parecidos ocurrieron en la misma época en Tokio, Praga, París y Roma.

El efecto de estos choques violentos sobre las personas que participan en ellos puede ser trágico, como se puede notar en «Posters» de Eduardo Gudiño Kieffer, escritor argentino cuyo cuento presentamos a continuación.

En la sección sobre arte se presenta un ensayo sobre la Ciudad Universitaria, sitio de la UNAM, una de las universidades más espléndidas del mundo. La originalidad y belleza de su arquitectura y el valor artístico de sus numerosos murales son una afirmación de los valores nacionales y una inspiración para los jóvenes que allí se educan.

VOCABULARIO ÚTIL

Estudie estas palabras.

acordarse (de) to remember
cobarde *m or f* coward
cobardía cowardice
cosificar to turn into a thing, dehumanize
chiquilín *m* little boy
darle vergüenza to make one ashamed
darse cuenta (de) to realize
ducha shower

marrón *adj* brown
mojado,-a wet
párpado eyelid
quedarse to stay, remain
querer decir to mean
sobretodo overcoat
solo,-a alone
tapar to cover (up), hide
vacío emptiness
vaso glass

Anticipación

I. Complete Ud. el siguiente párrafo con la forma apropiada de las palabras o expresiones del **Vocabulario útil.**

Aunque mi memoria es mala, _____ de la primera vez que lo vi. Era un _____ de unos seis o siete años. Llovía y yo tenía prisa, de modo que al comienzo lo vi no como persona, sino como una cosa. Es terrible _____ a las personas, pero confieso que a veces soy poco sensible al sufrimiento de los otros. Claro, esa cualidad _____ vergüenza. Sólo al acercarme más lo vi como niño. A pesar de la lluvia y del frío, no llevaba _____ y se podía ver que estaba muy _____ . Pensé en mi hijito que a esas horas debía estar en la cama, bien _____ y cómodo. Éste no tenía familia: estaba _____ en el mundo. Sin decir nada, le di unas monedas *(coins)* y él desapareció en seguida. No sé lo que _____ un encuentro insignificante como el que acabo de describir. Sólo sé que después sentí como un gran _____ dentro de mí.

II. Ya que se habla español en partes del mundo que son bastante remotas las unas de las otras, es natural que se hayan desarrollado varios dialectos del idioma. Por ejemplo, en la Argentina se usa el «voseo»: es decir, se sustituye «vos» por «tú» y se emplean varias formas especiales del verbo. En «Posters» se puede notar ese fenómeno en las siguientes formas (todas sustituyen la forma que normalmente se usa con «tú»):

Imperativo	Presente
mirá look	**vos te quedás** you stay, you are going to stay
mirame look at me	**ensuciás** you'll dirty, you'll mess up
tapame cover me up	**pensás** you think
perdoname forgive me	**¿en qué andás?** what are you up to?
limpiate clean up	**querés** you want
acordate remember	**tenés** you have
escuchá listen	**te ponés** you're becoming
date cuenta think, realize	**podés** you can (are able)
abrí open	**te servís** you serve yourself
decime tell me	**decís** you say, you tell

Vamos a ver si Ud. puede entender estas frases:

1. ¿Pensás vos que todavía está Pablo en la ducha?
2. ¿En qué andás? Decime, niña.
3. Perdoname. No me di cuenta de que te quedabas.
4. Mirame. ¿Por qué estás llorando?
5. Por favor, tapame. Tengo frío.
6. No le digas nada. Te ponés ridículo.
7. Yo me voy, pero vos te quedás.
8. Quiero decirte una cosa. Escuchá.

III. Exprese sus opiniones completando las siguientes frases.

1. En cuanto a la gobernación de la universidad, los estudiantes...
2. Un buen ejemplo de la cosificación de una persona es...
3. Uno de los problemas de esta universidad es que...
4. Creo que las protestas estudiantiles...
5. Como ciudadano, el estudiante debe interesarse por...

Posters

Eduardo Gudiño Kieffer **nació el dos de noviembre de 1935. Es abogado, pero no ejerce esa profesión. También es periodista y colabora en diversas publicaciones argentinas y latinoamericanas.**

Sus obras literarias más conocidas incluyen cinco novelas: *Para comerte mejor, Guía de pecadores, Será por eso que la quiero tanto, Medias negras, peluca rubia* **y** *¿Somos?* **También ha publicado una «nouvelle»,** *Kokah de lujo,* **y seis colecciones de cuentos:** *Fabulario, Carta abierta a Buenos Aires violento, La hora de María y el pájaro de oro, Ta te tías y otros juegos, Jaque a Pa y Ma* **y** *No son tan buenos tus aires. La hora de María y el pájaro de oro* **fue llevada al cine bajo la dirección de Rodolfo Kuhn y obtuvo dos premios en el Festival de Taormina de 1976. La idea básica de** *¿Somos?* **también se usó para realizar otra magnífica película.**

El cuento «Posters» es de *Carta abierta a Buenos Aires violento,* **libro que sólo se conseguía clandestinamente en Buenos Aires durante los años violentos de la represión militar. En una carta que escribió el ocho de septiembre de 1977 el autor explica la historia del libro:**

> **«Posters» fue publicado, en 1970, integrando el libro titulado** *Carta abierta a Buenos Aires violento.* **En agosto de 1977, es decir después de 7 años de aparecido dicho libro y de 14 ediciones sucesivas del mismo, la Secretaría de Cultura de la Municipalidad de Buenos Aires lo declaró «de exhibición limitada». La censura limita así, en el ámbito de la capital federal argentina, la circulación de un libro. Resulta sugestivo señalar que** *Desde el jardín (Being There),* **de Jerzy Kosinski, ha sido calificado de la misma manera.**

«Posters» es un homenaje al coraje y al idealismo del estudiante universitario latinoamericano. También es expresión del coraje de un autor que rehusó callarse frente a la censura y a la represión.

Los estudiantes no tienen, sin duda, una visión precisa y detallada de la sociedad que quieren—lo que, por otra parte, sería prematuro e irresponsable de su parte—pero saben

5   perfectamente lo que no quieren y, en la fase actual, que es de preparación y no de revolución, es suficiente. En lo que respecta a la Universidad, saben lo que quieren: ellos toman en serio el principio democrático de la autodetermina-

10   ción y quieren ser educados en la autodeterminación. (De las declaraciones de Herbert Marcuse recogidas por «Le Monde» y «Le Nouvel Observateur» en París, mayo de 1968.)[1]

De donde cómo Gloria comprende a Pablo y se
da cuenta de que la juventud que hace cincuenta
años estaba sola, sigue estando sola y tal vez
esté sola siempre.

De donde cómo   *In which*
(we learn) how

5   Yo voy a ir dije pero él dijo no Gloria vos te quedás.

Me incorporé apoyándome en el codo y le dije abrí los ojos Pablo por favor pero él los mantuvo obstinadamente cerrados apretando los párpados como
10 un chiquilín en realidad es un chiquilín y tal vez porque es un chiquilín yo lo quiero tanto, chiquilín, mi chiquilín todo mío entero desde aquí hasta acá chiquilín por favor.

Nada.

15 Seguía con los ojos cerrados.

Seguía con la boca cerrada.

De entre sus párpados se escapaba una gotita de agua lágrima que le dicen pero a mí no me iba a conmover con eso.

que le dicen   *they call it*

20 Le dije otra vez que abriera los ojos.

Pero él los cerró más fuerte y al cerrarlos la lágrima cortó el tallo líquido que la unía al borde del párpado y empezó a deslizarse por su mejilla, entre los pelos de la barba crecida, dando vueltitas entre
25 los pelos de la barba crecida.

tallo   *stem*

crecida   *(fig.) unshaven*

Abrí los ojos Pablo por favor mirame Pablo abrí los ojos Pablo.

Nada.

Los ojos cerrados, la lágrima ahora en la comisura
30 de sus labios y la punta rosada de la lengua de él atrapando la lágrima y metiéndola dentro de su boca y seguro tragándosela.

la comisura de sus
labios   *the line where his*
lips met

Entonces me levanté de un salto y sin querer arrastré conmigo las sábanas y las frazadas y él se
35 quedó todo desnudo en la cama acurrucado y tratando de abrazarse a sí mismo con sus brazos flacos y diciendo tapame Gloria por favor no seas cretina tengo frío estoy muerto de frío hace un frío asqueroso tapame por Dios te lo pido.

me levanté de un salto   *I*
jumped up

no seas cretina   *don't be*
an idiot
asqueroso   *disgusting*

40 Y yo lo tapé y entonces él abrió los ojos y sus ojos

marrones estaban todos mojados tan mojados que no parecían marrones sino transparentes con puntitos de oro.

Y entonces dije de nuevo yo voy a ir Pablo.

5   Y entonces él dijo de nuevo no Gloria vos te quedás te quedás y no insistas, te quedás porque yo lo digo.

Y me miró con sus ojos abiertos ahora y vacíos ahora y marrones como si fueran de madera sus ojos
10   marrones ahora.

Y me dio bronca y la bronca me puso piel de gallina y aunque estaba tiritando fui al baño y me metí bajo la ducha helada y los chorros crueles me azotaron y me castigaron y yo estaba allí temblando bajo
15   la ducha helada cuando oí la voz de él de Pablo que me decía algo pero el ruido de la ducha me impedía entender sus palabras y entonces cerré la ducha y me quedé parada en la bañadera goteando toda llovida los cabellos pegados a la cara mirándolo a él, a Pablo.

20   Para qué querés ir decía Pablo.

Para estar con vos idiota dije yo.

Él bajó la cabeza y estaba tan ridículo el pobre se había puesto nada más que el sobretodo y de la parte de abajo del sobretodo salían sus piernas flacas pelu-
25   das y me dio como una ternura o mejor dicho me dio otra vez esa jodida ternura de mierda.

Para estar con vos idiota repetí y así toda mojada corrí a abrazarlo y él abrió el sobretodo que le quedaba enormísimo y me recibió contra su cuerpo y me
30   encerró entre sus brazos flacos y duros y estuvimos así los dos abrazados con el sobretodo envolviéndonos a los dos sin movernos los dos ojalá para siempre los dos así quietos los dos sin jadeos los dos solos los dos siempre los dos pero la palabra siempre
35   no existe.

Para estar con vos para estar con vos para estar con vos repetí.

Eso no es bastante dijo él.

Nada es bastante dije yo sintiéndome estúpida en
40   trance de pronunciar frase célebre tipo de las que se pronuncian antes de exhalar el último suspiro viva

---

me dio... gallina *I got mad and getting mad gave me goose pimples*
tiritando *shivering*
helada *icy*
chorros *streams*
azotaron *beat*

me quedé... cara *I stood in the tub dripping, my hair all wet and glued to my face*

me dio... ternura *I felt tenderness for him or I should say I felt again that damn tenderness*
le quedaba enormísimo *was enormous on him*

jadeos *panting*

en trance de *in danger of*

exhalar... suspiro *breathing your last*

mi patria aunque yo perezca o muero contento hemos batido al enemigo.[2]

perezca *perish*

Y entonces agregué perdoname Pablo te quiero
Pablo soy una imbécil Pablo te quiero Pablo.

5   Y aunque pensaba en que era una frase de Migré
o de Nené Cascallar repetí te quiero Pablo te quiero
Pablo.

Y no me daba vergüenza decir te quiero Pablo.

No Gloria vos te quedás.

10   La semana pasada cuando llegué Pablo estaba a-
rrancando de las paredes todas las fotos del Che[3] todos los posters del Che y sacaba de la biblioteca todos
los libros sobre el Che y arrojaba todo mecánicamente al incinerador.

15   Yo entré él no me dio bolilla apenas dijo hola siguió tirando cosas al incinerador yo me quité el tapado busqué los cigarrillos en la cartera encendí uno
me serví una ginebra y después me senté a mirarlo.

no me dio bolilla *didn't pay any attention to me*
tapado *overcoat*

ginebra *gin*

Estás loco dije.

20   No.

Loco de remate dije de repente te has vuelto loco
de remate.

Loco de remate *Completely insane*

Te digo que no.

Vino a sentarse al lado mío me sacó el cigarrillo de
25 entre los labios le dio una pitada larga y me lo puso
de nuevo entre los labios después tomó un trago de
ginebra y dijo limpiate los labios antes de tomar si no
me ensuciás los vasos con rouge.

pitada *puff*

Te servís en otro vaso y todo arreglado dije.

todo arreglado *that's that*

30   Así que pensás que estoy loco dijo.

Sí evidentemente no veo por qué una hoguera con
las cosas del Che.

hoguera *bonfire*

He recuperado el uso de razón y era hora dijo.

era hora *it was time*

No entiendo dije.

35   Tenés que entender Gloria.

Qué es lo que tengo que entender.

Tenés que entender que el Che ya no nos sirve
para nada.

Es un símbolo dije no me vengás ahora con eso de
40 que murió en vano si vos siempre dijiste que hacía

bien que era el único camino que le quedaba que tenía razón que era un héroe.

Es cierto que yo decía todo eso pero ya no lo digo más.

5   No entiendo.

No lo digo más porque al héroe lo han transformado en objeto de consumo mirá si no en cualquier lado venden los posters del Che en ninguna parte prohiben los libros sobre el Che y tener en la pieza
10 un poster del Che es bien es como tener un poster de Cortázar y otro de Terence Stamp[4] te das cuenta.

objeto de consumo commercial product
si no if you don't think so

Y qué hay con eso.

Qué hay con eso qué hay con eso que todas las pelotuditas lo compran porque dicen ay qué buen
15 mozo era.

Y qué hay con eso And what's wrong with that
pelotuditas dumb teenagers
buen mozo good-looking

Empecé a entender.

Tener el poster del Che en el dormitorio o en el cuarto de estudios es lo mismo que para los viejos tener el crucifijo en el respaldar de la cama.

respaldar head (of the bed)

20 Querés decir que no significa nada.

Quiero decir que *ya* no significa nada que es otro estereotipo y que además es una excusa.

Lo del estereotipo puedo entenderlo pero lo de la excusa...

25 Una excusa vieja date cuenta basta con el poster del Che para sentirse heroico para reconocer la necesidad de justicia para alardear de rebelde y para quedarse tranquilitos en casa escuchando a Bob Dylan o a Joan Báez o a Nacha Guevara[5] que también
30 protestan y que pueden oírse sin correr el menor riesgo y además estando tan en la onda.

tranquilitos nice and quiet

riesgo risk
estando tan en la onda they're so in
de buena fe sincere

Pero el Che era un tipo de buena fe.

Ya sé Gloria ya sé lo que discuto no es lo que él fue sino lo que es o mejor dicho el objeto en que lo
35 han transformado.

Quiénes lo han transformado y en qué.

Quiénes no sé tal vez tipos más vivos que nosotros que se dieron cuenta de que dejar que se transformara en una especie de ícono era la mejor manera de neu-
40 tralizarlo o tal vez nosotros mismos de puro idiotas o de puro acomplejados que lo necesitábamos para tapar con su imagen o con lo que se escribió sobre él

tipos más vivos sharper guys

de puro... acomplejados because we're complete fools and have so many complexes

todo nuestro vacío y todas nuestras carencias; lo han cosificado el Che ahora es una cosa algo así como un lindo mural con el que tapamos el enorme agujero de nuestra inacción.

5   O de nuestra cobardía.

Vos lo dijiste.

Yo me quedé callada de pronto dándome cuenta de pronto entendiendo tantas cosas de pronto.

Pero te ponés retórico dije.

10   Perdón.

No perdoname vos dije poniendo una mano en su hombro y deslizándola después hacia su cuello perdoname vos Pablo sí me doy cuenta.

Él se paró y se puso a caminar de un lado a otro

15   de la pieza después despegó un resto de papel que había quedado adherido a la pared lo arrugó en el puño vino hasta donde yo estaba me besó en los cabellos.

Estoy triste dijo.

20   Sí estás triste pero además estás en otra cosa.

No.

Siempre sé cuando miente cómo no voy a saber cuando miente justo en ese momento había vuelto la cabeza y con la punta del zapato aplastaba un pucho

25   ya apagado.

En qué andás Pablo.

En nada pero cómo se te ocurre qué cosas estás fabulando.

En qué andás Pablo.

30   Voy a buscar un cigarrillo.

Mirame.

Me miró con sus ojos marrones me miró un rato largo y después dijo bueno mirá resulta que.

Y no me daba vergüenza decir te quiero Pablo.

35   No Gloria vos te quedás.

Yo me acordé de lo que me había dicho me acordé de algunas cosas que repetía mecánicamente en la cama me acordé los gases lacrimógenos se disipan pronto no son eficaces más que por un lapso breve y

40   con un pañuelo empapado en jugo de limón se

carencias shortcomings

arrugó crushed

estás en otra cosa you're into something else

aplastaba… apagado he was crushing a butt that was already out

resulta que the fact is

gases lacrimógenos tear gas

empapado soaked

puede confeccionar una máscara protectora bastante eficaz y por otro lado las máscaras de los canas son incómodas les impiden la visibilidad uno se las puede arrancar fácil y ellos resultan las víctimas principales
5 también se puede hacer una hoguera acordate en Rosario acordate en Córdoba acordate cuando dijeron que éramos dañinos y sediciosos porque quemamos los bancos de la Facultad y los quemamos justamente para contrarrestar el gas.

10 Me acordaba del gas pero también me acordaba de otras cosas de otras palabras de Pablo los canas me dan lástima con todo date cuenta en el fondo la cosa no es contra ellos la cosa es contra algo mucho más grande Gloria contra algo que no está pasando sólo
15 aquí en Buenos Aires la cosa es contra el sistema yo no quiero ser un alienado no quiero ser una máquina y era entonces cuando yo decía te estás poniendo retórico Pablo y no decís toda la verdad.

Me acordaba de que entonces él se quedaba calla-
20 do un rato y después decía no será toda la verdad pero es una parte acaso vos querés que te eduquen en la Universidad para tornillo o para tuerquita de una inmensa maquinaria que sólo se sirve a sí misma; me acordaba de mi pregunta pero decime para qué
25 lado estás trabajando y él me contestaba para el nuestro para el de los jóvenes para el de los estudiantes date cuenta lo de izquierdas y derechas que aparece primero es en realidad tan sólo una etiqueta y entonces yo decía de nuevo te estás poniendo re-
30 tórico Pablo.

Pienso que lo decía para retenerlo.

Pienso que lo decía para que no siguiera adelante con lo que tal vez era una hermosa una maravillosa locura una especie de camino hacia el Santo Sepulcro
35 donde el sepultado sería Pablo.

Me acordaba. De todas, de cada una de las palabras de Pablo.

Me acordaba de los ejemplos que Pablo citaba uno tras otro[6]; me acordaba del estudiante de la Univer-
40 sidad de Colorado lanzando un tractor contra un pilón de electricidad y sumiendo a diez localidades en tinieblas, me acordaba de la pesadilla de Cleveland el

canas *m cops*
les impiden la visibilidad *they block their view*

dañinos *harmful*

me dan lástima *I feel sorry for*
con todo *in spite of everything*
en el fondo *basically*

para tornillo o para tuerquita *to be a screw or a nut*

lo de... primero *all that about the left and the right that's on the surface*
etiqueta *label*

retenerlo *hold him back*

Santo Sepulcro *Holy Sepulcher*

citaba *quoted*

lanzando... tinieblas *driving a tractor into an electric pole and plunging ten towns into darkness*

veintitrés de julio de mil nueve sesenta y siete[7] con-
tada por Pablo y del mayo parisién de mil nueve sesenta y ocho contado por Pablo me acordaba de los
cuarenticinco mil estudiantes lanzados a la calle en
5 veinte ciudades de Alemania Occidental en manifestaciones pacíficas y la violenta represión del gobierno
me acordaba de los cuatro mil muchachos y chicas
ocupando la Universidad de Varsovia a principios
del sesenta y ocho apaleados por la policía y la milicia
10 obrera cuando ellos les gritaban «¡Gestapo!» me
acordaba de los dos mil quinientos estudiantes desfi-
lando por las calles de Praga en señal de protesta por
las malas condiciones de las residencias universitarias
y apaleados también por la policía del Presidente No-
15 votny me acordaba del barrio de la Universidad de
Belgrado copado por los jóvenes y del barrio Clínicas
de Córdoba copado por los jóvenes y de las muertes
en Corrientes y en Rosario.

     Me acordaba.

20   Me acordaba de Pablo hablándome del provotariado del conjunto de subversivos desclasados gritando contra la guerra atómica oponiéndose a las autoridades holandesas pero también a las de cualquier
parte del mundo me acordaba de las protestas de los
25 chicos y las chicas norteamericanos contra la invasión
a Camboya y de las palabras de Julius Lester en labios de Pablo y yo diciendo pero Pablo eso es del
Black Power eso no nos concierne es la lucha de
blancos contra negros en Estados Unidos y Pablo di-
30 ciéndome acaso te podés desligar de eso acaso te
podés lavar las manos.

     Me acordaba.

     Me acordaba de la imaginación al poder.[8] Me acor-
daba también de esa otra frase repetida por Pablo esa
35 frase que alguien escribió una vez sin que yo supiera nunca quién era ese alguien esa frase que
dice algo así como los jóvenes de los países industria-
lizados no quieren convertirse en monos amaestrados
de la burocracia, sea ésta capitalista o socialista me
40 acordaba de todo me acordaba de todo me acuerdo
de todo de todo cómo no me iba a acordar cómo no
voy a acordarme.

---

lanzados a la calle *going out into the streets*

apaleados *beaten*

en señal de *as a symbol of*

copado *taken over*

del provotariado... desclasados *about the support for the group of outlawed subversives*

convertirse... burocracia *to be changed into the trained monkeys of the bureaucracy*

Me acordaba de la ocupación de cinco edificios de la Universidad de Columbia para exigir que cesaran las actividades de un instituto que hacía investigaciones con fines de aplicación bélica.

5   Me acordaba Pablo de lo que me contaste sobre la reacción del gobierno gaullista en mayo de mil nueve sesentiocho y de la negativa de la CGT y del Partido Comunista francés a participar en el movimiento con el pretexto de que «eso, como reacción, habría traído
10 el fascismo y la matanza de la población».

Me acordaba de los rusos en Budapest y en Praga.

Me acordaba de los marines en Vietnam y de los chicos de doce años en escuelas subterráneas y de los cuatro estudiantes muertos en la Universidad de
15 Kent cuando protestaban contra la invasión de Estados Unidos a Camboya.

Me acordaba del libro Pablo y de las frases de ese libro que después escuchamos en la película que te hizo llorar me acordaba sí mirá que todavía me
20 acuerdo escuchá que todavía me acuerdo. Escuchá.

«¿Por qué les es intolerable la paz?»

Escuchá.

«Hoy el mundo ya no se divide en Oriente y Occidente. Toda reflexión fundada en la oposición de
25 los extremos está superada.»

Escuchá.

«También las palabras son símbolos. Sólo los sentimientos son auténticos.»

Escuchá.
30 «La paz doblaría a muerte para los grandes monopolios que asientan su poder y el aumento de su producción en la carrera armamentista. En el curso de los dieciocho años de paz que han seguido a la Segunda Guerra Mundial, han estallado más de die-
35 ciocho conflictos locales; si han permanecido circunscriptos es por miedo a una devastación total que hace contrapeso a las tendencias belicosas de los grandes.»

Escuchá Pablo escuchá. ¿Ves que me acuerdo?
40 «Si en lugar de dedicarse a los gastos militares, la mitad del presupuesto del Estado fuera a las escuelas, a los campos de deportes, al equipo hospitalario,

hacía... bélica *was conducting research for war use*

CGT *General Congress of Workers (French labor union)*

superada *overcome*

doblaría a muerte *would be the death knell*
asientan *base*
carrera armamentista *arms race*

si... circunscriptos *if they have been contained*
hace contrapeso *acts as a counterweight*

presupuesto *budget*

a las inversiones industriales, ¿no tendríamos una
vida mejor?»

Escuchá Pablo. De memoria me acuerdo. De memoria.

5   «Bienaventurados los pacificadores porque ellos
serán llamados hijos de Dios.»

Me acordaba y me daba cuenta de que seguíamos
solos de que siempre habíamos estado solos si hace
más de cincuenta años justo en mil nueve dieciocho

10 el Manifiesto de Córdoba no presentía todo eso
cuando decía: «si en el nombre del orden se nos
quiere seguir burlando y embruteciendo, proclama-
mos bien alto el derecho a la insurrección.»

Me acordaba pero también sentía muy adentro esa

15 soledad de tantos millones solos aunque gritemos
juntos y todo me parecía tan absurdo tan pueril tan
empeñosamente tan vanamente heroico y tan sensa-
tamente insensato.

Y no me daba vergüenza decir te quiero Pablo te

20 quiero Pablo te quiero Pablo.

No me da vergüenza decir te quiero Pablo te quiero Pablo te quiero Pablo ahora que estoy sola más
sola todavía entre los millones de solitarios cómo no
voy a estar más sola si vos te fuiste y me dejaste en-

25 cerrada con llave y ni sé cómo voy a hacer para salir
de acá.

No me da vergüenza repetir en voz muy bajita
constantemente tequieropablotequieropablotequiero-
pablotequieropablo mientras rompo todas tus fotos y

30 todas tus cartas y todos tus libros y los tiro al incinerador ahora que escuché la radio y oí esas pocas palabras que se mezclan con tus palabras resonando en
mi cabeza ahora que apagué la radio grupo de exal-
tados Facultad tomada intervención fuerzas del

35 orden una sola víctima identificada como Pablo
Argüello la bala partió de una columna de manifestantes Facultad desalojada reina absoluta tranquilidad no me da vergüenza repetir tequieropablotequieropablo y hacer pedacitos todas tus imágenes

40 incluido ese primer plano ampliado que te sirvió

bienaventurados *blessed*

**burlando y
embruteciendo**
mocking and brutalizing

tan absurdo... insensato
*so absurd so puerile so
earnestly so vainly heroic
and so sensibly stupid*

cómo... acá *what I'll do to
get out of here*

en voz muy bajita *in a
soft whisper*

hacer pedacitos *tear up*
ese... ampliado *that
enlargement of you in the
foreground*

para ganar unos mangos en aquella publicidad de cigarrillos tequieropablotequieropablo y justamente porque te quiero Pablo me deshago de todo lo que tuvo algo que ver con vos de todo lo que sea y haya
5 sido tu cara tus gestos tu sonrisa o tu vida. Quemo fotos y quemo cartas y quemo libros y quemo también tu ropa porque no deseo que te cosifiqués vos también Pablo que seas para mí una excusa Pablo que tu coraje o tu locura o tu inconsciencia me hagan
10 sentir heroína o víctima Pablo no quiero ahora me doy cuenta Pablo no quiero ser cobarde te quiero Pablo no quiero ser cobarde y tapar mi cobardía con tu recuerdo Pablo como se tapa un agujero en la pared con un poster del Che.

unos mangos   *(Argentina)*
a few bucks

me deshago   *I'm getting rid*

NOTAS CULTURALES

1 Herbert Marcuse era sociólogo norteamericano y autor de *Eros and Civilization.*

2 «Viva mi patria aunque yo perezca» y «Muero contento, hemos batido al enemigo» son frases famosas de dos soldados de la Guerra de Independencia en la Argentina. Se expresaron así poco antes de morir.

3 Se refiere a Ernesto «Che» Guevara (1928–1967), uno de los héroes del movimiento del 26 de julio en Cuba. El Che nació en la Argentina, luchó contra el gobierno de Fulgencio Batista en Cuba y murió en la lucha guerrillera en Bolivia.

4 Julio Cortázar era un famoso escritor argentino que pasó gran parte de su vida en Francia y murió en 1984. Terence Stamp es un actor y pantomimo inglés.

5 Bob Dylan, Joan Báez y Nacha Guevara son cantantes famosos que participaron en los movimientos de protesta de la década de 1960.

6 A continuación Gudiño Kieffer menciona varios conflictos entre los estudiantes y las autoridades civiles durante la década de 1960 en varias partes del mundo: Estados Unidos, Alemania Occidental, Polonia, Checoslovaquia, Yugoslavia, Argentina, etc. Las causas de los conflictos variaban: había protestas contra la guerra, la bomba atómica, condiciones locales, los gobiernos autoritarios, el racismo. Pero, como se nota aquí, los jóvenes argentinos de esa época eran muy conscientes de lo que estaba pasando en otras regiones del mundo y compartían tanto el sufrimiento como el idealismo de la juventud en el resto del mundo.

7 A veces Gudiño usa un lenguaje familiar para expresar fechas. Por ejemplo, para expresar «1967», en vez de decir mil novecientos sesenta y siete, dice Gudiño «mil nueve sesenta y siete». También, a veces dice simplemente «el sesenta y ocho» para referirse a ese año (como también se hace en inglés). Se pueden notar también variaciones en la manera de deletrear los números: por ejemplo, a veces escribe el autor «sesentiocho», a veces «sesenta y ocho».

8 «La imaginación al poder» fue un graffiti clave, en los muros de París y Nanterre, durante la revolución estudiantil de 1967 en Francia.

Comprensión

1. ¿Cómo reaccionó Pablo cuando Gloria le pidió que se despertara?   2. ¿Qué pasó cuando Gloria se levantó de la cama?   3. Cuando Gloria salió de la ducha, ¿cómo estaba vestido Pablo?   4. ¿Por qué quería Gloria acompañar a Pablo ese día?   5. ¿Qué dijo Pablo cuando ella le dijo que quería acompañarlo? 6. Una semana antes, ¿qué había hecho Pablo con las cosas que tenían que ver con el Che?   7. Según Pablo, ¿por qué quería destruir esas cosas?   8. ¿Por qué dice Pablo que el tener un poster del Che es una excusa?   9. Según Pablo, ¿cómo se puede hacer fácilmente una máscara protectora contra los gases lacrimógenos?   10. ¿A qué se oponen más Pablo y los otros jóvenes: a la policía o al sistema?   11. ¿Cuáles son dos ejemplos que se mencionan de choques reales entre jóvenes y fuerzas del gobierno?   12. Según el libro que cita Gloria, ¿qué debería hacer el Estado en vez de dedicarse a los gastos militares? 13. ¿Cómo murió Pablo?   14. ¿Qué hace Gloria con las cosas de Pablo? 15. ¿Por qué destruye ella las cosas de él?

Expansión

I. Análisis literario

1. Los hispanoamericanos son muy conscientes de lo que pasa en el resto del mundo, especialmente en los Estados Unidos. Indique algunas cosas de «Posters» que revelen que el autor es consciente de la historia y la cultura norteamericanas.   2. En la opinión de Ud., ¿son muy conscientes los jóvenes norteamericanos de la historia o de la cultura de otros países? Explique o defienda su respuesta.   3. ¿Participan los estudiantes en el gobierno de su universidad? ¿En qué aspectos del gobierno tienen derecho a participar?   4. La participación de estudiantes en las manifestaciones políticas es bastante común en otros países. ¿Qué piensa Ud. de tales actividades?   5. En «Posters» se menciona la cosificación del Che. ¿Puede

Ud. pensar en otro ejemplo de una persona muy conocida que haya sido deshumanizada por ese proceso? Explique su respuesta.

II. Descripción

Describa Ud. cómo murió Pablo en el cuento «Posters». Use la forma correcta de las siguientes palabras para describir su muerte.

grupo	intervención	matar
estudiante	violencia	víctima
participar	bala	morir
manifestación		

III. Minidrama

Con otra(s) persona(s) de la clase, presente Ud. un breve drama sobre el tema de la educación o sobre otros conceptos que se presentan en «Posters». Algunos temas posibles son:

1. Un estudiante que busca reformas radicales discute sus ideas con el presidente de la universidad.
2. Un periodista se entrevista con una persona famosa. Durante la entrevista los dos comparan la realidad de esa persona con la imagen que tiene el público.
3. Varios estudiantes confrontan a la policía durante una manifestación política. Resulta que uno de los policías es el padre de uno de los estudiantes.

La Ciudad Universitaria

Después de la revolución, un fuerte nacionalismo estimuló la producción de grandes pinturas murales en México, donde maestros como Rivera, Orozco y Siqueiros crearon un verdadero arte nacional y lograron comunicar al pueblo el mensaje revolucionario a través de sus pinturas en las paredes interiores de numerosos edificios públicos. La segunda etapa de ese gran movimiento había de ser la pintura del exterior de edificios y la integración de ésta a la superficie de grandes masas estructurales. La oportunidad de explorar las posibilidades de esta integración de artes plásticas se presentó cuando en 1946 el gobierno donó un extenso terreno al sur de la capital para la construcción de la Ciudad Universitaria. Con la participación de más de 150 arquitectos, ingenieros y técnicos, la construcción de la parte básica de la Ciudad Universitaria se terminó en unos tres años. Entre los artistas que hicieron importantes contribuciones al proyecto se encontraban no sólo los ya establecidos—Rivera y Siqueiros—sino también otros como Juan O'Gorman y Francisco Eppens, que habían de ganar fama por sus trabajos artísticos en el proyecto universitario.

En su totalidad, la arquitectura de la Ciudad Universitaria es una mezcla curiosa de lo moderno y de lo antiguo, de lo experimental y de lo tradicional. Siguiendo la fuerte tradición barroca del arte hispánico, los creadores de la Ciudad Universitaria insistieron en la integración de las artes y se obsesionaron por la decoración. Otra tradición allí presente es la del arte precolombino, tanto en la impresión de solidez y en el uso de la forma piramidal truncada, como en los motivos ornamentales y en los temas predominantes.

La Ciudad Universitaria representa la culminación de la producción de pinturas murales en México y establece la pintura mural en paredes exteriores como técnica que había de continuarse en México. Como fin de un ciclo de arte y como expresión del concepto del arte al servicio de la nación, el complejo de edificios que componen la Ciudad Universitaria ha de considerarse como monumento en la historia del arte hispanoamericano.

El pueblo a la universidad—la universidad al pueblo

Esta obra de David Alfaro Siqueiros es un ejemplo interesante de la experimentación que tipifica el arte de la Ciudad Universitaria. ¿Cómo describiría Ud. esta pintura mural?

Alegoría de México

En una enorme pared de la Facultad de Medicina, Ciudad Universitaria, Francisco Eppens pintó una *Alegoría de México*, que incluye una cabeza de tres caras—representativas del español, del mestizo y del indio—y varios símbolos de los dioses precolombinos. Las líneas verticales y horizontales de la pintura armonizan perfectamente con las del edificio.

¿Sabe Ud. identificar el símbolo de Quetzalcóatl? ¿de Tláloc?

La Biblioteca Central

Tal vez el edificio más famoso de la Universidad es la Biblioteca Central, una enorme estructura cúbica sin ventanas—sólo con pequeñas aberturas para la ventilación—y con enormes superficies planas. Éstas las decoró O'Gorman con centenares de figuras pequeñas referentes a varias épocas de la historia de México, desde los tiempos precolombinos hasta nuestros días. Consciente del efecto del sol mexicano, que había de convertir un mosaico compuesto de vidrios en un gigante reflector, O'Gorman optó por componer su obra con piedras de cincuenta colores, recogidas en todas partes del país. Así, este edificio sintetiza y combina las varias tendencias del muralismo mexicano: la forma misma del edificio es moderna; el uso de materiales, experimental; la decoración, barroca; y la temática, tradicional.

¿Cuántos símbolos y objetos puede Ud. identificar en el mosaico de O'Gorman?

Para comentar

1. Describa Ud. en sus propias palabras el edificio de la Biblioteca Central o la pintura mural de la Facultad de Medicina de la Ciudad Universitaria.
2. ¿Cómo se ha empleado el arte en la decoración de la escuela o universidad donde Ud. estudia? ¿Es una parte integral de la arquitectura? ¿Le gusta ese uso del arte?
3. ¿Cree Ud. que los estudiantes deben participar en el gobierno de las instituciones educativas? ¿Deben participar, por ejemplo, en el planeamiento de los nuevos edificios? ¿Por qué?
4. ¿Qué importancia tiene la decoración en los edificios públicos? ¿Se puede justificar el gasto de los fondos públicos para tales cosas? ¿Por qué?

10

La ciudad en el mundo hispánico

El obelisco en la Avenida 9 de julio es uno de los monumentos más famosos de Buenos Aires. Mencione algunos monumentos famosos en los Estados Unidos. ¿Cuáles ha visitado Ud.?

ENFOQUE

Desde la época de los romanos, la historia de muchos países occidentales se ha vinculado estrechamente a la historia de sus grandes centros urbanos. En muchos países hispánicos se encuentra una gran concentración de poder y energía en la capital. Por ejemplo, casi la cuarta parte de la población total de la Argentina vive en Buenos Aires, y la capital controla el país. Similar es la situación de la Ciudad de México y otras capitales hispanoamericanas.

Las grandes ciudades hispánicas tienen mucho en común con las otras metrópolis del mundo. Por ejemplo, en ellas se encuentra el capital necesario para pagar a los artistas y los escritores. Por eso, sea Nueva York, Chicago, Santiago de Chile o Madrid, la ciudad grande casi siempre se destaca por su contribución a las artes. En la literatura de nuestro siglo se ve reflejado otro aspecto de la metrópoli: la deshumanización producida por las grandes aglomeraciones y el aislamiento que siente el individuo dentro de la masa.

El cuento que se presenta a continuación, del chileno José Donoso, refleja el aislamiento existencial como rasgo general de la metrópoli. También se pueden encontrar en la narración algunas actitudes que caracterizan al habitante de la ciudad (en este caso, Santiago de Chile), al cual le gusta pasearse por su ciudad para ver y ser visto por los demás, con un espíritu de comunidad que es muy típico del hispanoamericano.

El arte que se ha desarrollado en los centros urbanos en las últimas décadas refleja tanto la complejidad del hombre de la metrópoli como el interés del artista por la obra de sus colegas en otros países. Ejemplos de este arte son las pinturas de Joaquín Torres García, Roberto Antonio Sebastián Matta Echaurren y Alejandro Obregón: tres artistas hispanoamericanos modernos, que han contribuido mucho a la creación de una expresión urbana e internacional.

VOCABULARIO ÚTIL

Estudie estas palabras.

abrigo overcoat
aburrirse to get bored
acera sidewalk
agradar to please
almuerzo lunch
asiento seat, chair
asistir a to attend

bajarse de to get off, get out of
barrio neighborhood
butaca seat (armchair)
cambio change, exchange;
  en cambio on the other hand
compra purchase; **hacer compras**
  to go shopping

equivocarse to make a mistake
esquina corner
habitante *m* inhabitant
impermeable *m* raincoat
mercado market
mueble *m* (piece of) furniture

negarse a to refuse to
paraguas *m* umbrella
pasear(se) to ride; to take a stroll
pileta swimming pool
tranvía *m* street car
vidriera shop window

Anticipación

I. Complete Ud. el siguiente párrafo, usando la forma apropiada de las palabras o expresiones del **Vocabulario útil.**

En la primavera no _____ ; al contrario, me encantaban los días de lluvia. En esos días me ponía o _____ o _____ y salía de casa temprano. Solía tomar _____ para visitar uno de los _____ más remotos de la ciudad. Los otros preferían los días de sol del verano cuando podían nadar en la _____ , pero yo no. A mí me gustaba más _____ por la ciudad, mirando a la gente que caminaba por la _____ . En la _____ de cada calle se veía a mucha gente que llevaba _____ de varios colores. ¡Cuánto me gustaba imaginar sus historias! La verdad es que me sentía bastante triste cuando, después de viajar varias horas, tenía que volver a casa porque era hora del _____ .

II. Indique Ud. la mejor palabra entre paréntesis para completar el párrafo.

El joven siempre tomaba el tranvía a las ocho y viajaba en (él, ella, ello) hasta llegar al barrio más remoto de la ciudad. Ese día, el joven (estaba, estuvo) sentado en el tranvía cuando (veía, vio) a la señora por primera vez. Llevaba un paraguas en (su, el, la) mano y un sombrero ordinario en (su, la) cabeza. No llevaba ni abrigo ni impermeable, (lo cual, el que) le sorprendió al joven, porque (hacía, hizo) frío y llovía. Era obvio que algo (la, le) molestaba porque estaba muy nerviosa. Después de observarla algún tiempo, el joven empezó a leer su revista. Cuando volvió a mirar el asiento donde se había sentado la mujer, no (había, hay, hubo) nadie. El joven se sentía molesto porque ni siquiera (conocía, sabía) cómo se llamaba la desconocida.

III. Si Ud. no está de acuerdo con las siguientes afirmaciones, cámbielas para expresar su opinión personal.

1. Los hombres deben negarse a usar paraguas porque son cosas de mujeres.

2. Los días de lluvia no afectan mi estado de ánimo.
3. El espíritu de comunidad se nota más en los grandes centros urbanos que en los pequeños.
4. Es más fácil formar amistades en las ciudades grandes porque hay más gente y más oportunidades para conocer a personas compatibles.
5. En la ciudad donde vivo la mayor parte de la gente utiliza regularmente los medios de transporte público.

Una señora

José Donoso nació en Santiago de Chile en 1924, de una familia de la alta burguesía. En su juventud viajó a la Argentina, donde trabajó de pastor en la pampa. Estudió en la Universidad de Chile y en Princeton University, donde terminó sus estudios universitarios en 1951. Ha sido periodista y catedrático en universidades de Chile y de los Estados Unidos, pero más que nada es escritor profesional. Hoy día vive en España. Además de colecciones de cuentos, Donoso ha publicado varias novelas: *Coronación* (1957), *Este domingo* (1966), *El lugar sin límites* (1966) y *El obsceno pájaro de la noche* (1970), son, tal vez, las más conocidas.

La obra de Donoso puede estudiarse en muchos niveles, pero predominan dos: el social y el psicológico. El aspecto social se encuentra especialmente en sus cuentos, donde el autor describe la vida cotidiana de la ciudad, la decadencia de la clase alta y el aislamiento que impone la ciudad al individuo. En sus novelas Donoso profundiza el aspecto psicológico y presenta el mundo interior de sus personajes. Esa realidad subjetiva domina y transforma la realidad exterior.

Los dos aspectos mencionados de las ficciones de Donoso—la descripción de la realidad exterior de la ciudad grande y la presentación del mundo interior de sus personajes—pueden observarse en el cuento «Una señora». Su estilo y estructura son aparentemente directos y clásicos, pero debajo de la capa realista el autor presenta el retrato de un individuo de la metrópoli, cuyo aislamiento y deseo de comunicarse se manifiestan en sus acciones y en lo que escoge observar de la realidad que lo rodea.

No recuerdo con certeza cuándo fue la primera vez que me di cuenta de su existencia. Pero si no me equivoco, fue cierta tarde de invierno en un tranvía que atravesaba un barrio popular.

5 Cuando me aburro de mi pieza y de mis conversaciones habituales, suelo tomar algún tranvía, cuyo recorrido desconozco y pasear así por la ciudad. Esa tarde llevaba un libro por si se me antojara leer, pero no lo abría. Estaba lloviendo esporádicamente y el
10 tranvía avanzaba casi vacío. Me senté junto a una ventana, limpiando un boquete en el vaho del vidrio para mirar las calles.

No recuerdo el momento exacto en que ella se sentó a mi lado. Pero cuando el tranvía hizo alto en
15 una esquina, me invadió aquella sensación tan co-

certeza *certainty*

atravesaba *was crossing*

recorrido *route*
desconozco *I'm not familiar with*
se me antojara *I should take a fancy, I should feel like*
boquete *spot, space*
vaho *steam, vapor*

hizo alto *stopped*
corriente *ordinary*

rriente y, sin embargo, misteriosa, que cuanto veía, el momento justo y sin importancia como era, lo había vivido antes, o tal vez soñado. La escena me pareció la reproducción exacta de otra que me fuese

5 conocida: delante de mí, un cuello rollizo vertía sus pliegues sobre una camisa deshilachada; tres o cuatro personas dispersas ocupaban los asientos del tranvía; en la esquina había una botica de barrio con su letrero luminoso, y un carabinero bostezó junto al bu-

10 zón rojo, en la oscuridad que cayó en pocos minutos. Además, vi una rodilla cubierta por un impermeable verde junto a mi rodilla.

Conocía la sensación, y más que turbarme me agradaba. Así, no me molesté en indagar dentro de

15 mi mente dónde y cómo sucediera todo esto antes. Despaché la sensación con una irónica sonrisa interior, limitándome a volver la mirada para ver lo que seguía de esa rodilla cubierta con un impermeable verde.

20 Era una señora. Una señora que llevaba un paraguas mojado en la mano y un sombrero funcional en la cabeza. Una de esas señoras cincuentonas, de las que hay por miles en esta ciudad: ni hermosa ni fea, ni pobre ni rica. Sus facciones regulares mostra-

25 ban los restos de una belleza banal. Sus cejas se juntaban más de lo corriente sobre el arco de la nariz, lo que era el rasgo más distintivo de su rostro.

Hago esta descripción a la luz de hechos posteriores, porque fue poco lo que de la señora observé

30 entonces. Sonó el timbre, el tranvía partió haciendo desvanecerse la escena conocida, y volví a mirar la calle por el boquete que limpiara en el vidrio. Los faroles se encendieron. Un chiquillo salió de un despacho con dos zanahorias y un pan en la mano. La

35 hilera de casas bajas se prolongaba a lo largo de la acera: ventana, puerta, ventana, puerta, dos ventanas, mientras los zapateros, gasfíteres y verduleros cerraban sus comercios exiguos.

Iba tan distraído que no noté el momento en que

40 mi compañera de asiento se bajó del tranvía. ¿Cómo había de notarlo si después del instante en que la miré ya no volví a pensar en ella?

---

el momento justo *that very moment*

rollizo *plump*
vertía sus pliegues *spilled its folds*
deshilachada *raveled, worn*
letrero *sign*
carabinero *guard*
bostezó *yawned*

turbarme *bothering me, upsetting me*
indagar *to inquire*
sucediera *had happened*

lo... de *what followed, was attached to*

facciones *features*
restos *remains, remnants*
mas... corriente *more than usual*

timbre *bell*
desvanecerse *disappear*
limpiara *I had cleaned*
faroles *street lights*
despacho *store*
zanahorias *carrots*
hilera *row*

gasfíteres *plumbers*
verduleros *greengrocers*
exiguos *small*
distraído *distracted*

No volví a pensar en ella hasta la noche siguiente.

Mi casa está situada en un barrio muy distinto a aquél por donde me llevara el tranvía la tarde anterior. Hay árboles en las aceras y las casas se ocultan
5 a medias detrás de rejas y matorrales. Era bastante tarde, y yo estaba cansado, ya que pasara gran parte de la noche charlando con amigos ante cervezas y tazas de café. Caminaba a mi casa con el cuello del abrigo muy subido. Antes de atravesar una calle di-
10 visé una figura que se me antojó familiar, alejándose bajo la oscuridad de las ramas. Me detuve, observándola un instante. Sí, era la mujer que iba junto a mí en el tranvía la tarde anterior. Cuando pasó bajo un farol reconocí inmediatamente su impermeable
15 verde. Hay miles de impermeables verdes en esta ciudad, sin embargo no dudé de que se trataba del suyo, recordándola a pesar de haberla visto sólo unos segundos en que nada de ella me impresionó. Crucé a la otra acera. Esa noche me dormí sin pensar en la
20 figura que se alejaba bajo los árboles por la calle solitaria.

Una mañana de sol, dos días después, vi a la señora en una calle céntrica. El movimiento de las doce estaba en su apogeo. Las mujeres se detenían en las
25 vidrieras para discutir la posible adquisición de un vestido o de una tela. Los hombres salían de sus oficinas con documentos bajo el brazo. La reconocí de nuevo al verla pasar mezclada con todo esto, aunque no iba vestida como en las veces anteriores. Me cruzó
30 una ligera extrañeza de por qué su identidad no se había borrado de mi mente, confundiéndola con el resto de los habitantes de la ciudad.

En adelante comencé a ver a la señora bastante seguido. La encontraba en todas partes y a toda hora.
35 Pero a veces pasaba una semana o más sin que la viera. Me asaltó la idea melodramática de que quizás se ocupara en seguirme. Pero la deseché al constatar que ella, al contrario que yo, no me identificaba en medio de la multitud. A mí, en cambio, me gustaba
40 percibir su identidad entre tanto rostro desconocido. Me sentaba en un parque y ella lo cruzaba llevando un bolsón con verduras. Me detenía a comprar cigarri-

distinto a   *different from*

se... medias   *are half hidden*
rejas   *railings*
matorrales   *thickets, shrubbery*
pasara   *I had spent*
cuello   *collar*

se me antojó   *seemed*

ramas   *branches*

céntrica   *downtown (adj.)*
movimiento   *rush hour*
en su apogeo   *at its height*

tela   *piece of material*

mezclada con   *mixed in with*

extrañeza   *sense of surprise*
no... de   *had not been erased from*

seguido   *frequently*

la deseché   *I rejected it*
constatar   *ascertain*

bolsón   *large shopping bag*
verduras   *vegetables*

llos y estaba ella pagando los suyos. Iba al cine, y allí
estaba la señora, dos butacas más allá. No me miraba,
pero yo me entretenía observándola. Tenía la boca
más bien gruesa. Usaba un anillo grande, bastante
5 vulgar.

Poco a poco la comencé a buscar. El día no me
parecía completo sin verla. Leyendo un libro, por
ejemplo, me sorprendía haciendo conjeturas acerca
de la señora en vez de concentrarme en lo escrito. La
10 colocaba en situaciones imaginarias, en medio de objetos que yo desconocía. Principié a reunir datos a-
cerca de su persona, todos carentes de importancia y
significación. Le gustaba el color verde. Fumaba sólo
cierta clase de cigarrillos. Ella hacía las compras para
15 las comidas de su casa.

A veces sentía tal necesidad de verla, que abando-
naba cuanto me tenía atareado para salir en su busca.
Y en algunas ocasiones la encontraba. Otras no, y
volvía malhumorado a encerrarme en mi cuarto, no
20 pudiendo pensar en otra cosa durante el resto de la
noche.

Una tarde salí a caminar. Antes de volver a casa,
cuando oscureció, me senté en el banco de una plaza.
Sólo en esta ciudad existen plazas así. Pequeña y
25 nueva, parecía un accidente en ese barrio utilitario,
ni próspero ni miserable. Los árboles eran raquíticos,
como si se hubieran negado a crecer, ofendidos al ser
plantados en terreno tan pobre, en un sector tan
opaco y anodino. En una esquina, una fuente de
30 soda aclaraba las figuras de tres muchachos que char-
laban en medio del charco de luz. Dentro de una pileta seca, que al parecer nunca se terminó de construir, había ladrillos trizados, cáscaras de fruta,
papeles. Las parejas apenas conversaban en los ban-
35 cos, como si la fealdad de la plaza no propiciara
mayor intimidad.

Por uno de los senderos vi avanzar a la señora, del
brazo de otra mujer. Hablaban con animación, caminando lentamente. Al pasar frente a mí, oí que la
40 señora decía con tono acongojado:—¡Imposible!

La otra mujer pasó el brazo en torno a los hombros

---

gruesa *large, coarse*

colocaba *placed*
principié *I began*
carentes de *lacking in*

cuanto... atareado
  whatever I was busy with
en su busca *in search of
  her*

oscureció *it got dark*

raquíticos *scrawny*

opaco *colorless, opaque*
anodino *anodyne, insipid,
  inoffensive*
aclaraba *lit up, shed light
  on*
charco *puddle*
ladrillos trizados *broken
  bricks*
cáscaras *peels*
propiciara *promote*

acongojado *sorrowful*
en torno a *around*

de la señora para consolarla. Circundando la pileta
inconclusa se alejaron por otro sendero.

Inquieto, me puse de pie y eché a andar con la
esperanza de encontrarlas, para preguntar a la se-
5 ñora qué había sucedido. Pero desaparecieron por
las calles en que unas cuantas personas transitaban
en pos de los últimos menesteres del día.

No tuve paz la semana que siguió de este encuentro. Paseaba por la ciudad con la esperanza de que la
10 señora se cruzara en mi camino, pero no la vi. Parecía haberse extinguido, y abandoné todos mis quehaceres, porque ya no poseía la menor facultad de
concentración. Necesitaba verla pasar, nada más,
para saber si el dolor de aquella tarde en la plaza
15 continuaba. Frecuenté los sitios en que soliera divisarla, pensando detener a algunas personas que se
me antojaban sus parientes o amigos para pregun-
tarles por la señora. Pero no hubiera sabido por
quién preguntar y los dejaba seguir. No la vi en toda
20 esa semana.

Las semanas siguientes fueron peores. Llegué a
pretextar una enfermedad para quedarme en cama y
así olvidar esa presencia que llenaba mis ideas. Quizás al cabo de varios días sin salir la encontrara de
25 pronto el primer día y cuando menos lo esperara.
Pero no logré resistirme, y salí después de dos días
en que la señora habitó mi cuarto en todo momento.
Al levantarme, me sentí débil, físicamente mal. Aun
así tomé tranvías, fui al cine, recorrí el mercado y
30 asistí a una función de un circo de extramuros. La
señora no apareció por parte alguna.

Pero después de algún tiempo la volví a ver. Me
había inclinado para atar un cordón de mis zapatos
y la vi pasar por la soleada acera de enfrente, lle-
35 vando una gran sonrisa en la boca y un ramo de
aromo en la mano, los primeros de la estación que
comenzaba. Quise seguirla, pero se perdió en la con-
fusión de las calles.

Su imagen se desvaneció de mi mente después de
40 perderle el rastro en aquella ocasión. Volví a mis
amigos, conocí gente y paseé solo o acompañado por

---

circundando *circling*
inconclusa *unfinished*

transitaban *walked*
en pos de *in pursuit of*
menesteres *duties*

quehaceres *tasks*

soliera divisarla *I had
grown accustomed to
seeing her*
detener *stop*

al cabo de *at the end of,
after*

de extramuros *from
outside of the city*

atar *to tie*
cordón *string*
soleada *sunny*

aromo *acacia (flowers)*

las calles. No es que la olvidara. Su presencia, más bien, parecía haberse fundido con el resto de las personas que habitan la ciudad.

Una mañana, tiempo después, desperté con la certeza de que la señora se estaba muriendo. Era domingo, y después del almuerzo salí a caminar bajo los árboles de mi barrio. En un balcón una anciana tomaba el sol con sus rodillas cubiertas por un chal peludo. Una muchacha, en un prado, pintaba de rojo los muebles de jardín, alistándolos para el verano. Había poca gente, y los objetos y los ruidos se dibujaban con precisión en el aire nítido. Pero en alguna parte de la misma ciudad por la que yo caminaba, la señora iba a morir.

Regresé a casa y me instalé en mi cuarto a esperar.

Desde mi ventana vi cimbrarse en la brisa los alambres del alumbrado. La tarde fue madurando lentamente más allá de los techos, y más allá del cerro, la luz fue gastándose más y más. Los alambres seguían vibrando, respirando. En el jardín alguien regaba el pasto con una manguera. Los pájaros se aprontaban para la noche, colmando de ruido y movimiento las copas de todos los árboles que veía desde mi ventana. Rió un niño en el jardín vecino. Un perro ladró.

Instantáneamente después, cesaron todos los ruidos al mismo tiempo y se abrió un pozo de silencio en la tarde apacible. Los alambres no vibraban ya. En un barrio desconocido, la señora había muerto.

Cierta casa entornaría su puerta esa noche, y arderían cirios en una habitación llena de voces quedas y de consuelos. La tarde se deslizó hacia un final imperceptible, apagándose todos mis pensamientos acerca de la señora. Después me debo de haber dormido, porque no recuerdo más de esa tarde.

Al día siguiente vi en el diario que los deudos de doña Ester de Arancibia anunciaban su muerte, dando la hora de los funerales. ¿Podría ser?... Sí. Sin duda era ella.

Asistí al cementerio, siguiendo el cortejo lentamente por las avenidas largas, entre personas silencio-

---

la olvidara *I had forgotten her*
fundido *fused*

peludo *shaggy*
prado *lawn*
alistándolos *getting them ready*
nítido *clear*

cimbrarse *sway, vibrate*
alambres del alumbrado *power lines*
fue madurando *was growing late*
gastándose *growing dim*

regaba *watered*
    pasto *grass*
manguera *hose*
se aprontaban *were preparing themselves*
colmando *filling up*
copas *tops*

pozo *well*

apacible *peaceful*

entornaría *would set ajar*
cirios *candles*
quedas *soft*
consuelos *consolations*
se deslizó *slipped*
apagándose *extinguishing themselves*

deudos *relatives*

cortejo *procession*

sas que conocían los rasgos y la voz de la mujer por quien sentían dolor. Después caminé un rato bajo los árboles oscuros, porque esa tarde asoleada me trajo una tranquilidad especial.

rasgos   *qualities*

5   Ahora pienso en la señora sólo muy de tarde en tarde.

muy... tarde   *very rarely*

A veces me asalta la idea, en una esquina por ejemplo, que la escena presente no es más que reproducción de otra, vivida anteriormente. En esas oca-
10   siones se me ocurre que voy a ver pasar a la señora, cejijunta y de impermeable verde. Pero me da un poco de risa, porque yo mismo vi depositar su ataúd en el nicho, en una pared con centenares de nichos todos iguales.

cejijunta   *with her eyebrows meeting*
ataúd   *coffin*

Los mejores cuentos de José Donoso, 1965

NOTA CULTURAL

El aislamiento y el concepto de la vida anónima del habitante de la gran ciudad son temas que aparecen con frecuencia en la literatura occidental de la últimas décadas y están muy presentes en este cuento de Donoso. Pero hay otras características de los centros urbanos hispánicos que los distinguen de la mayoría de los de los Estados Unidos. En las ciudades principales de España y de Hispanoamérica se utilizan más que en este país los medios de transporte público, no sólo para ir a la oficina o a la fábrica, sino también para pasearse o divertirse, como lo hace el narrador de este cuento. Además, el individuo se identifica más con su ciudad y tiene un profundo sentido de comunidad. Para él, la ciudad es una extensión de su casa y por eso utiliza extensamente todos sus recursos. El resultado es que uno puede ver a todas horas del día gran cantidad de personas paseándose por las aceras, visitando los muchos restaurantes, museos, cines y teatros, o divirtiéndose en los hermosos parques. Así, paradójicamente, van unidos, en estas ciudades, el sentido de comunidad y el aislamiento existencial que caracterizan al habitante moderno de la metrópoli.

Comprensión

1. ¿Qué solía hacer el narrador al sentirse aburrido?   2. ¿Qué tiempo hacía el día que él vio a la señora por primera vez?   3. ¿Qué impresión le produjo la escena del tranvía?   4. ¿Qué es lo primero que le llamó la atención en cuanto

a la señora? 5. ¿Cómo era la señora? 6. ¿Observó el narrador todos los detalles de la apariencia de la señora la primera vez que la vio? 7. ¿Qué vio el narrador por el boquete que había limpiado en la ventana? 8. ¿Qué observó a la noche siguiente? ¿Cómo sabía que era la señora? 9. Describa Ud. la escena de la calle céntrica, dos días después. 10. ¿Vio a la señora pocas o varias veces después de verla en la calle céntrica? Describa Ud. algunas de las ocasiones en que la vio. 11. En estas ocasiones, ¿le impresionó ella físicamente como una persona elegante o más bien ordinaria? 12. Describa Ud. cómo empieza a influir la señora en la mente del narrador. 13. ¿Cómo sabemos que el hombre llega a sentirse obsesionado por ella? 14. Describa Ud. la plaza en que se encontró con la señora. 15. ¿Por qué se sentía inquieto por la conducta de la señora en la plaza? 16. ¿Qué pasó después del encuentro en la plaza? 17. ¿Cuándo desapareció su imagen de la mente del narrador? ¿La olvidó? 18. ¿Cómo supo que la señora se estaba muriendo? ¿Qué hizo? 19. ¿Qué vio en el diario al día siguiente? ¿Qué llegó a saber de ella por el diario? 20. ¿Cuál es ahora su reacción frente a los recuerdos de la señora?

Expansión

I. Análisis literario

1. En varios cuentos y novelas modernos los autores utilizan la lluvia en sentido metafórico. Puede sugerir la idea de que es difícil ver dentro de otra persona, de que siempre nos hallamos separados de los demás. En este sentido, la lluvia puede representar o evocar la impresión del aislamiento existencial. ¿Qué impresión produce la lluvia en este cuento de Donoso? 2. En la siguiente descripción: *La hilera de casas bajas se prolongaba a lo largo de la acera: ventana, puerta, ventana, puerta, dos ventanas...,* ¿cuál parece ser el propósito del autor? 3. ¿Qué llegamos a saber del narrador del cuento? ¿de la señora? ¿Por qué no nos presenta Donoso más hechos concretos sobre ellos? 4. ¿Qué importancia tiene la imaginación en el cuento? 5. En cierto sentido la repetición niega la individualidad. Frecuentemente en la ciudad nos fijamos en tipos—el policía, la vieja, el niño, etc.—y no en el individuo, que pierde su cualidad de ser único, de individuo. ¿Nos revela Donoso algo de esto en su cuento? ¿Dónde? 6. Los hispanoamericanos suelen usar el transporte público para divertirse, además de emplearlo para llegar a su trabajo. Comente Ud. lo que parece significar el tranvía para el narrador y cómo percibe éste su ciudad.

II. Narración

Toda narración, por breve que sea, normalmente tiene tres partes. La primera parte describe la situación: cómo era el día, qué hacía la persona, con quién estaba, etc. La segunda parte presenta la complicación: lo que ocurrió, por qué ocurrió, por qué fue interesante o poco común. La parte final o el desenlace describe qué pasó como resultado de la acción y el efecto que tuvo en el narrador.

Pensando en esta división, escriba Ud. una narración sobre algo real o imaginario que le pasó a una persona en una ciudad grande.

III. Minidrama

Con otra(s) persona(s) de la clase, presente Ud. un breve drama que incluya ideas o conceptos del cuento «Una señora». Algunos temas posibles son:

1. Un(a) joven trabaja hasta muy tarde por la noche en su oficina en el centro de la ciudad. Al salir del edificio donde trabaja, nota que está muy obscuro y que no hay nadie en la calle. De pronto oye algo extraño...
2. Un(a) joven se sienta en un autobús. Dos personas están sentadas detrás de él (ella). Están hablando de una mujer que acaba de abandonar a su familia. El (la) joven se da cuenta de que hablan de...
3. Un joven que recién llegó a la ciudad ha llegado a conocer a una mujer. Los dos están en un restaurante y poco a poco, por lo que dice la mujer y por sus acciones, el joven llega a sospechar que realmente no es mujer. ¡Es una pantera en forma de mujer!

El arte internacional de la metrópoli

Se desarrolla en el siglo XX un arte metropolitano, abierto a las nuevas promociones europeas, enterado tanto de los temas autóctonos como de los internacionales, y consciente de las actitudes y preocupaciones del habitante de los grandes centros urbanos occidentales. Es un arte que cruza las fronteras, y los artistas viajan mucho, llegando a conocerse y a intercambiar ideas y conceptos, siempre en busca de una expresión propia. Aquí presentamos a tres figuras que se destacan en ese arte cosmopolita: Joaquín Torres García (1874–1949); Roberto Antonio Sebastián Matta Echaurren (1912–   ); y Alejandro Obregón (1920–   ).

Aunque nació y murió en Montevideo, Uruguay, Torres García pasó muchos años en el extranjero. En su juventud se mudó con su familia a un pueblo pequeño cerca de Barcelona, y, en los años siguientes, pintó muchos cuadros y murales al estilo neoclásico catalán. En 1920 viajó a Nueva York, donde pensaba fabricar juguetes—trenes, barcos, edificios—de madera. Al fallar esa empresa, volvió a viajar, primero a Italia y luego a París, donde, influenciado por Picasso y Mondrian, desarrolló el estilo que le daría fama mundial. El artista se refería a su estilo como a uno de «constructivismo universal». Para él, decir estructura era también decir abstracción: geometría, ritmo, proporción, líneas, planos, la idea del objeto. Las formas geométricas—el círculo, el triángulo, el cuadrado—sugieren orden, la unidad perfecta, el mundo de la razón. La sencillez de sus obras refleja la conciencia del artista de la escultura primitiva, de los diseños de los tejidos peruanos o de las líneas de las antiguas murallas incaicas. También se puede notar en sus pinturas la relación que tienen con los juguetes de madera que había fabricado cuando estuvo en Nueva York y la que tienen con la tipografía y la arquitectura, artes que influyen mucho en este tipo de pintura. Aclamado como maestro al regresar a Montevideo en 1934, propuso Torres García la creación de un nuevo arte americano, primitivo, fuerte y concreto, pero basado en principios abstractos. Sin embargo, los signos o símbolos de tal arte habían de ser tangibles y específicos, reconocibles por todos. Aplicando estos criterios a la obra del artista uruguayo, podemos apreciar la fusión de estilo moderno y símbolos concretos pero universales que caracteriza su obra.

La vida interior del hombre—el reino de la subconsciencia—recibe su máxima expresión pictórica en la obra de Roberto Sebastián Antonio Matta Echaurren, conocido pintor surrealista. Nacido en Santiago de Chile, Matta estudió arquitectura en la Universidad Nacional de Chile antes de viajar a París en 1934 para trabajar con el famoso arquitecto Le Corbusier. Pero como siempre le había interesado más la pintura, pronto abandonó la arquitectura y se dedicó al arte pictórico. En París y en Nueva York llegó a conocer a los surrealistas más famosos—Breton, Dalí, Duchamp, Tanguy—y desarrolló un estilo de tipo surrealista aunque muy personal. En general, sus pinturas de esa época son metafísicas y herméticas. Al observarlas, se nota la preocupación de Matta por el espacio—un espacio interno, personal, sin horizonte fijo—y por ciertos símbolos obscuros que parecen flotar en ese ambiente misterioso. En 1948 Matta abandonó Nueva York y volvió a Europa, donde vive desde entonces. La gran época del surrealismo había llegado a su fin y aunque su influencia todavía puede percibirse en las últimas obras del artista, su estilo es más objetivo y hay más preocupación por el «mensaje» de la pintura. Es un tipo de «sociología surrealista», menos abstracto, con formas más reconocibles. Aunque la vida y la obra de Matta son típicas del artista internacionalista, también personifican al nuevo hispanoamericano urbano, cuyos gustos e intereses cosmopolitas traspasan las fronteras de su patria.

La generación siguiente a la de Matta produce un arte en el que se alcanza la unión, ya buscada por Torres García, de temas y propósitos autóctonos y métodos internacionales. El que da ímpetu y forma al nuevo arte es el pintor colombiano Alejandro Obregón. Nacido en Barcelona, de padre colombiano y madre española, estudió Obregón en la Escuela de Bellas Artes de Boston y también en París. La mayor parte de su vida, sin embargo, la ha pasado en Colombia, donde su influencia ha sido enorme en la creación de un ambiente artístico abierto a todos los aspectos de la realidad contemporánea y a todos los métodos del modernismo internacional. Logra Obregón resucitar el interés por el escenario americano, percibido ahora de un modo nuevo y poético. Los valores expresados en su obra son más míticos que históricos, simbólicos en vez de «tropicales». A partir de 1957, el pintor se expresa en ciclos temáticos que se refieren a problemas y valores del hispanoamericano moderno: los cóndores; los estudiantes u otras víctimas que murieron en actos heroicos o defendiendo una causa social; los volcanes; la vegetación de los Andes y de las zonas tropicales de la costa; la violencia; el ambiente marítimo; Ícaro; paisajes para ángeles; sortilegios. También se percibe en su obra la influencia de la luz de Barranquilla (adonde se mudó con su familia cuando él tenía seis años), donde el sol, el mar, la montaña y los animales se hacen sentir con gran fuerza. En *Amanecer en los Andes* el artista logra captar los maravillosos colores de la vegetación de las zonas tropicales, además de la presencia imponente de las montañas.

Torres García, Joaquín. *The Port*, 1942. Oil on cardboard, 31⅜″ × 39⅞″. Collection, The Museum of Modern Art, New York. Inter-American Fund.

El puerto

El puerto es una obra típica de Torres García, tanto por su abstracción como por la universalidad de sus símbolos. ¿Cuántas formas geométricas pueden identificarse en el cuadro? ¿Cuántos objetos puede Ud. nombrar? ¿Son antiguos algunos de los símbolos? ¿Cuáles? ¿Qué puede significar el sol con cara de hombre? ¿Cómo se refleja aquí el interés del pintor por los juguetes?

Matta (Sebastián Antonio Matta Echaurren). *The Bus,* from the portfolio *Scénes familières.* (1962). Etching, printed in color. Plate: 12¹⁵⁄₁₆″ × 17″. Sheet: 19¾″ × 25⅝″. Collection, The Museum of Modern Art, New York. Inter-American Fund.

El autobús

El autobús, tema de esta aguafuerte de Matta, tipifica la vida de la metrópoli. Las regulaciones del tráfico rigen el movimiento del hombre, que también se halla encerrado dentro del espacio limitado del vehículo. Aunque las formas son reconocibles, todavía se percibe cierta cualidad de sueño, ambiente preferido por los surrealistas.

Obregón, Alejandro. *Amanecer en los Andes*. Given as a gift by the government of Colombia to the United Nations, October, 1983.

Amanecer en los Andes

Aquí se ven los Andes en la mañana, pintados de oro por los primeros rayos del sol. ¿Cuántos cóndores hay en la pintura? ¿Hay cóndores en los Estados Unidos? ¿Dónde? ¿Qué animal se ve en la parte inferior de la pintura?

Para comentar

1. ¿Cuál representa mejor la vida del hombre en la metrópoli: el cuento de Donoso o el aguafuerte de Matta? ¿Por qué?
2. ¿Cómo influyen la memoria y la subsconciencia en las obras de arte que hemos estudiado en esta unidad?
3. Compare Ud. el vocabulario de formas y símbolos de *El puerto* de Torres García con los de *Amanecer en los Andes* de Obregón.
4. Comente Ud. la descripción de la vida urbana que se ha presentado en esta unidad.

UNIDAD 11

Los Estados Unidos y lo hispánico

Aunque un puertorriqueño emigre al continente, nunca olvida su tierra natal. Según lo que ve en la foto, ¿por qué desearía regresar uno a Palmas del Mar?

ENFOQUE

En 1987 había aproximadamente 18.8 millones de personas de origen hispánico en los Estados Unidos. La mayoría de esa población es de origen mexicano, pero también hay un gran número de personas de origen puertorriqueño y cubano. Aunque mucho menos que los de origen mexicano, el número de puertorriqueños y cubanos en los Estados Unidos indica la relación especial entre los Estados Unidos, Puerto Rico y Cuba. Mientras Puerto Rico, establecido en 1952 como Estado Libre Asociado, está hoy día asociado con los Estados Unidos, Cuba, por el contrario, se ha desasociado totalmente de este país a partir de 1959, con el triunfo de la revolución cubana.

En las últimas décadas, por razones económicas y políticas, muchos puertorriqueños y cubanos han inmigrado a los Estados Unidos. Los puertorriqueños se concentraron especialmente en Nueva York donde, a pesar de sus esperanzas de mejorar económicamente, muchos siguen en medio de la pobreza. Por el contrario, la mayoría de los cubanos que han dejado Cuba después de 1959, por provenir generalmente de la clase media y tener una educación relativamente buena, han sabido aprovechar las oportunidades que se les han presentado. Aunque se les encuentra hoy día en muchas partes de los Estados Unidos, la mayoría vive en Miami, donde sus muchas contribuciones han transformado la ciudad.

Las obras literarias y pictóricas escogidas para esta unidad representan sólo unos momentos de la rica y fecunda historia cultural de las dos islas. La situación del puertorriqueño en Nueva York—su situación económica y su nostalgia por su isla tropical—es tema muy desarrollado en novelas y cuentos de varios escritores puertorriqueños. Entre ellos se destaca Pedro Juan Soto, autor de *Spiks*, colección de cuentos que reflejan la miseria y soledad que han caracterizado la vida en los barrios pobres. Nostalgia similar se encuentra en las poesías del gran héroe cubano, José Martí, que a fines del siglo XIX pasó muchos años de destierro en los Estados Unidos. En la última parte de la unidad se presentan algunos trabajos de tres pintores cubanos—Amelia Peláez, Wilfredo Lam y Mario Carreño—cuyas obras ejemplifican la síntesis de lo cosmopolita y lo autóctono que caracteriza el arte cubano moderno.

VOCABULARIO ÚTIL

Estudie estas palabras.

al cabo de after, at the end of	**cocina** kitchen
alma soul	**colcha** bedspread
almohada pillow	**cuarto de baño** bathroom
alrededor de around	**dar vueltas** to circle
amenazar to threaten	**dormitorio** bedroom

estrella star
habitación room
hacer caso de to pay attention to
jamás never
Navidad Christmas
Nochebuena Christmas Eve

pelota ball
quitarse to take off, remove
ramo bough, branch
rayo beam, flash of light
sótano basement

Anticipación

I. Complete Ud. con la forma apropiada de una palabra del **Vocabulario útil.**

Llegamos a su casa el veinticuatro de diciembre, es decir, la
_____ . Siempre habíamos querido pasar la _____ juntos,
pero varias cosas lo habían impedido. La casa era más bien ordinaria—una
sala pequeña, un comedor cerca de la _____ , un _____ y dos
_____ : total, seis _____ . Nosotros teníamos un apartamento en el _____ de una casa de apartamentos en Nueva York y
era un placer estar en el campo con nuestros amigos.

En la sala había un árbol de Navidad. Ya habían decorado los
_____ del árbol y dijeron que habían esperado nuestra llegada para
poner el último adorno: una linda _____ cuyos _____
suaves reflejaban la paz de esa noche. _____ me he sentido más
feliz que en aquella ocasión.

II. Ud. ya concoce el «voseo» que caracteriza el dialecto del español que se
usa en la Argentina. El autor del cuento que Ud. va a leer en esta unidad
imita otro dialecto: el de muchos puertorriqueños que viven en los Estados
Unidos.

En ese dialecto, la mayoría de los cambios fonéticos son cambios del
valor de las consonantes.

A. La *s* al final de una sílaba o de una palabra tiende a desaparecer:

piensah	*piensas*	Cloh	*Clos*
quiereh	*quieres*	veremoh	*veremos*
uhté	*usted*	máh	*más*
dihparo	*disparo*	tuh	*tus*
caeh	*caes*	garabatoh	*garabatos*
neneh	*nenes*	altihta	*artista*
Dioh	*Dios*	ehcupidera	*escupidera*
ereh	*eres*	unoh	*unos*
buhcal	*buscar*	tuboh	*tubos*
esoh	*esos*	dieh	*diez*
vagoh	*vagos*	iráh	*irás*

loh *los*	pesoh *pesos*
eh *es*	muñecoh *muñecos*
mihmo *mismo*	suciedadeh *suciedades*
Crihmah *Crismas*	tieneh *tienes*
muchachoh *muchachos*	hijoh *hijos*
jugueteh *juguetes*	porqueríah *porquerías*
Reyeh *Reyes*	indecenciah *indecencias*

B. Se sustituye a veces la *r* por la *l*:

seguil *seguir*	dolol *dolor*	pintal *pintar*
embalgo *embargo*	teltulia *tertulia*	velgüenza *vergüenza*
calgo *cargo*	cael *caer*	fijalse *fijarse*
levantalte *levantarte*	quedal *quedar*	sucedel *suceder*
muelto *muerto*	Niu Yol *Niu Yor(k)*	buhcal *buscar*
		altihta *artista*

C. La *d* final y la *d* intervocálica desaparecen:

echao *echado*	condenao *condenado*	caricortaoh *caricortados*
toa *toda*	na *nada*	prehtá *prestada*
dao *dado*	to *todos*	

D. Otros cambios son menos frecuentes en el texto:

di *de*	pa *para*
aguántesen *aguántense*	si *se*

Vamos a ver si Ud. puede entender estas frases:

1. Neneh, que tengo dolol de cabeza, por Dioh, no hagan ruido...
2. ¿Qué piensah hacer hoy, bushcal trabajo?
3. ¿Piensah seguil de bar en bar, dibujando a to esoh vagoh *(bums)*?
4. Seguramente iráh a la teltulia de loh muchachoh.
5. A Niu Yol no vienen loh Reyeh. ¡A Niu Yol viene Santa Cloh!
6. Siempre eh lo mihmo.
7. Esoh muchachoh se van a quedal sin jugueteh.
8. Voy a buhcal un árbol pa loh muchachoh.

III. En la Navidad y en otras ocasiones les damos regalos a los amigos o a los familiares como expresión de nuestro cariño o amor. Complete Ud. estas frases de una manera personal.

1. En mi familia, es costumbre darnos regalos en...
2. Para el (la) niño(a) la Navidad (u otra ocasión parecida) es...
3. El mejor regalo que se le puede dar a un(a) amigo(a) es...
4. Si a una persona no le gusta el regalo que le dan, debe...
5. Lo malo de la Navidad es que...

Versos sencillos

José Martí nació en la Habana en 1853. Dos pasiones dominaron su vida: su vocación literaria y el amor por su patria. Participó en el movimiento de independencia cuando todavía era muy joven. Más tarde, por cuestiones políticas, fue condenado a seis años de prisión, condena que fue reducida al destierro después de ocho meses. Fue el joven Martí a España, donde escribió artículos en contra del gobierno colonial. Después vivió en México y Guatemala, donde se dedicó al periodismo. En 1878 el gobierno español le permitió regresar a Cuba, pero luego fue acusado de actividades subversivas y tuvo que salir otra vez. Martí pasó los últimos años de su vida en los Estados Unidos, donde organizó el partido revolucionario cubano. En 1895 volvió a Cuba para participar en la liberación de su patria y allí murió en una batalla del mismo año. Hoy día está considerado como el héroe más grande que ha producido Cuba.

Como cronista, orador, ensayista y poeta, Martí hizo de la literatura una parte íntima de su vida. Se le recuerda especialmente como gran patriota y poeta. Los dos poemas que se han escogido para esta unidad son de *Versos sencillos* (1891). En ellos, Martí nos presenta una serie de símbolos por los que llegamos a conocer la parte más íntima y profunda del poeta.

I

Yo soy un hombre sincero
De donde crece la palma,
Y antes de morirme quiero
Echar mis versos del alma.   echar   *to pour out, release*

5   Yo vengo de todas partes,
Y hacia todas partes voy.
Arte soy entre las artes,
En los montes, monte soy.[1]

Yo sé los nombres extraños
10 De las yerbas y las flores,   yerbas   *herbs, grasses*
Y de mortales engaños,
Y de sublimes dolores.

Yo he visto en la noche oscura
Llover sobre mi cabeza
15 Los rayos de lumbre pura   lumbre   *light*
De la divina belleza.

Alas nacer vi en los hombros
De las mujeres hermosas,
Y salir de los escombros,
Volando las mariposas.

5   He visto vivir a un hombre
Con el puñal al costado,
Sin decir jamás el nombre
De aquélla que lo ha matado.

Rápida como un reflejo,
10 Dos veces vi el alma, dos:
Cuando murió el pobre viejo,
Cuando ella me dijo adiós.

Temblé una vez—en la reja,
A la entrada de la viña,—
15 Cuando la bárbara abeja
Picó en la frente a mi niña.

Gocé una vez, de tal suerte
Que gocé cual nunca:[2]—cuando
La sentencia de mi muerte
20 Leyó el alcaide llorando.

Oigo un suspiro a través
De las tierras y la mar,
Y no es un suspiro,—es
Que mi hijo va a despertar.

25   Si dicen que del joyero
Tome la joya mejor,
Tomo a un amigo sincero
Y pongo a un lado el amor.

Yo he visto al águila herida
30 Volar al azul sereno,
Y morir en su guarida
La víbora del veneno.

Yo sé bien que cuando el mundo
Cede, lívido, al descanso,
35 Sobre el silencio profundo
Murmura el arroyo manso.

Yo he puesto la mano osada,
De horror y júbilo yerta,

---

alas *wings*

escombros *ashes*

puñal *knife, knife wound*
costado *side*

reflejo *reflection*

en la reja *at the grating, grill work*

abeja *bee*
picó *stung*

gocé *I rejoiced*

alcaide *jailer, warden*

suspiro *sigh*

guarida *hiding place, den*

víbora *viper*
veneno *poison*

cede *yields*
lívido *livid, bruised*

manso *meek, gentle*

osada *bold*
yerta *rigid, stiff*

Sobre la estrella apagada
Que cayó frente a mi puerta.

apagada *extinguished, dead*

Oculto en mi pecho bravo
La pena que me lo hiere:
5 El hijo de un pueblo esclavo³
Vive por él, calla y muere.

oculto *I hide*
hiere *wounds*

Todo es hermoso y constante,
Todo es música y razón,
Y todo, como el diamante,
10 Antes que luz es carbón.

Yo sé que el necio se entierra
Con gran lujo y con gran llanto,
Y que no hay fruta en la tierra
Como la del camposanto.

el necio se entierra *the fool buries himself*
llanto *mourning, weeping*

camposanto *cemetery*

15 Callo, y entiendo, y me quito
La pompa del rimador:
Cuelgo de un árbol marchito
Mi muceta de doctor.

pompa del rimador *pomp of the rhymemaker*
cuelgo *I hang*
muceta de doctor *doctor's hood*

XXV

20 Yo pienso, cuando me alegro
Como un escolar sencillo,
En el canario amarillo,—
Que tiene el ojo tan negro.

Yo quiero, cuando me muera,
25 Sin patria, pero sin amo,
Tener en mi losa un ramo
De flores,—y una bandera.

losa *gravestone*

NOTAS CULTURALES

1 *Arte soy entre las artes, / En los montes, monte soy.* Estos versos pueden interpretarse libremente así: «Entre la gente astuta, soy astuto; entre la gente sincera, soy sincero.»

2 *... de tal suerte / Que gocé cual nunca.* Significa: «Como nunca he gozado antes.»

3 *Hijo de un pueblo esclavo:* Referencia al hecho de que en aquella época Cuba estaba en poder de España.

Comprensión

1. ¿Qué idea tiene el poeta al escribir estos versos?   2. ¿Qué experiencias ha tenido que le hicieron sufrir?   3. ¿Cuál es la mejor joya que ofrece la vida? 4. ¿Cómo sabemos que Cuba todavía no gozaba de la independencia cuando se escribió este poema?   5. En el verso que comienza «Yo pienso, cuando me alegro», ¿qué representan las cosas que el poeta quiere tener en su losa?

Garabatos

Pedro Juan Soto (1928–   ) es de una generación de escritores puertorriqueños cuyas obras se caracterizan por la protesta social. Estos escritores se preocupan por la condición económica y política tanto de los puertorriqueños que viven en la isla como de los que se han radicado en Nueva York, cuya población puertorriqueña sobrepasa un millón. Sus obras reflejan el descontento que existe en Puerto Rico como resultado de la pobreza y del estado legal de la isla como Estado Libre Asociado. Los temas principales de esta generación incluyen la vida en la isla bajo el dominio de los Estados Unidos, la imposición del inglés en las escuelas, las experiencias en la guerra de Corea y los problemas que viven muchos puertorriqueños en Nueva York: el crimen, la violencia, la soledad y la desesperanza.

Soto ha compartido muchas de las experiencias de su generación. Vino a Nueva York de Puerto Rico para cursar estudios universitarios y conocer el ambiente en que vivían más de un millón de puertorriqueños. Al graduarse de la universidad, hizo su servicio militar en el ejército de los Estados Unidos en Corea, experiencia que incorporaría—junto con su vida en Nueva York—como tema en sus cuentos y novelas. Además de ser escritor profesional, Soto es también educador (ha enseñado en la Universidad de Puerto Rico).

El cuento de Soto aquí incluido, «Garabatos», forma parte de su antología *Spiks*. De ese cuento dice el escritor:

... La idea me vino, muy a medias, mientras escuchaba a un querido amigo—pintor reconocido ahora, estudiante de pintura en octubre de 1953—quejarse de la aparente insensibilidad de su esposa frente a sus creaciones artísticas. Sus cuitas eran similares a las mías, puesto que más de un pariente me consideraba ocupado en «cosas de vago» cada vez que me sorprendía escribiendo. Después de cinco semanas de trabajo intenso, me di por satisfecho en cuanto a «Garabatos». La simbología escogida me parece obvia ahora, sin embargo. El estrato económico del puertorriqueño-neoyorquino está obviamente ilustrado por ese sótano donde malviven los personajes. Y dentro de ese sótano, la ubicación posible del arte es el cuarto de baño. Visión pesimista, dirá alguien. No la creo pesimista, sino realista.

1

El reloj marcaba las siete y él despertó por un instante. Ni su mujer estaba en la cama, ni sus hijos en el camastro. Sepultó la cabeza bajo la almohada para ensordecer el escándalo que venía desde la cocina.

camastro   *cot*
sepultó   *he buried*
ensordecer   *close out, muffle*
escándalo   *racket, noise*

No volvió a abrir los ojos hasta las diez, obligado ahora por las sacudidas de Graciela.

Aclaró la vista estregando los ojos chicos y removiendo las lagañas, sólo para distinguir el cuerpo an-
5 cho de su mujer plantado frente a la cama, en aquella actitud desafiante. Oyó la voz estentórea de ella, que parecía brotar directamente del ombligo.

—¡Qué! ¿Tú piensah seguil echao toa tu vida? Parece que la mala barriga te ha dao a ti. Sin embalgo,
10 yo calgo el muchacho.

Todavía él no la miraba a la cara. Fijaba la vista en el vientre hinchado, en la pelota de carne que crecía diariamente y que amenazaba romper el cinturón de la bata.

15 —¡Acaba de levantalte, condenao! ¿O quiereh que te eche agua?

Él vociferó a las piernas abiertas y a los brazos en jarras, al vientre amenazante, al rostro enojado:— ¡Me levanto cuando me salga di adentro y no cuando
20 uhté mande! ¡Adiós! ¿Qué se cree uhté?

Retornó la cabeza a las sábanas, oliendo las manchas de brillantina en la almohada y el sudor pasmado de la colcha.

A ella le dominó la masa inerte del hombre: la
25 amenaza latente en los brazos quietos, la semejanza del cuerpo al de un lagartijo enorme.

Ahogó los reproches en un morder de labios y caminó de nuevo hacia la cocina, dejando atrás la habitación donde chisporroteaba, sobre el ropero, la
30 vela ofrecida a San Lázaro. Dejando atrás la palma bendita del último Domingo de Ramos y las estampas religiosas que colgaban de la pared.

Era un sótano donde vivían. Pero aunque lo sostuviera la miseria, era un techo sobre sus cabezas.
35 Aunque sobre ese techo patearan y barrieran otros inquilinos, aunque por las rendijas lloviera basura, ella agradecía a sus santos tener dónde vivir. Pero Rosendo seguía sin empleo. Ni los santos lograban emplearlo. Siempre en las nubes, atento más a su
40 propio desvarío que a su familia.

Sintió que iba a llorar. Ahora lloraba con tanta facilidad. Pensando: *Dios Santo si yo no hago más que*

las... Graciela *Graciela's shaking*
aclaró *he cleared*
estregando *rubbing*
lagañas *blearedness*
desafiante *defiant*
estentórea *loud*
brotar *burst, originate*
ombligo *navel*

barriga *belly*

calgo (cargo) *carry*

vientre *belly, womb*

bata *bathrobe*

vociferó *shouted*
en jarras *akimbo*
enojado *angry*

manchas *stains*
el sudor pasmado *the stale sweat*

semejanza *similarity*
lagartijo *lizard*
morder *biting*

chisporroteaba *was sputtering*
ropero *wardrobe*
vela *candle*
Domingo de Ramos *Palm Sunday*
estampas *prints*
sostuviera *supported*

patearan y barrieran *stamped and swept*
rendijas *cracks*
basura *garbage*

desvarío *madness, whim*

parir y parir como una perra y este hombre no se preocupa
por buscar trabajo porque prefiere que el gobierno nos man-
tenga por correo mientras él se la pasa por ahí mirando a
los cuatro vientos como Juan Bobo y diciendo que quiere ser
5 pintor.

Detuvo el llanto apretando los dientes, cerrando la
salida de las quejas que pugnaban por hacerse grito.
Devolviendo llanto y quejas al pozo de los nervios,
donde aguardarían a que la histeria les abriera cauce
10 y les transformara en insulto para el marido, o nalgada para los hijos, o plegaria para la Virgen del Socorro.

Se sentó a la mesa, viendo a sus hijos correr por la
cocina. Pensando en el árbol de Navidad que no ten-
15 drían y los juguetes que mañana habrían de envi-
diarles a los demás niños. *Porque esta noche es Nochebuena y mañana es Navidad.*

—¡Ahora yo te dihparo y tú te caeh muelto!
Los niños jugaban bajo la mesa.
20 —Neneh, no hagan tanto ruido, bendito...
—¡Yo soy Chen Otry! —dijo el mayor.
—¡Y yo Palón Casidi!
—Neneh, que tengo dolol de cabeza, por Dioh...
—¡Tú no ereh Palón na! ¡Tú ereh el pillo y yo te
25 mato.
—¡No! ¡Maaamiii!
Graciela torció el cuerpo y metió la cabeza bajo la
mesa para verlos forcejear.
—¡Muchachos, salgan de ahí! ¡Maldita sea mi vida!
30 ¡ROSENDO ACABA DE LEVANTALTE!
Los chiquillos corrían nuevamente por la habita-
ción: gritando y riendo uno, llorando otro.
—¡ROSENDO!

2

35 Rosendo bebía el café sin hacer caso de los insultos
de la mujer.
—¿Qué piensah hacer hoy, buhcal trabajo o seguil
por ahí, de bodega en bodega y de bar en bar, dibu-

Glosses (right margin):

parir *give birth*

se la pasa *spends his time*
Juan Bobo *Crazy John*

apretando *clenching, gritting*
quejas *complaints*
pugnaban *struggled*
grito *scream*
pozo *well*
aguardarían *they would wait*
les abriera cauce *would open a path for them*
nalgada *spanking*
plegaria *supplication*

juguetes *toys*

te dihparo (te disparo) *I'll shoot you*

Chen Otry *Gene Autry*
Palón Casidi *Hopalong Cassidy*

pillo *bad guy*

torció *twisted*
metió *put*
forcejear *wrestle*

acaba de levantalte (levantarte) *hurry and get up*

bodega *store*
dibujando *sketching*

jando a to esoh vagoh?

Él bebía el café del desayuno, mordiéndose los labios distraídamente, fumando entre sorbo y sorbo su último cigarrillo. Ella daba vueltas alrededor de la
5　mesa, pasándose la mano por encima del vientre para detener los movimientos del feto.

　　—Seguramente iráh a la teltulia[1] de loh caricortaoh a jugar alguna peseta prehtá, creyéndote que el maná va a cael del cielo hoy.
10　　—Déjame quieto, mujer...

　　—¡Sí, siempre eh lo mihmo: ¡déjame quieto! Mañana eh Crihmah y esoh muchachoh se van a quedal sin jugueteh.

　　—El día de Reyeh en enero.[2]
15　　—A Niu Yol no vienen loh Reyeh. ¡A Niu Yol viene Santa Cloh!

　　—Bueno, cuando venga el que sea, ya veremoh.

　　—¡Ave María Purísima, qué padre! ¡Dioh mío! ¡No te preocupan na máh que tuh garabatoh! ¡El al-
20　tihta! ¡Un hombre viejo como tú!

　　Se levantó de la mesa y fue al dormitorio, hastiado de oír a la mujer. Miró por la única ventana. Toda la nieve caída tres días antes estaba sucia. Los automóviles habían aplastado y ennegrecido la del asfalto.
25　La de las aceras había sido hollada y orinada por hombres y perros. Los días eran más fríos ahora porque la nieve estaba allí, hostilmente presente, envilecida, acomodada en la miseria. Desprovista de toda la inocencia que trajo el primer día.
30　　Era una calle lóbrega, bajo un aire pesado, en un día grandiosamente opaco.

　　Rosendo se acercó al ropero para sacar de una gaveta un envoltorio de papeles. Sentándose en el alféizar, comenzó a examinarlos. Allí estaban todas las
35　bolsas del papel que él había recogido para romperlas y dibujar. Dibujaba de noche, mientras la mujer y los hijos dormían. Dibujaba de memoria los rostros borrachos, los rostros angustiados de la gente de Harlem: todo lo visto y compartido en sus andan-
40　zas del día.

　　Graciela decía que él estaba en la segunda infancia. Si él se ausentaba de la mujer quejumbrosa y de

---

Glosario (margen)

vagoh (vagos) *bums*

distraídamente *distractedly*
sorbo y sorbo *one sip and another*

teltulia (tertulia) *party, gathering*
caricortaoh (caricortados) *good-for-nothings*
prehtá (prestada) *borrowed*
maná *manna*
déjame quieto *let me alone*

Niu Yol *New York*
Santa Cloh *Santa Claus*

garabatoh (garabatos) *scribblings*

hastiado *tired*

aplastado *flattened*
ennegrecido *blackened*
asfalto *pavement*
hollada *trampled*
orinada *urinated on*
envilecida *vilified*
acomodada en *at home with*
desprovista de *stripped of*
lóbrega *gloomy, murky*

gaveta *drawer*
envoltorio *bundle*
alféizar *window sill*
bolsas *bags*

compartido *shared*
andanzas *wanderings*

quejumbrosa *grumbling*

los niños llorosos, explorando en la Babia imprecisa
de sus trazos a lápiz, la mujer rezongaba y se mofaba.

    Mañana era Navidad y ella se preocupaba porque
los niños no tendrían juguetes. No sabía que esta
5 tarde él cobraría diez dólares por un rótulo hecho
ayer para el bar de la esquina. Él guardaba esa sorpresa para Graciela. Como también guardaba la sorpresa del regalo de ella.

    Para Graciela él pintaría un cuadro. Un cuadro
10 que resumiría aquel vivir juntos, en medio de carencias y frustraciones. Un cuadro con un parecido melancólico a aquellas fotografías tomadas en las fiestas
patronales de Bayamón. Las fotografías del tiempo
del noviazgo, que formaban parte del álbum de re-
15 cuerdos de la familia. En ellas, ambos aparecían recostados contra un taburete alto, en cuyo frente se
leía «Nuestro Amor» o «Siempre Juntos». Detrás estaba el telón con las palmeras y el mar y una luna de
papel dorado.
20   A Graciela le agradaría, seguramente, saber que
en la memoria de él no había muerto nada. Quizás
después no se mofaría más de sus esfuerzos.

    Por falta de materiales, tendría que hacerlo en una
pared y con carbón. Pero sería suyo, de sus manos,
25 hecho para ella.

3

    A la caldera del edificio iba a parar toda la madera
vieja e inservible que el superintendente traía de todos los pisos. De allí sacó Rosendo el carbón que ne-
30 cesitaba. Luego anduvo por el sótano buscando una
pared. En el dormitorio no podía ser. Graciela
no permitiría que él descolgara sus estampas y sus
ramos.

    La cocina estaba demasiado resquebrajada y mu-
35 grienta.

    —Si necesitan ir al cuarto de baño —dijo a su mu-
jer—, aguántesen o usen la ehcupidera. Tengo que
arreglar unoh tuboh.

Babia *absent-mindedness*
trazos a lápiz *pencil drawings*
rezongaba *grumbled*
se mofaba *sneered*
cobraría *would collect*
rótulo *sign*
guardaba *was saving*

resumiría *would summarize*
carencias *deprivations*
parecido *similarity*
fiestas patronales *saint's day parties*
noviazgo *engagement*
recostados *leaning*

taburete *stool*
en cuyo frente *in front of which*
telón *backdrop*
dorado *golden*

carbón *charcoal*

caldera *boiler*
iba a parar *wound up*

descolgara *take down*

resquebrajada *cracked*
mugrienta *grimy, filthy*

aguántesen (aguántense) *hold it*
ehcupidera (escupidera) *chamber pot*
tuboh (tubos) *pipes*

Cerró la puerta y limpió la pared de clavos y telarañas. Bosquejó su idea: un hombre a caballo, desnudo y musculoso, que se inclinaba para abrazar a
una mujer desnuda también, envuelta en una me-
5 lena negra que servía de origen a la noche.

Meticulosamente, pacientemente, retocó repetidas
veces los rasgos que no le satisfacían. Al cabo de unas
horas, decidió salir a la calle a cobrar sus diez dólares, a comprar un árbol de Navidad y juguetes para
10 sus hijos. De paso, traería tizas de colores del «candy
store». Este cuadro tendría mar y palmeras y luna. Y
colores, muchos colores. Mañana era Navidad.

Graciela iba y venía por el sótano, corrigiendo a
los hijos, guardando ropa lavada, atendiendo a las
15 hornillas encendidas.

Él vistió su abrigo remendado.

—Voy a buhcal un árbol pa loh muchachoh. Don
Pedro me debe dieh pesoh.

Ella le sonrió, dando gracias a los santos por el
20 milagro de los diez dólares.

4

Regresó de noche al sótano, oloroso a whisky y a
cerveza. Los niños se habían dormido ya. Acomodó
el árbol en un rincón de la cocina y rodeó el tronco
25 con juguetes.

Comió el arroz con frituras, sin tener hambre,
pendiente más de lo que haría luego. De rato en
rato, miraba a Graciela, buscando en los labios de ella
la sonrisa que no llegaba.

30 Retiró la taza quebrada que contuvo el café, puso
las tizas sobre la mesa, y buscó en los bolsillos el cigarrillo que no tenía.

—Esoh muñecoh loh borré.

Él olvidó el cigarrillo.

35 —¿Ahora te dio por pintal suciedadeh?

Él dejó caer la sonrisa en el abismo de su realidad.

—Ya ni velgüenza tieneh...

Su sangre se hizo agua fría.

---

clavos   *nails*
telarañas   *cobwebs*
bosquejó   *he sketched*
se inclinaba   *leaned down*
melena   *mane*

de paso   *on the way*
tizas   *chalk*

guardando   *putting away*
hornillas encendidas
   lighted burners (of a stove)
remendado   *patched*

oloroso a   *smelling of*

frituras   *fritters*
pendiente   *absorbed*
de... rato   *from time to time*

retiró   *removed*
quebrada   *chipped*

muñecoh (muñecos)
   drawings

suciedadeh (suciedades)
   filth

velgüenza (vergüenza)
   shame

—... obligando a tus hijoh a fijalse en porqueríah, en indecenciah... Loh borré y si acabó y no quiero que vuelva sucedel.

Quiso abofetearla pero los deseos se le paralizaron
5 en algún punto del organismo, sin llegar a los brazos, sin hacerse furia descontrolada en los puños.

Al incorporarse de la silla, sintió que todo él se vaciaba por los pies. Todo él había sido estrujado por un trapo de piso y las manos de ella le habían ex-
10 primido fuera del mundo.

Fue al cuarto de baño. No quedaba nada suyo. Sólo los clavos, torcidos y mohosos, devueltos a su lugar. Sólo las arañas vueltas a hilar.

Aquella pared no era más que la lápida ancha y
15 clara de sus sueños.

Spiks, 1956

vuelva sucedel (vuelva a
  suceder) *happen again*
abofetearla *strike her*

puños *fists*
al incorporarse *upon
  rising*
se vaciaba *was draining
  out*
estrujado *wrung out,
  wiped out*
trapo de piso *rag for
  washing the floor*
exprimido *squeezed*
torcidos *twisted*
mohosos *rusty*
arañas... hilar *spiders,
  spinning again*

NOTAS CULTURALES

1 Las tertulias son reuniones sociales de personas que se reúnen para conversar. Por ejemplo, hay tertulias políticas o literararias, y normalmente tienen lugar en un bar o en un café, en cierto día de la semana, a una hora fija.

2 Aunque es costumbre en los Estados Unidos presentar los regalos el 25 de diciembre, en los países hispánicos se dan los regalos tradicionalmente el 6 de enero, Día de los Reyes Magos.

Comprensión

1. ¿Cómo despertó Graciela a su marido?   2. ¿Se despertó él en seguida?
3. ¿En qué condiciones físicas estaba Graciela?   4. ¿Qué cosas religiosas había en el dormitorio?   5. ¿En qué parte del edificio vivían?   6. ¿Cómo era su apartamento?   7. ¿Qué empleo tenía Rosendo?   8. ¿Cómo se mantenían ellos?   9. ¿Cómo se manifestaban de vez en cuando las preocupaciones de Graciela?   10. ¿En qué día tuvo lugar la acción del cuento?   11. Según Graciela, ¿cómo pasaría Rosendo el día?   12. ¿Qué es lo que podía verse desde la ventana?   13. ¿Qué hacía Rosendo de noche, mientras los otros dormían?
14. ¿Qué es lo que no sabía Graciela?   15. ¿Qué cuadro pintó Rosendo?

16. ¿Por qué pensaba Rosendo que el cuadro le gustaría a Graciela?
17. ¿Dónde pintó el cuadro? ¿Por qué?   18. ¿Cómo reaccionó Graciela frente al regalo de Rosendo?   19. ¿Qué emociones sentía Rosendo al escuchar lo que le dijo su mujer?   20. ¿Qué significó para Rosendo la destrucción de su cuadro?

Expansión

I. Análisis literario

1. Describa Ud. la casa de Rosendo y las condiciones en que vive la familia.   2. ¿Se puede decir que lo que se ve por la ventana de la casa tiene un valor simbólico, además de ser una realidad? Comente Ud.
3. ¿Cómo son los recuerdos que tiene Rosendo de Puerto Rico?   4. ¿En qué sentido puede decirse que este cuento nos presenta el desencuentro de dos personas?   5. Compare Ud. las actitudes de Rosendo con las de Martí en sus *Versos sencillos.* ¿Qué semejanzas hay?

II. Narración

¿Se ha encontrado Ud. en una situación donde un(a) amigo(a) o un(a) familiar haya entendido mal sus motivos para decir o hacer algo? Escriba una narración sobre una situación así, sea real o imaginaria. No se olvide de incluir las tres partes de la narración: la situación o «escena»; lo que ocurrió y por qué ocurrió; y el desenlace (cómo reaccionó Ud.).

III. Minidrama

Con otra(s) persona(s) de la clase, presente Ud. un breve drama sobre una situación en la que una persona interpreta mal lo que dice o hace otra persona. Algunos temas posibles:

1. Una variación del cuento de Soto: Graciela le da un regalo a Rosendo y éste interpreta mal lo que ella ha querido expresar.
2. Una estudiante les dice a sus padres que ha decidido vivir en un apartamento con otros dos estudiantes, uno de los cuales es un hombre. Sus padres interpretan mal sus motivos.
3. El papel de la mujer ha cambiado bastante en nuestra sociedad pero algunos hombres no quieren aceptar el cambio. Esto puede producir conflicto entre esposos o entre la mujer y el hombre en los negocios. Presente una situación de ese tipo. (*Variación:* una mujer de la clase hace el papel del hombre y un hombre hace el de la mujer.)

El arte moderno cubano

A principios del siglo XX, el arte cubano era de poca originalidad y de marcada tendencia tradicionalista; sin embargo, en la década del 20 aparecieron algunos innovadores que buscaron liberarse de los temas y estilos de la generación previa. Incorporaron al arte cubano los más variados estilos europeos: el surrealismo, el cubismo, el expresionismo, etc. En el caso del arte representativo, muchos motivos son netamente cubanos: el gallo, los animales campestres, el paisaje tropical y especialmente el tema afrocubano. Dentro de este esquema general se encuentra un individualismo muy hispánico, como se puede observar en la obra de los tres artistas que se incluyen aquí: Amelia Peláez (1897–1968), Wilfredo Lam (1902–   ) y Mario Carreño (1913–   ).

Amelia Peláez inició sus estudios de arte en la Academia de San Alejandro en La Habana, pero el deseo de conocer mejor las nuevas técnicas del arte moderno la llevó primero a Nueva York y después a Francia, donde pasó siete años estudiando y buscando una expresión propia. Al volver a Cuba Peláez presentó una exposición de su obra. Luego se dedicó a pintar objetos domésticos y es aquí donde descubrió su propio estilo. Los motivos decorativos que se mezclan en sus cuadros—plantas, rejas, vidrios de colores, etc.—prestan un aspecto barroco a sus pinturas, vinculándola a una tradición muy arraigada en la cultura hispánica. Aunque también se ha interesado por el arte abstracto, lo que caracteriza su obra y la ha llevado a los mejores museos del mundo es su expresión de la tradición criolla de los pueblos provincianos.

Wilfredo Lam, hijo de padre chino y madre negra, nació en un pueblo interior de Cuba. Su padre, hombre culto y amante de la educación, lo alentó siempre en su carrera de pintor. De su madre aprendió los bailes, canciones y ritos afrocubanos que llegarían a tener una influencia enorme en su obra futura. Lam fue becado por su ciudad natal y fue a Madrid, donde había de pasar unos quince años y llegaría a familiarizarse con la tradición artística europea de la época. Pero sólo años más tarde llegaría a interesarse seriamente por lo que él llamó la *cosa negra*. En unas máscaras y esculturas negras que vio por primera vez en Madrid, descubrió Lam otra tradición, suya por derecho de la sangre, y este encuentro le dio mayor conciencia de su persona, de los medios que eran suyos. Al estallar la Guerra Civil Española en 1936 Lam fue primero a Barcelona y después a París, donde intimó con Picasso y con los surrealistas, y absorbió técnicas e ideas que habían de influir mucho en su evolución posterior. Picasso se interesó mucho por el cubano, y compartió su entusiasmo por el arte africano. Con la llegada de la Segunda Guerra Mundial a Francia, volvió Lam a Cuba, donde en la década del 40 pintó obras de inspiración afrocubana. Tal vez la más importante de esas pinturas es *La manigua (La jungla)*, obra neoprimitiva de enorme vitalidad. En ésta el pintor nos presenta las fuerzas irracionales de la subconsciencia por medio de imágenes surrealistas en las que se mezclan formas semi-humanas con las de una vegetación exuberante.

Como Peláez y Lam, Mario Carreño también estudió en la Academia de San Alejandro antes de viajar a Europa. Como Lam, vivió primero en Madrid (1932–1935) y después en París, con una breve estadía en México. Al estallar la Segunda Guerra Mundial, Carreño volvió a Cuba, y después estuvo en los Estados Unidos, como profesor de pintura en la New School for Social Research en Nueva York. Hoy día sigue viviendo en el extranjero. La obra de Carreño se divide entre obras representativas de puro tema cubano y obras abstractas. En el cuadro *Tornado* capta Carreño la violencia de los desastres naturales en un estilo caracterizado por la energía y la vitalidad.

En las obras de Peláez, Lam y Carreño vemos una síntesis de lo moderno y lo tradicional, de lo cosmopolita y lo autóctono y de las varias tradiciones culturales donde se halla el genio del artista hispanoamericano contemporáneo.

Mario Carreño, *Tornado.* 1941. Oil on canvas, 31″ × 41″. Collection, The Museum of Modern Art, New York. Inter-American Fund.

Tornado

¿Cuántos objetos puede Ud. identificar en este cuadro? ¿En qué sentido es realista la pintura? ¿Se podría interpretarla también como pintura surrealista? ¿Hay elementos abstractos? ¿Cuáles son?

Peláez del Casal, Amelia. *Fishes*. 1943. Oil on canvas, 45½″ × 35⅛″. Collection, The Museum of Modern Art, New York. Inter-American Fund.

Pescados

Además de los pescados, ¿qué otros objetos puede Ud. identificar en el cuadro? ¿Hay elementos barrocos en *Pescados*? ¿Cómo es la perspectiva en la pintura?

Lam, Wilfredo, *The Jungle*. 1943. Gouache on paper mounted on canvas, 7'10¼" × 7'6½".
Collection, The Museum of Modern Art, New York, Inter-American Fund.

La manigua (La jungla)

Las leyes de la perspectiva indican que los objetos alejados se ven más pequeños que los cercanos y que las líneas paralelas parecen converger hacia un punto situado en el infinito (punto de fuga). En *La manigua*, de Wilfredo Lam, el pintor parece rechazar ese concepto de la composición; cada parte del cuadro tiene tanta importancia como las otras. En las formas humanas del cuadro no es difícil distinguir tanto la influencia de las máscaras africanas como la de Picasso en su época de *Guernica*. El cuadro en su totalidad puede interpretarse por lo menos en dos niveles: como representación de las danzas negras (del culto de vudú), presenciadas por el artista, o como representación de las fuerzas poderosas de la subconsciencia del hombre moderno.

Para comentar

1. ¿Cuáles son los principales motivos tropicales representados en los cuadros que hemos visto?
2. Específicamente, ¿qué técnicas modernas han utilizado los pintores en estos cuadros?
3. ¿Cuál es la mejor pintura para Ud.? ¿Por qué?
4. Comente Ud. el simbolismo usado en una de las obras literarias y en una de las pinturas estudiadas en esta unidad.
5. Compare Ud. las preocupaciones del cubano y del puertorriqueño con aquéllas con que Ud. ya se ha familiarizado como resultado de haber estudiado estos ejemplos de literatura y arte.

UNIDAD 12

La presencia hispánica en los Estados Unidos

Esta pintura mural en San Diego, California, es un ejemplo del arte mexicoamericano. Describa la pintura. En su opinión, ¿qué idea(s) quería comunicar el artista con esta obra?

ENFOQUE

Hoy día, el 8% de la población total de los Estados Unidos, más de 18.8 millones de habitantes, habla español. En algunas regiones este porcentaje es más grande: en el Suroeste, por ejemplo, y en California, Illinois, Nueva York y Florida.

Como son diversas las razones por las cuales estos inmigrantes o descendientes de inmigrantes hispanos viven hoy en los Estados Unidos, también es diversa la actitud que adoptan frente a la cultura norteamericana. Algunos, como los cubanos que buscaron refugio en este país después de la revolución de 1959, aceptan la cultura estadounidense. Otros, que se ven incorporados a la fuerza, la rechazan y tienden a defender su cultura original. Tal es el caso de muchos descendientes de puertorriqueños y mexicanos. La actitud de estos últimos, especialmente la de muchos jóvenes de hoy, es el resultado lógico de un proceso histórico que se basó más en la fuerza que en la elección y que produjo y sigue produciendo antagonismos entre hispanos y anglosajones.

Existen hoy movimientos para mejorar la condición del hispano en el Suroeste y están íntimamente vinculados con otros movimientos de bienestar social y económico que surgieron después de la Segunda Guerra Mundial. Sin embargo, había poca actividad organizada entre los hispanos hasta 1965 cuando, bajo la dirección práctica y espiritual de César Estrada Chávez, se proclamó el Plan de Delano en California. El Plan, que reflejaba la solidaridad espiritual e idealista de los campesinos y que se llamó La Causa, rápidamente ganó el apoyo de los habitantes urbanos. Además de Chávez, surgieron otros líderes carismáticos como Reies López Tijerina en Nuevo México y Rodolfo (Corky) Gonzales en Colorado. Tijerina se dedicó a tratar de recobrar las tierras confiscadas a los hispanos por los anglosajones después de 1848, fecha del Tratado de Guadalupe Hidalgo. Fundó la Alianza Federal de los Pueblos Libres, movimiento que ya no existe hoy, pero cuyo ejemplo ha inspirado a varios abogados que siguen trabajando a favor de los derechos de los habitantes de la región. En la metrópoli, la actividad de Corky Gonzales ha sido extraordinaria, tanto en la política como en sus esfuerzos para mejorar la condición de los pobres de los centros urbanos. Fundó La Raza Unida, partido político que fomenta los intereses de los chicanos y creó La Crusada para la Justicia con el fin de preservar su cultura.

Toda esta actividad de carácter político, económico y social también ha despertado un vivo interés por las raíces de la cultura hispana. Resultado de ese interés es el reconocimiento del valor de una rica tradición de artes populares, tanto en la literatura como en las artes plásticas. Aquí presentamos dos aspectos del arte popular: la poesía popular del pueblo hispano del suroeste de los Estados Unidos y el arte de los santeros de Nuevo México.

VOCABULARIO ÚTIL

Estudie estas palabras.

acertar to succeed, to hit the mark
apreciado,-a esteemed
corto,-a short
cuenta: dar cuenta to give or pay an account
despedirse de to say good-bye
entusiasmado,-a enthusiastic
errar to fail, to miss the target
escalera stairway
halagar to flatter

lástima pity
lindo,-a pretty
mantequilla butter
ocioso,-a idle
plazo time (limit, fixed date)
pronunciar to pronounce
santo saint
sombra shadow
vaivén *m* fluctuation, inconstancy
voz *f* voice

Anticipación

I. Complete Ud. con la forma apropiada de una palabra o expresión del **Vocabulario útil.**

Es difícil explicar por qué nos gustaba tanto la profesora. Aunque no era ni _____ ni fea y era algo _____ de vista y usaba anteojos, nos encantaba escuchar su _____ . _____ las palabras claramente cuando hablaba y siempre acertaba a decir exactamente lo que quería expresar: no _____ ni una vez. En sus clases no había estudiante _____ : siempre le daba a cada uno un _____ fijo para terminar cada tarea. En sus relaciones personales con los estudiantes, era tan buena que todos pensábamos que era _____ . Cuando supimos que iba a jubilarse *(retire)*, decidimos darle una fiesta, para _____ de ella. Creo que ella sabía que era muy _____ por los estudiantes.

II. Lea el siguiente trozo *(excerpt)* que es de un poema que va a leer en esta unidad. Subraye *(Underline)* las palabras o las expresiones que Ud. no entienda. Después, con otras dos personas de la clase, discuta lo subrayado para saber si pueden adivinar *(guess)* lo que quiere decir.

> Al fin yo voy a llegar
> A donde voy a expirar:
> Tengan lástima de mí
> No me hagan por Dios penar.
> Yo indelincuente fui,

Pago vida sin razón.
Yo a todos pido perdón
Y a Jesús con tierna voz.
Disparen armas a un tiempo
Para darle cuenta a Dios;
Ya se me llegó mi plazo
De ochocientos treinta y dos.

III. Complete Ud. las siguientes frases para expresar su opinión personal.

1. Si supiera que me iban a matar mañana, yo...
2. A mí me parece que los sindicatos u otras organizaciones de trabajadores...
3. En nuestro país, los prejuicios *(prejudices)* raciales...
4. Al pensar en el vaivén de la fortuna, pienso que es mejor...
5. Un buen ejemplo del arte folklórico en nuestro país es...

La poesía popular del Suroeste

Como nota el distinguido folklorista y profesor Arthur L. Campa en su libro *Hispanic Culture in the Southwest* (University of Oklahoma Press, Norman, 1979), el cantar siempre era importante en la cultura española. Por eso, al llegar los españoles al suroeste de nuestro país trajeron consigo una gran cantidad de canciones. De Texas a California fundaron pueblos y allí siguieron cantando las canciones viejas y compusieron canciones nuevas. Muchas de las canciones antiguas, así como las que componían las generaciones posteriores, han sobrevivido y todavía se cantan. De esta manera se ha creado un repertorio de música y poesía que refleja todos los aspectos de la vida de los hispanos del Suroeste: sus amores y sus sufrimientos; sus actitudes religiosas y filosóficas; sus problemas sociales, políticos y económicos; sus historias personales. En breve, se incluye todo lo que tiene importancia en la vida diaria de la gente.

En el sentido más profundo, esta poesía es popular—es del pueblo. Tanto los compositores como los cantores antiguos generalmente eran anónimos: no sabemos sus nombres. A veces lo que se cantaba celebraba algún episodio local y servía más o menos como una historia del pueblo. Pero la gran mayoría de las composiciones se creaban para ocasiones especiales como las fiestas, las bodas, los funerales y los cumpleaños. Generalmente los versos eran octosilábicos, continuando una vieja tradición española, y se usaba la rima.

Los poemas que se incluyen aquí se compusieron entre 1832 y 1966, lo cual sugiere que esa rica tradición todavía es una parte vital de la cultura hispana del Suroeste.

Como lo expresó Rodolfo Gonzales en su poema «*Yo soy Joaquín*»,

Los corridos dicen los cuentos
   de vida y muerte,
     de tradición
leyendas viejas y nuevas
   de alegría
     de pasión y pesar
   de la gente—que soy yo.

Los corridos, poemas narrativos, pasaron de Andalucía a México en el siglo XVIII y de allí se los llevaron al suroeste de los Estados Unidos. Aquí presentamos dos ejemplos: el corrido más antiguo que se ha encontrado en Nuevo México («El condenado a muerte») y un corrido moderno de protesta social («El corrido de César Chávez»).

EL CONDENADO A MUERTE[1]

Miércoles veinte de julio
De ochocientos treinta y dos;
Me llevan para el sepulcro
Para darle cuenta a Dios.
5 Me llevan pa' la capilla
Bajando por escalones
Quebrando los corazones
De los padres de familia.
Un sacerdote me auxilia,
10 Tropa me va acompañando
Los cornetas van tocando.
Ya sin remedio ninguno
Me llevan para el sepulcro
Miércoles veinte de julio.
15 En fin yo voy a llegar
A donde voy a morir
Me tengo que despedir
Con mi voz muy lastimosa.
Adiós, mi querida esposa,
20 Encomiéndame a los Santos
Con tiernas voces y llantos
Que parezca un mar profundo.
Pidiendo misericordia
Me despido de este mundo.
25 Al fin yo voy a llegar
A donde voy a expirar;
Tengan lástima de mí
No me hagan por Dios penar
Yo indelincuente fui,
30 Pago vida sin razón.
Yo a todos pido perdón
Y a Jesús con tierna voz.
Disparen armas a un tiempo
Para darle cuenta a Dios;
35 Ya se me llegó mi plazo
De ochocientos treinta y dos.

pa = para *to*
capilla *chapel*

cornetas *buglers*

encomiéndame *commend me*
tiernas *tender*
llantos *weeping*
misericordia *mercy*

penar *suffer*

disparen *shoot*

EL CORRIDO DE CÉSAR CHÁVEZ[2]

En un día siete de marzo,
Jueves Santo en la mañana,
Salió César de Delano
Componiendo una campaña.

5 Compañeros campesinos
Éste va a ser un ejemplo
Esta marcha la llevamos
Hasta mero Sacramento.
Cuando llegamos a Fresno

10 Toda la gente gritaba,
«¡Y que viva César Chávez
Y la gente que llevaba!»
Nos despedimos de Fresno;
Nos despedimos con fe

15 Para llegar muy contentos
Hasta el pueblo de Merced.
Ya vamos llegando a Stockton,
Ya mero la luz se fue;
Pero mi gente gritaba,

20 «¡Sigan con bastante fe!»
Cuando llegamos a Stockton
Los mariachis nos cantaban.
«¡Y que viva César Chávez
Y la Virgen que llevaba!»

25 Contratistas esquiroles,
Ésta va a ser una historia;
Ustedes van al infierno,
Nosotros a la gloria.
Ese señor César Chávez,

30 Él es un hombre cabal;
Quería verse cara a cara
Con el gobernador Brown.
Oiga, Señor César Chávez,
Su nombre que se pronuncia

35 En su pecho usted merece
La Virgen de Guadalupe.

Componiendo una campaña   *Gathering a campaign*

Hasta mero   *Right up to*

que llevaba   *that he took with him*

Ya mero... fue   *Now the light was almost gone*

Contratistas esquiroles   *Scab contractors*

hombre cabal   *real man*

La música de la décima era difícil y por eso las décimas no eran muy populares entre los jóvenes. Sin embargo, la décima sobrevivió como poesía popular. Empieza la décima con un cuarteto y después hay cuatro estrofas de diez versos cada una. El último verso de cada estrofa repite uno de los versos del cuarteto. Los temas de las décimas que se han encontrado en Nuevo México varían, pero muchos son líricos o filosóficos, como se puede notar en las siguientes décimas.

APRENDER, FLORES, DE MÍ

Aprender, flores, de mí[3]
Lo que va de ayer a hoy;   Lo que... hoy   *How far yesterday is from today*
Ayer maravilla fui   maravilla   *wonder, marvel*
Hoy sombra de mí no soy.

5   La rueda de mi fortuna
Se volteó tan de improviso,   Se volteó... improviso *Took such a sudden turn*
Tan inesperado y preciso
Fue el golpe que me pegó,
Que nada puedo hacer yo
10 Sino es lamentar mi suerte.   Sino es   *Except*
Y reclamando a la muerte
Les digo hoy con frenesí: con frenesí   *urgently*
—Ni vivan tan orgullosos,
Aprender, flores, de mí.

15   De todo el mundo fui amigo
Y me vi muy apreciado.
Cuando yo era afortunado
Todos, todos me halagaban.   halagaban   *praised*
Recuerdo que me rogaban   rogaban   *begged*
20 Los que ahora apenas me ven,   apenas   *scarcely*
Y mirando tal vaivén
Dándoles consejo estoy,
De que hay una gran distancia
Lo que hubo de ayer a hoy.   Lo que... hoy   *Between what was yesterday and (what exists) today*

25   Dios con su gran poder
Lo hizo todo de la nada,
Y la muerte entusiasmada
Se hace dos mil ilusiones,
Y juega dos mil traiciones
30 Sin saber lo que va a hacer.
Y al fin viene a perecer   perecer   *perish*

Víctima de un gran frenesí
Pues yo siendo hoy desdichado
Ayer maravilla fui.

desdichado   *unhappy*

   Bien desengañado estoy,

desengañado   *disillusioned*

5 Que este mundo es escalera
Que uno acierta y otro yerra.

que uno... yerra   *On which one succeeds and another fails*

En esta rica importuna
Viva el que pierde su suerte.

importuna   *inopportune state*

Yo lloraré hasta la muerte
10 La situación en que estoy,
Que ayer siendo maravilla
Hoy sombra de mí no soy.

ESTANDO DE OCIOSO UN DÍA

Estando de ocioso un día
15 *Esto me quedé pensando:*
—*Mientras que el tiempo se pasa*
También yo me voy pasando.[4]

Estando de ocioso   *Being idle*
Esto... pensando   *I kept on thinking this*

   ¡Qué largo es un año entero!
Dije para mí solito.

Dije... solito   *I said just to myself*

20 Un mes poco más cortito.
Y es más corta una semana.
Un día es cosa de menos,

cosa de menos   *a smaller thing*

Y un minuto ya sabemos
Cuán pronto se pasaría.

Cuán... pasaría   *How soon it would pass*

25 Esto me puse a pensar
Estando de ocioso un día.

   Enero y febrero pasan,
Y siguen marzo y abril.
Mayo tiene que seguir
30 Como junio su carrera,
Julio y agosto no esperan
Como septiembre y octubre.
Noviembre como es costumbre
A diciembre va llamando.
35 Un día por pasatiempo
Esto me quedé pensando.

   Era un domingo en la tarde
Cuando me puse a pensar

Si tendría que pasar
Lunes y martes llorando,
Y el miércoles preparando
Para el jueves diversión.
5 Y el viernes con precaución
De estar el sábado en casa,
Porque algo tendré que hacer
Mientras el tiempo se pasa.

   Cuando acabé de pensar   acabé de pensar   *I had*
10 Un sobresalto sentí,   *finished thinking*
Y luego me decidí   sobresalto   *shock, fright*
A buscar quién me quisiera.
Sea linda o sea fea,
El cuento es hallar alguna   El cuento es   *The*
15 Que aunque es poca mi fortuna   *important thing is*
No debo estar esperando,
Porque si el tiempo se pasa
También yo me voy pasando.

     La canción era tal vez la forma lírica más popular que se usaba en el Suroeste. Su temática varía enormemente y su forma también. Aquí incluimos una canción humorística que es típica del género.

LOS POCHIS DE CALIFORNIA

20   Los pochis[5] de California
No saben comer tortilla
Porque sólo en la mesa
Usan pan con mantequilla.
   Me casé con una pochi
25 Para aprender el inglés
Y a los tres días de casado   a los... casado   *three days*
Yo ya le decía *yes.*   *after getting married*

NOTAS CULTURALES

1 Este corrido es el más antiguo que se conoce en Nuevo México. El autor no explica por qué lo van a ejecutar e insiste que es inocente.

2 Este corrido se refiere a la marcha que tuvo lugar en marzo de 1966, de Delano a Sacramento, California.

3 Este verso refleja un poema famoso del poeta español Luis de Góngora (1561–1627). Es probable que Góngora usara un poema popular como base de su poema «Aprended, flores, de mí».

4 El concepto de que la vida es breve y de que pronto uno se morirá es antiguo. Ud. ya lo ha encontrado en la Unidad 3, en el poema nahua y en las *Coplas* de Jorge Manrique.

5 Los «pochis» es el nombre que se usa para describir a los californianos que hablan mal el español.

Comprensión

1. Según Rodolfo Gonzales, ¿cuáles son algunos temas de los corridos?   2. En el corrido «El condenado a muerte», ¿quiénes acompañan al condenado?   3. ¿De quién se despide el condenado?   4. Según el condenado, ¿era inocente o culpable del crimen?   5. ¿Qué favor les pide el condenado a los que lo van a matar?   6. En «El corrido de César Chávez», ¿cómo recibió la gente de Fresno a los que participaban en la marcha?   7. ¿Qué piensan los manifestantes de los contratistas?   8. ¿Qué piensan de César Chávez?   9. ¿Por qué no eran muy populares las décimas entre los jóvenes?   10. En la décima «Aprender, flores, de mí», ¿cómo cambió la fortuna de la persona que habla?   11. Al cambiar su fortuna, ¿cómo cambiaron sus amigos?   12. ¿Cuál es la conclusión de la persona?   13. En «Estando de ocioso un día», ¿qué piensa el narrador del tiempo?   14. Al llegar a esa conclusión, ¿qué decide hacer?   15. En la canción «Los pochis de California», ¿cómo se nos indica que los «pochis» han perdido contacto con sus raíces hispanas?

Expansión

I. Análisis literario

1. Describa Ud. en sus propias palabras la actitud del condenado frente a la muerte.   2. ¿Cómo describiría Ud. la actitud de los que participan en la marcha entre Delano y Sacramento?   3. ¿Por qué se compara la fortuna del hombre con las flores en la décima «Aprender, flores, de mí»?   4. Describa Ud. en sus propias palabras el tema de «Estando de ocioso un día». ¿Cómo nos presenta el poeta el tema?   5. ¿Cuál de los poemas le gustó más a Ud.? ¿Por qué?

II. Ensayo

Pensando en el cuento «Garabatos», de Soto (Unidad 11), y en los varios poemas que Ud. ha leído en esta unidad, escriba un ensayo sobre «Los temas de la literatura hispánica en los Estados Unidos». Ud. puede usar el siguiente plan o su propio plan.

Los temas de la literatura hispánica
en los Estados Unidos

I. Los temas sociales

    A. El problema de la pobreza
    B. La protesta social contra la injusticia
    C. La continuación de la cultura hispánica en los Estados Unidos

II. Los temas filosóficos/religiosos

    A. El aislamiento o la incomprensión
    B. La brevedad de la vida
    C. La influencia de la religión en la vida diaria

III. Minidrama

Con otra(s) persona(s) de la clase, presente Ud. un breve drama sobre un tema (o más) que se encuentre en los poemas que Ud. ha leído. Algunos temas posibles:

1. Un cura habla con un condenado a muerte y llega a saber que el condenado es inocente, aunque es un hombre tan malo que merece *(he deserves)* morirse. El cura decide...
2. Dos esposos viejos hablan de su pasado. Una de las personas acepta la responsabilidad por las cosas malas que les han pasado, pero la otra insiste que todo dependía de la fortuna.
3. Por una conversación imaginaria entre un(a) hispano(a) y una persona anglosajona, llegamos a entender que algunos aspectos de las dos culturas son bastante diferentes.

Santos y santeros

Durante los siglos XVIII y XIX, la religión era muy importante para los pueblos del norte de Nuevo México y del sur de Colorado, como lo demostraron las artes populares de la región. No sólo las iglesias, sino muchas casas particulares tenían santos patrones, y muchos ríos, montañas y sierras recibieron nombres religiosos. Se crearon muchas obras artísticas en honor de santos, representándolos en forma realista, siguiendo una larga tradición española. Así lo divino se representaba por medio de lo real, y lo simbólico era comprensible cuando se le daba expresión física.

A causa de la falta de sacerdotes, debido en parte a la escasa población, a comienzos del siglo XIX se formaron en esta parte del país confraternidades religiosas como, por ejemplo, la Sociedad de Nuestro Padre Jesús Nazareno (luego llamada Los Hermanos Penitentes de la Tercera Orden de San Francisco). Era función de los *penitentes* mantener la fe, ayudar a los necesitados—a las viudas y a los huérfanos, por ejemplo—confortar a los moribundos y enterrarlos después de muertos. En cada pueblo se estableció una *morada* o casa en la que se reunía la confraternidad para servicios religiosos. Allí se guardaban los objetos que se empleaban en los servicios y procesiones de la confraternidad. Entre los objetos creados por los artistas y artesanos del pueblo para la morada siempre había pinturas o esculturas de imágenes religiosas que los creyentes llamaban *santos*. La creación de tales imágenes no era original de estas regiones sino que continuaba una costumbre tradicional española. Las funciones de los santos también eran tradicionales: algunos servían de santo patrón a un pueblo; otros satisfacían necesidades especiales del creyente. Para el pueblo, el término *santo* incluía pinturas y esculturas de imágenes religiosas. Para referirse solamente a las esculturas, que frecuentemente eran talladas en madera, se empleaba la palabra *bulto*. Los bultos más comunes eran los que se usaban durante las procesiones y ceremonias de Semana Santa: representaciones de la Pasión de Cristo, la figura de la Dolorosa y varias figuras de la Muerte.

Como obras de arte, los bultos son la expresión más extraordinaria del arte popular que se ha producido dentro de las fronteras de los Estados Unidos. Técnicamente es impresionante la ingeniosidad del santero, que los fabricaba del material que tenía a mano en su pueblo aislado. Con frecuencia, él mismo cortaba los árboles para sus bultos y preparaba muchos de sus colores con los minerales y las plantas de la región. Aunque el tamaño de los bultos variaba mucho, los que representaban a Cristo y que frecuentemente se empleaban en la Semana Santa eran del tamaño de un hombre y tenían los brazos movibles, para poder ser usados en la representación de varios momentos de la Pasión.

Después de 1900 los santos fueron reemplazados por las esculturas y pinturas que se fabricaban en el este de los Estados Unidos y que se hicieron populares en aquella época. Sin embargo, la tradición no desapareció totalmente. Los san-

teros modernos de Nuevo México, como George López (1900–   ), de Córdova, y
Patrocinio Barela (1908–1964), de Taos, ya no pintan sus bultos ni los crean exclusivamente para el uso de la morada o iglesia de su pueblo. Pero todavía se
siente en sus obras la devoción y el ascetismo que irradian los bultos antiguos y
que caracterizaban a la gente que los creó.

Courtesy of the Denver Art Museum, Denver, Colorado

Adán y Eva

Esta obra, de George López (1900–   ), se compone de tres partes: las figuras de
Adán y Eva, el Diablo en forma de culebra en el árbol y el cerco con su follaje.
A López se le debe el renacer del arte del santero, arte al que se dedicaban sus
antepasados y por el que también se interesan sus parientes, muchos de los cuales
continúan la tradición hoy día. ¿Qué es lo que Eva le ofrece a Adán?

Courtesy of the Anne Evans Collection, Denver Art Museum, Denver, Colorado

Carreta de la muerte

Tallada por José Inez Herrera en El Rito, Nuevo México, a fines del siglo XIX, la figura de doña Sebastiana (la Muerte) mira maliciosamente al espectador. El arco y la flecha sustituyen a la guadaña que se ha utilizado mucho en las representaciones europeas de la muerte, y reflejan la amenaza constante de las tribus de indios. La carreta de la muerte simbolizaba el triunfo de la muerte después de la Crucifixión y antes de la Resurrección y también sugería la vanidad de todas las cosas mundanas, concepto este muy medieval. ¿Qué impresión produce esta figura en el espectador? ¿En qué sentido es realista la figura?

Courtesy of the Denver Art Museum, Denver, Colorado

Cristo atado a la columna

Esta escultura de Cristo por un santero anónimo del siglo XIX representa el sufrimiento de Cristo de una manera directa y realista. El bulto es articulado, de modo que es posible moverle los hombros y los codos. Se ha realzado el realismo al utilizar el tronco de un pino para la columna. La alargamiento de la figura, rasgo típico de los bultos, le da mayor dignidad y majestuosidad. ¿Qué pintor español también alargaba las figuras en sus pinturas?

Para comentar

1. ¿Qué es lo que uno debe saber para apreciar el arte de los santeros?
2. Con frecuencia el revolucionario moderno percibe a Cristo como una persona revolucionaria, actitud que parece reflejar las preocupaciones y sentimientos de ese tipo de persona. ¿Cómo lo percibió El Greco? ¿Cuál fue la percepción de los santeros de Nuevo México?
3. ¿Qué actitudes del hispano del Suroeste se reflejan en su literatura y arte?
4. ¿Qué comparaciones y contrastes se pueden hacer entre el arte y la literatura de los hispanos del Suroeste y el arte y la literatura de los negros de los Estados Unidos?

Vocabulario

This vocabulary does not include articles, possessive adjectives, pronouns, numbers, or exact cognates. The gender of nouns is listed except for masculine nouns ending in **-o** and feminine nouns ending in **-a, -dad, -tad, -tud,** or **ión.** Adverbs ending in **-mente** are not listed if the adjectives from which they are derived are included.

Abbreviations

adj	adjective	*m*	masculine
adv	adverb	*n*	noun
conj	conjunction	*pl*	plural
f	feminine	*prep*	preposition
fig	figurative		

A

abajo   below, down; bottom
abandonar   to abandon
abeja   bee
abertura   opening
abierto,-a   open; opened
abismo   abyss, gulf, chasm
ablución   ablution
abofetear   to slap; to insult
abogado,-a   lawyer
abotonar   to button
abrasivo *n*   abrasive
abrazado,-a   embracing, hugging
abrazar   to embrace
abrigo   overcoat
abril *m*   April
abrir   to open; **abrir cauce**   to open a path
abrumado,-a   crushed, overwhelmed

absceso   abscess
absoluto,-a   absolute
absorber   to absorb
abstracción   abstraction
abuelo,-a   grandfather, grandmother
abultado,-a   bulky, massive, big; lengthy
abundancia   abundance
abundar   to abound; **abundar en**   to be full of
aburrido,-a   bored
aburrir   to bore; **aburrirse**   to become bored, to get bored
abuso   abuse
acá   here
acabar   to end, finish; **acabar de**   to have just; **acabar por**   to end by, to finally . . .; **acabarse**   to run out, to be exhausted
academia   academy

acalambrado,-a with cramps
acariciar to caress
acaso perhaps
acatado,-a respected, revered, obeyed
acceder to acceed, give in
acción action
aceitunado,-a olive-colored
acelerada *fig* "speed" trip
acelerar to speed up, accelerate
aceptación acceptation, acceptance
aceptar to accept
acequia channel, ditch
acera sidewalk
acerbo,-a harsh, acid
acerca (de) about, regarding
acercarse (a) to draw near, approach
acero steel, blade
acertar (a) to succeed in; to be able to decide
aclamar to acclaim
aclarar to clarify; to dawn; to reveal
acomodado,-a comfortable, well-to-do; *fig* at home with
acomodar to place, put
acompañar to accompany, go along
acongojado,-a grieved, afflicted
aconsejar to advise
acontecer to happen
acontecimiento event
acordarse (de) to remember
acordeón *m* accordion
acostarse to lie down, go to bed
acostumbrarse to grow accustomed
acribillar to pierce, perforate
acta *m* legal document, declaration
actitud attitude
actividad activity
actuación action, behavior
actual current, present, contemporary
actuar to act
acudir to go, come, come up; to have recourse, seek help from
acueducto aqueduct

acuerdo agreement; **de acuerdo con** in agreement with; **estar de acuerdo** to agree
acumulación accumulation
acurrucado,-a curled up
acusado,-a accused
achaque *m* failing; tribulation
Adán Adam
adelante ahead; **de ahí en adelante** from then on
adelanto advancement, progress
además moreover, besides; **además de** in addition to
adentrarse to enter
adentro within, inside
adinerado,-a wealthy
adiós good-bye
adivinación divination
adivinar to foretell, divine; guess
adivinasus (adivinanzas) prophecies, fortune tellings
adivino soothsayer, fortune teller
adjetivo adjective
administrador,-ra administrator
admiración admiration
admirador,-ra admirer
admirar to admire; to cause surprise
adoctrinar to indoctrinate
adolecer to get sick
adolescente *adj* adolescent
adoquinar to pave
adorador,-ra worshiper
adorar to adore, worship
adornar to adorn
adorno adornment, decoration
adquisición acquisition
adulto adult
adverbio adverb
advertencia warning, notice
afectación affectation
afeitar to shave
aferrarse en to clasp
afición fondness, inclination
aficionado,-a fond of
afirmación affirmation

afirmar   to affirm; *fig* to dig in

afligidísimo,-a   very afflicted, very upset

aforrar   to line

afortunado,-a   fortunate

afrenta   outrage, affront

africano,-a   African

afrocubano,-a   Afro-Cuban

afrontar   to confront, face

afuera   outside

agacharse   to stoop, squat, bend over

agarrar   to grasp

agencia   agency

agente *m or f*   agent

agitado,-a   agitated; exciting, stirring

agitar   to wave

aglomeración   agglomeration

agónico,-a   in agony; agonizing

agonizante *adj*   dying

agonizar   to be dying

agosto   August

agradable   pleasant

agradar   to please, be pleasing to

agradecer   to thank for, be grateful for

agrario,-a   agrarian

agraz: en agraz   quite short

agregar   to add

agresividad   aggressiveness

agrícola   agricultural

agricultor,-ra   agriculturist, farmer

agricultura   agriculture

agua   water

aguacero   heavy shower

aguafuerte *f*   etching

aguamanil *m*   washbasin

aguantar   to endure, "stand"

aguardar   to wait for; to await

agudo,-a   sharp, penetrating

águila   eagle

agujero   hole

ahí   there; **de ahí en adelante**   from then on; **por ahí**   over there

ahíto,-a   stuffed, full; disgusted

ahogado,-a   drowned

ahogar   to smother; to quench; **ahogarse**   to choke

ahumado,-a   smoky, smoke-filled

aindiado,-a   Indian-looking

aire *m*   air; **al aire libre**   open air

aislamiento   isolation

aislar   to isolate

ajedrez *m*   chess

ajeno,-a   another's, foreign

ajustar   to adjust; to fit

ala   wing

alabar   to praise

alambrado   wire fence

alambre *m*   wire; **alambre de alumbrado**   power line

alardear (de)   to brag (about being)

alargación   lengthening, elongation

alargar   to lengthen, increase

alarmar   to alarm

alba   dawn

alberca   tank, pool

alborotado,-a   turbulent, excited, stirred up

alcahueta   procurer, go-between

alcaide *m*   jailor, warden

alcalde *m*   mayor

alcanzar   to achieve, overtake, reach

aledaño,-a (a)   bordering, adjacent to

alegar   to allege, affirm

alegoría   allegory

alegórico,-a   allegorical

alegrarse (de)   to be glad (of)

alegre   happy, joyous

alegría   joy, gaiety

alejado,-a   distant

alejar   to remove to a distance; to go (far) away

alejarse   to move away, recede

alemán,-ana   German

Alemania   Germany

alentar   to encourage

alféizar *m*   window sill

alfombra   carpet

algo   something; somewhat

alguien someone
alguno,-a some, any
alianza alliance
alienado,-a alienated
alimentación nutrition
alimentar to feed, nourish
alimento food
alisarse to smooth
alistar to prepare
aliviar to alleviate, relieve
alivio alleviation, mitigation; relief
alma soul
almacén *m* store, grocery store; bar
almohada pillow
almuerzo lunch
alrededor (de) around
alternativa alternative
alteza highness
altihta (artista) *m or f* artist
altiplano plateau, tableland
alto,-a high, tall; **en voz alta**
  aloud; **en alto** on high; **las altas**
  horas the late hours; **hacer alto**
  to stop; **pasar por alto** to
  overlook
altura height
alucinógeno,-a hallucinogenic
aludir to allude, refer
alumbrado light, power
alusión allusion
alzar to raise
allá there; **más allá** further over;
  más allá de beyond
allegados upon arriving
allí there
ama mistress of the house; **ama de**
  casa housewife
amable likeable, amiable, nice
amainado,-a lessened, subsided
amanecer to dawn; *m n* dawn
amaneramiento mannerism
amar to love
amargo,-a bitter
amarillo,-a yellow
ambición ambition

ambicioso,-a ambitious
ambiente *m* atmosphere;
  environment
ámbito limits, area
ambos,-as both
ambulante ambulant; **vendedor**
  ambulante traveling salesman
amenaza threat
amenazante threatening
amenazar to threaten
ametralladora machine gun
amistad friendship
amo master
amontonadero enormous pile,
  hoard
amontonado,-a piled up
amor *m* love; **amores** love affair
amoroso,-a *adj* love
amparado,-a sheltered, protected
amparar to protect
amparo protection, shelter; support
ampollado,-a blistered
analfabetismo illiteracy
analfabeto,-a illiterate
análisis *m or f* analysis
analítico,-a analytical
analizar to analyze
anciano,-a old
ancho,-a broad, wide
andaluz,-za Andalusian
andanza wandering; event
andar to go; go around; to walk; to
  be; **¡anda!** come on now! **andar a**
  caballo to ride horseback
anécdota anecdote
anegado,-a drowned, flooded
anestesia anaesthesia
anglo,-a Anglo (-Saxon)
anglosajón,-ana Anglo-Saxon
ángulo angle
angustia anguish
angustiado,-a sorrowful
anhelar to desire, wish
anhelo desire, wish
anillo ring

ánima soul
animación animation
animado,-a lively, animated
ánimo spirit; **estado de ánimo** mood; **hacerse el ánimo de** to be willing to
aniquilado,-a annihilated
anoche last night
anodino,-a anodyne
anónimo,-a anonymous
anormalidad abnormality
ansia desire, anxiety
ante before; to; confronted with, in the presence of
antebrazo forearm
antecedente *m* antecedent
antepasado ancestor
anterior previous; before
antes before, first
anticipar to anticipate
antigüedad antiquity
antiguo,-a ancient, old
antojarse to fancy, take a notion to; to occur to one
antología anthology
antropología anthropology
antropomorfo,-a anthropomorphic
anudar to tie, knot
anular to annul, make void, cancel
anunciado,-a foretold
anunciar to announce
anuncio announcement
añadir to add
añejo,-a old, aged, stale
año year; **cumplir... años** to reach one's . . . birthday; **hace años** years ago; **tener... años** to be . . . years old
apacible peaceful
apagado,-a extinguished, dead
apagar to turn off; **apagarse** to become mute, become silent
apaleado,-a beaten
aparato apparatus
aparecer to appear, show up

aparente apparent
aparición appearance; ghost
apariencia appearance
apartado,-a out-of-the-way, distant, remote
apartamento apartment
apedrear to stone
apegado,-a attached
apellido surname, family name
apenas scarcely, hardly, only
aperitivo apéritif, drink
aplastar to crush, smash
aplaudir to applaud
aplauso applause
aplicado,-a hard-working, industrious
aplicarse to be applied
apogeo apogee, height
aposentamiento lodging
aposentar to house
aposento room
apostado,-a posted
apostrofar to apostrophize
apoyado,-a supported, leaning
apoyar to support; to lean down; to rest; **apoyarse** to lean; to support oneself
apoyo support
apreciación appreciation
apreciado,-a esteemed
apreciar to appreciate, to hold in esteem
aprehendido,-a apprehended
aprender to learn; **aprender de memoria** to memorize
aprendiz *m* apprentice
aprendizaje *m* apprenticeship
apresurarse to hurry
apretar to press down, weigh heavily; to be oppressive; to clench, squeeze; to grasp; **apretarse** to press oneself
aprisa fast
aprobar to approve
aprontarse to get ready

apropiado,-a appropriate
aprovechar to take advantage of
aproximadamente approximately
aproximarse to approach, move near
apto,-a fit
apuración worry, trouble, misfortune
aquel,-lla that; **aquél, aquélla** the former; **aquello** that (neuter)
aquiescencia acquiescence
árabe Arab, Arabian
aragonés,-esa Aragonese
araña spider
árbol *m* tree
arca *m* ark
arcángel *m* archangel
arco bow; bridge (of the nose); arch
archivo archive
arder to burn
ardiente ardent
arduo,-a arduous
arena sand
arengar to harangue
argentino,-a Argentine
aridez *f* drought; aridity, barrenness
árido,-a arid, dry
aristocracia aristocracy
arma arm, weapon
armado,-a armed
armamento armament
armonía harmony
armonioso,-a harmonious
armonizar to harmonize
aro ring, plug
aromo acacia (flower)
arpa harp
arqueólogo,-a archeologist
arquitecto,-a architect
arquitectónico,-a architectural
arquitectura architecture
arraigado,-a rooted
arrancar to pull out, pull off
arrastrar to drag, drag away

arrebatar to carry off, snatch
arreglar to arrange; to fix
arriba up, upward; top; on top
arribar to arrive
arrimado,-a sheltered
arrogante arrogant, proud
arrojar to throw
arrollar to sweep away, carry along; to trample
arroyo brook, small stream
arroz *m* rice
arrugar to wrinkle
arruinar to ruin
arte *m* art
artefacto artifact
arteria artery
artesano,-a artisan
articulado,-a articulated
artículo article
artista *m or f* artist
asado,-a roasted
asaltar to assault, to occur
asalto assault
ascetismo asceticism
asegurar to assure, maintain; to make fast; to assert
asentar to sharpen, whet; to base
asentarse to seat oneself
aseo neatness; cleanliness
asesinar to murder, kill
asesinato murder
asesino murderer
asfalto asphalt
así so, thus, therefore
asiento seat
asimétrico,-a asymmetrical
asimilación assimilation
asistir to attend
asociar to associate
asoleado,-a sunny
asolearse to dry in the sun
asomadita peep; **darse una asomadita** to take a peep
asomar to peep, take a look
asombrado,-a surprised

asombrar to surprise, astonish;
  asombrarse to be astonished at
asombro astonishment, surprise
asombroso,-a astonishing
aspecto aspect
áspero,-a rough
asqueroso,-a filthy, dirty, vile
astro star
astrología astrology
astronomía astronomy
astrónomo astronomer
astucia cunning, wit
astuto,-a cunning
asustado,-a frightened
asustarse to get frightened, become
  frightened
atacar to attack
ataque *m* attack
atar to tie
atarantado,-a foolish, dumbfounded
atardecer *m* dusk
atareado,-a busy
ataúd *m* coffin, casket
atención attention; **prestar**
  atención to pay attention
atender to attend
ateneo athenaeum
atento,-a attentive
ateo,-a atheist
atestiguar to bear witness
atónito,-a astonished, amazed
atorarse to choke, be choked
atormentado,-a tormented
atracción attraction
atractivo,-a attractive
atraer to attract
atrapar to catch
atrás behind
atravesar to cross
atreverse (a) to dare to
atrevido,-a bold, daring
atribuir to attribute
atributo attribute
aturdido,-a rattled, confused
aumentar to increase

aumento increase
aun even
aún yet, still
aunque although, though; even if
aurora dawn
ausentarse to absent oneself
ausente absent
austeridad austerity
austero,-a austere
autobiográfico,-a autobiographic
autobús *m* bus
autóctono,-a autochthonous,
  aboriginal, native
autodeterminación self-
  determination
automóvil *m* automobile
autonomía autonomy
autónomo,-a autonomous
autor,-ra author, authoress
autoridad authority
autosuficiente self-sufficient
auxiliar to help, assist
auxilio help
avanzado,-a advanced
avanzar to advance
avaricia avarice
ave *f* bird
avenida avenue
aventura adventure
aventurar to venture
averiguar to inquire about
avión *m* airplane
aviso warning
avivar to awaken; **avive el**
  seso *fig* be alert
ayer yesterday
ayuda help, assistance
ayudante assistant, aide
ayudar to help, assist
ayuntamiento municipal
  government
ayuntarse to join together
azadón *m* hoe
azar *m* risk, chance, hazard,
  probability of chance

azotar to whip
azote *m* whip
azotea flat roof
azteca Aztec
azúcar *m* sugar
azul blue
azulejo tile

B

Babia: estar en Babia to be daydreaming, have one's mind somewhere else
badana dressed sheepskin, leather strap
bailar to dance
bailarina ballerina
baile *m* dance
bajar to lower, go down; to become less; **bajarse** to get off
bajel *m* ship, vessel
bajo,-a *adj* low, soft; *prep* beneath, under; **en voz baja** in a whisper
bajorrelieve *m* bas-relief
bala bullet
balacera volley
balazo bullet wound, shot
balcón *m* balcony
baldosa tile
banco bank; bench
bandera flag
baño bath
barba beard
barbaridad: ¡qué barbaridad! what the dickens!
bárbaro,-a barbarous
barbero barber
barbilla point of the chin
barco ship
barra rod, bar; arm (of chair)
barraca hut, cabin
barranca ravine, gorge
barrer to sweep
barrido,-a swept up
barriga belly

barrio district of a city, quarter
barro mud, clay
barroco,-a baroque
basarse (en) to be based (on)
base *f* basis
bastante enough, quite
bastar to be enough, to be adequate
bastón cane, staff
basura garbage
bata dressing gown, robe
batalla battle
batir to beat, whip
baúl chest, trunk
bautismo baptism
bayoneta bayonet
beber to drink
bebida drink
becado,-a granted a scholarship
becerro calf
béisbol *m* baseball
belleza beauty
bello,-a beautiful
bellota acorn
bendición blessing
bendito,-a blessed
beneficio welfare office; benefit
benévolo,-a benevolent
besar to kiss
beso kiss
Biblia Bible
bíblico,-a Biblical
biblioteca library
bien well; very; **más bien** rather
bienaventurado,-a blessed
bienestar *m* well-being
bienvenido welcome
billete *m* ticket; banknote
bisnieto great-grandson
blando,-a soft
blindado,-a armored
bloque *m* block
bobo,-a fool; *adj* silly
boca mouth; **a boca de jarro** point-blank
boda wedding

bodega wine cellar; liquor store
boicot *m* boycott
bola ball
boliviano,-a Bolivian
bolsa bag
bolsillo pocket
bolsón *m* shopping bag
bonachón,-na good-natured, kind
bonaerense *adj.* of Buenos Aires
bondad goodness
bonito,-a pretty
boquera corner of the mouth
boquete *m* opening; spot
borde *m* edge
borracho,-a drunken
borrar to erase
borrosamente vaguely, murkily
bosque *m* woods
bosquejar to sketch
bostezar to yawn
bota boot, shoe
bote *m* can, jar; boat
botica drugstore, pharmacy
botón *m* button
boxeador *m* boxer
boxeo boxing
bracero field hand, day laborer
bramar to bellow
bravo,-a brave, manly; ill-tempered, ferocious
brazo arm
breve short, brief
bribón,-na *m* rascal, scoundrel
brigada brigade
brillantina brillantine
brillar to shine
brillo brilliance, brightness, lustre
brincar to leap
brinco leap; **pegar el brinco** to leap
brisa breeze
británico,-a British
brocha brush
bronce *m* bronze
brotar to gush, issue, produce; to germinate, bud

bruja witch
brujería witchcraft
brujo wizard, sorcerer
buche: hacer buches to gargle
budismo Buddhism
buey *m* ox
buhcal (buscar) to look for
buho owl
bulto bulk; statue
burgués,-sa bourgeois
burguesía bourgeoisie
burlador *m* trickster, mocker
burlarse (de) to make fun (of), mock
burocracia bureaucracy
buscar to seek, look for
búsqueda search
butaca armchair, seat
buzón *m* letter box, letter drop

C

cabal real
caballero gentleman
caballete *m* ridgepole
caballo horse; **a caballo** on horseback
cabaña hut, cottage, cabin
cabello hair
caber to fit; **caber en suerte** to fall to the lot of; **no me cabe duda** I have no doubt
cabeza head
cabezal *m* headrest
cabo extremity, tip; **al cabo de** after; **llevar a cabo** to carry out
cacerola basin
cada each, every; **cada cual** each, every one, everybody
cadáver *m* corpse, cadaver
cadete *m* cadet
caeh (caes) (you) fall
cael (caer) to fall
caer to fall; **caerle mal** to be unbecoming

café *m* café; coffee; *adj.* brown
caja box
cajón *m* box, chest
calado,-a fixed
calavera skull
calceta stocking; **hacer calceta** to knit
calcular to calculate
caldera broiler
calendario calendar
calgo (cargo) (I) carry
calibre *m* caliber
calidad quality
caliente hot
calificado,-a qualified, classified
calmar to calm
calor *m* heat; **hacer calor** to be hot
calvinista *n and adj* Calvinist(ic)
callado,-a quiet
callar to silence, be silent; **callarse** to be silent, shut up; **tan callando** so silently
calle *f* street; **calle abajo** down the street
callejero,-a *adj* street
callejuela small street, lane
cama bed
cámara chamber, camera
camastro cot, miserable bed
cambiar to change
cambio change; **en cambio** on the other hand
caminar to walk; to travel; to go
camino road, path; **camino de** on the way to, in the direction of; **en camino** on the road
camisa shirt
campamento encampment, camp
campanilla bell
campesino,-a peasant
campestre rural, rustic
campo country, countryside, field
camposanto cemetery
cana *m* cop, policeman
canario canary

cancel *m* curtain
canción song
cándido,-a simple, candid
canoa canoe
cansado,-a tired
cansarse to get tired, tire oneself
cantante *m or f* singer
cantar to sing
cantera quarry
cantidad quantity
cantor,-a singer
canturrear to hum
caña sugar cane
caño pipe, conduit
caos *m* chaos
caótico,-a chaotic
capa cape; layer, level
capacidad capacity
capataz overseer, foreman
capaz capable
capilla chapel
capitalito small amount of money
capitán captain
capítulo chapter
capricho caprice, whim
captar to capture
cara face
carabela caravel, sailing vessel
carabinero carabineer, guard
carácter character
característico,-a characteristic
caracterizar to characterize
carbón *m* coal, carbon, charcoal
cárcel *f* jail
carecer to lack
carencia lack, deprivation, deficiency
carente (de) lacking (in)
cargadores *m pl* suspenders
cargo position, post
carguero pack horse; cargo boat
Caribe Caribbean Sea
caricatura caricature
caricia caress
caricortaoh (caricortados) "tough guys"

cariño affection
carismático,-a charismatic
carne *f* meat, flesh
carrera career, course, race **dar carrera** to drive; to chase
carreta cart, wagon
carro cart
carta letter
cartel *m* sign, placard
cartera purse, bag
cartero mailman
cartón *m* pasteboard, cardboard
cartucho roll
casamiento marriage
casar to marry; **casarse** to get married
cascabel *m* bell
cáscara peel
cascarrabias irritable
casco shell; main house
casi almost
Cásidi Cassidy
caso case; **hacer caso de** to pay attention to
castellano Castilian, Spanish
castigar to punish
castigo punishment
Castilla Castile
castillo castle
casualidad coincidence
casuarina Australian pine
catear to search
catedral cathedral
catedrático,-a professor
catolicismo Catholicism
católico,-a Catholic
cauce *m* bed of a river; **abrir cauce** to open a path
caucho rubber
caudal great
causa cause; **a causa de** because of
causar to cause
cauteloso,-a cautious
cavador *m* digger
caverna cavern

cavidad cavity
cayado shepherd's crook
caza game; hunting
cazador,-ra hunter
cazar to hunt
cebada barley, fodder
cebolla onion
ceder to cede, yield
ceja eyebrow
cejar to slacken, let up
cejijunto,-a having eyebrows that meet
celda cell
celebrar to celebrate, hold
célebre famous
celeste sky-blue, celestial
cementerio cemetery
cena supper
ceniza ash
censura censure
centavo cent
centenar hundred
céntrico,-a downtown, central
centro center
cepillo hairbrush
cera wax
cerámica ceramic
cerca (de) near; about
cerca *n* fence; wall
cercado,-a surrounded
cercano,-a near
cerco fence, wall
ceremonia ceremony
cero zero
cerrado,-a thick, closed
cerrar to close, turn off; **cerrar con llave** to lock
cerro hill
certeza certainty
cerveza beer; **fabricador de cerveza** brewer
cesar to cease
césped *m* grass
cicatrizar to heal
ciclo cycle

ciego,-a blind
cielo sky, heaven
cielorraso ceiling
ciencia science
cien(to) hundred; **por ciento** percent
científico,-a scientific; *n m or f* scientist
cierto,-a certain, a certain; **por cierto** to be sure
ciervo stag
cifra number, figure
cigarrillo cigarette
cigarro cigar
cimbrarse to vibrate, shake, tremble
cimiento foundation
cincel *m* chisel
cincuentona "fifty-ish"
cine *m* movies, movie theater
cinta ribbon
cintura waist
cinturón *m* belt
ciprés *m* cypress
circo circus
círculo circle
circundar to surround, circle
circunstancia circumstance
circunvecino,-a surrounding
cirio candle
citar to quote, cite
ciudad city
ciudadanía citizenship
ciudadano,-a citizen
civilización civilization
civilizado,-a civilized
civilizador,-ra civilizing
clamoroso,-a clamorous, noisy
clandestino,-a clandestine
claridad clarity
claro,-a clear
clase *f* class, kind
clásico,-a classic
clasificar to classify
clausurar to close
clavar to nail; to fix

clave *f* key
clavo nail, hook
cliente *m or f* client, customer
clima *m* climate
Cloh (Clos) Claus
CNH (Consejo Nacional de Huelga) National Strike Council
cobarde *m* coward
cobardía cowardice
cobija cover, blanket
cobrar to collect; gather
cocina kitchen
cocinar to cook
cocinero,-a cook
coche *m* car; coach
códice *m* codex, old manuscript
codo elbow
cofradía confraternity, brotherhood
coger to pick up, seize, grasp, take, catch onto
coherente coherent
coincidir to coincide
colaboración collaboration
colaborar to collaborate
colcha bedspread, quilt
colección collection
coleccionar to collect
colecta collection
colegio school (high school)
cólera anger, wrath; cholera
colgar to hang
colina hill
colmar to heap, fill
colocar to put, place
colombiano,-a Colombian
Colón Columbus
colonia colony
colorado,-a red; **ponerse colorado,-a** to blush
coloso colossus
columna column
comandancia command post, frontier command
comandante *m* commander
combatir combat

combinación   combination
combinar   to combine
comedia   play; **paso de comedia**
   short one-act play
comedor   *m*   dining room
comentar   to comment
comentario   commentary
comenzar   to begin
comer   to eat; **comerse**   to eat up;
   dar de comer   to give food to
comercial   commercial
comerciante   *m*   businessman,
   merchant
comercio   business, commerce
comestibles   *m pl*   food, foodstuffs
cometer   to commit
comida   meal, food
comienzo   beginning; **al comienzo**
   at (in) the beginning
comisaría   commissary, police station
comisión   commission
comisura   line where lips meet
como   how, as, like, about; **¿cómo?**
   what? how? why? what did you
   say?; **¿cómo no?**   why not?; **¡cómo**
   no!   of course, naturally
cómodo,-a   comfortable
compañero,-a   companion, mate,
   friend
comparación   comparison
comparar   to compare
compartir   to share
compasión   compassion
compatriota   *m or f*   compatriot
competencia   competition
competente   competent
complacencia   complacency
complacido,-a   with pleasure, with
   satisfaction
complejidad   complexity
complejo,-a   complex; *n m*
   complex
completar   to complete
complicación   complication
componer   to compose;
   componerse   to consist

composición   composition
compositor,-a   composer
compra   purchase; **hacer compras**
   to go shopping
comprador,-a   buyer
comprar   to buy
comprender   to understand
comprensión   comprehension
comprobar   to verify, confirm
compuesto,-a   composed
común   common
comunicación   communication
comunicar   to communicate
comunidad   community
comunión   communion
comunismo   communism
con   with, by; **con tal que**   provided
   that; **con que**   so, then, so then;
   con todo   nevertheless
concebir   to conceive
concentración   concentration
concentrar   to concentrate
concernir   to concern
conciencia   conscience,
   consciousness
concierto   concert
concluir   to conclude, end, finish
concretar   to manifest; to express
   concretely
concreto,-a   concrete
concurrente   *m*   one in attendance,
   spectator
concurso   contest
conde   *m*   count
condenado,-a   condemned, damned
condenao (condenado)   damned one
condición   condition
conducir   to lead
conducto: por conducto de   through
conejo   rabbit
confeccionar   to make, confect
conferencia   conference
conferir   to confer
confesar   to confess
confesión   confession
confianza   confidence

confirmar to confirm
confiscado,-a confiscated
conformar to conform;
  conformarse con to resign oneself
  to
confraternidad confraternity,
  brotherhood
confrontación confrontation
confrontar to confront
confundir to confuse
confuso,-a confused
congregarse to gather
conjetura conjecture
conjunto whole, aggregate;
  collection; **de conjunto** whole,
  complete
conmemorar to commemorate
conmoverse to be moved
conocer to know; to meet; **dar a**
  conocer to make known
conocimiento knowledge
conque so; *n m* anything with
  which, the wherewithal
conquista conquest
conquistador *m* conqueror
conquistar to conquer
consciente conscious
consecuencia consequence
conseguir to obtain, attain, get
consejero,-a adviser
consejo counsel, advice; council;
  celebrar consejo to hold a council
consentir to consent
conservador,-a conservative
conservar to conserve
considerar to consider
consistencia firmness, solidity,
  substance
consistir (en) to consist (of)
consolar to console
consolidar to consolidate
consonante *m* consonant
constar to be evident; **me consta** I
  recall, I know; **constar en** to be
  recorded in
constatar to verify, confirm

constitución constitution
constituir to constitute
construcción construction, building,
  edifice
constructivismo constructivism
construir to construct
consuelo consolation
consulta consultation, conference
consultar to consult, confer
consumir to consume
consumo consumption
contabilidad bookkeeping,
  accounting
contaminación contamination;
  pollution
contar to tell; to count
contemplar to contemplate
contemporáneo,-a contemporary
contener to contain
contenido content
contento,-a happy, content
contestación answer
contestar to answer
contexto context
contienda struggle, dispute
continente *m* continent
contingente *m* contingent, share
continuación continuation; **a**
  continuación below
continuar to continue
continuo,-a continuous
contorno outline
contra against
contradicción contradiction
contradictorio,-a contradictory
contrahecho,-a forged; *(Anat)*
  hunchbacked, deformed
contrario,-a contrary, opposite; **al**
  contrario on the contrary; **por lo**
  contrario on the contrary
contrarreforma Counter-
  Reformation
contrarrestar to stop, counter
contraseña countersign
contrastar to contrast
contraste *m* contrast

contratista *m or f*   contractor
contribución   contribution
contribuir   to contribute
controlar   to control
convencional   conventional
convenir   to agree; to be suitable;
   conviene que   it is best, it is
   convenient
convento   convent, monastery
converger   to converge
conversación   conversation
conversar   to converse
convertir   to convert; **convertirse
   en**   to change into, become
convivencia   co-existence
convivir   to live together
conyugal   conjugal
copa   top of a tree
copado,-a   blocked off
copiar   to copy
copioso,-a   copious
copla   type of poetry
coraje *m*   courage, bravery; anger;
   le dio coraje   made him mad
corazón *m*   heart
corbata   necktie
cordal *m*   wisdom tooth
corderita   lamb
Corea   Korea
corneta *m*   bugler
coronación   coronation
coronel   colonel
corporación   corporation
corredizo,-a   slippery; **tierra
   corrediza**   quicksand
corredor *m*   corridor
corregir   to correct
correo   post office
correr   to run; to spread
correspondencia   correspondence
corresponder   to belong, match; to
   answer in kind
corresponsal *m*   correspondent
corretear   to rove, ramble, race
   around

corrida (de toros)   bullfight
corrido   type of popular song
corriente   current, ordinary;
   running; *n f*   current, air; **más de
   lo corriente**   more than usual
corromper   to corrupt
corrupción   corruption
cortar   to cut, to cut off; **cortar por
   lo sano** *fig*   to take quick action
corte *f*   court; *n m*   cutting
cortejo   cortege, procession
cortesano,-a   courtier
cortina   curtain
corto,-a   short
cosa   thing
cosecha   harvest
cosificación   turning into an object
cosificar   to turn into an object
cosmología   cosmology
cosmopolita *adj.*   cosmopolitan
cosquilleante   tickling; upsetting
cosquilleo   tickling sensation
costa   coast
costado   side
costar   to cost
costilla   rib
costrado,-a   streaked, caked
costumbre *f*   custom; **de
   costumbre**   usual, usually
cotidiano,-a   daily
cráneo   skull, cranium
creación   creation
creador,-a   creator
crear   to create
crecer   to grow; **va como palo de
   ocote, crece y crece**   keeps right
   on growing like a pine tree
crecido,-a   large; grown out (beard)
creciente *f*   flood, swell of waters
credencial *f*   credential
creencia   belief
creer   to believe; **ya lo creo**   I
   should say so
crespo,-a   curly
Creta   Crete

cretino,-a fool, idiot
creyente *m or f* believer; **creyente a puño cerrado** a firm believer
criada maid
criado servant
criar to raise, bring up
criatura creature, child, created one
Crihmah (Crismas) Christmas
crimen *m* crime
criollo,-a native, creole
cristal *m* crystal, glass
cristalería glassware
cristianismo Christianity
cristiano,-a Christian
Cristo Christ
crítica criticism
criticar to criticize
crítico critic
crónica chronicle
cronista *m or f* chronicler
cronología chronology
cronológico,-a chronological
croquis *m* sketch
crucificar to crucify
crucifijo crucifix
crueldad cruelty
crujido crunch
crujir to creak
cruz *f* cross
cruzada crusade
cruzar to cross; to intermingle
cuaderno notebook
cuadra block
cuadrado,-a square
cuadrilátero quadrilateral; ring (boxing)
cuadro painting, picture
cuajar *fig* to hide
cual which, such as, as, what; **cada cual** each one; **lo cual** which
cualidad quality
cualquier,-ra any, some one, whichsoever, whosoever; **un cualquiera** a nobody
cuando when; **cuando menos** at

least; **de vez en cuando** from time to time
cuanto,-a how much, how long; **unas cuantas** a few; **cuantos** all those who
cuarto,-a fourth; *n m* room, a fourth
cuatrocientos,-as four hundred
cubano,-a Cuban
cúbico,-a cubic
cubierta deck
cubierto,-a covered
cubismo cubism
cubista cubist
cubo bucket
cubrir to cover
cuchara spoon
cuchilla mountain, mountain ridge
cuchillo knife
cuello nick; collar
cuenta account, bill; **darle cuenta** to render an account; **darse cuenta de** to realize; **de su cuenta** on her own; **hagan de cuenta** just imagine; **pasar la cuenta** to send the bill
cuentista *m or f* storyteller, short story writer
cuento story; **sacar a cuento** to drag in, mention
cuerno horn
cuerpo body, main part, corps
cuesta slope; **a cuestas** on one's shoulders
cueva cave
cuidado care; **con cuidado** carefully; **tener cuidado** to be careful
cuidadoso,-a careful
cuidar (de) to take care (of)
cuita care, concern, trouble
cuitado poor wretch
culebra snake
culminación culmination
culpable guilty

cultivar   to cultivate
cultivo   culture; growing
culto,-a   cultured; *n m*   cult
cultura   culture
cumpleaños *m*   birthday
cumplir   to keep (a promise), fulfill; to perform; **cumplir... años**   to reach one's . . . birthday
cura *m*   priest
curación   cure
curandero   medicine man
curar   to cure
curato   parish
curiosear   to poke around, take a look at
curioso,-a   curious
cursar   to circulate; to study; to run
cursiva: letra cursiva   italics
curso   course
curtiduría   tannery
curtir   to tan (hides)
curva   curve
cuyo,-a   whose

CH

chacra   farm
chal *m*   shawl
chapaleo   splatter, splash
charco   puddle, pool
charlar   to chat
chico,-a   small; **chica**   girlfriend
chiflido   shrill whistling sound
chileno,-a   Chilean
chillar   to screech
chino,-a   Chinese
chiquilín *m*   little boy
chis (¡ah chis!)   sneezing sound
chisporrotear   to sputter
chiste *m*   joke
chochear   to dote; to become senile
chocho,-a   doddering
choque *m*   collision, clash

chorrete *m*   trickle, stream
chorro   jet, stream, spurt

D

dádiva   gift, contribution
danza   dance
danzar   to dance; to whirl
dañado,-a   infected
dañar   to harm
dañino,-a   destructive
daño: hacer daño   to harm
dao (dado)   given
dar   to give; **dar a**   to face; **dar con**   to encounter, find; **dar de comer**   to give food to; **dar en**   to strike; **dar los primeros pasos**   to take the first steps; **dar vuelta**   to turn around; **darle cuenta**   to render an account; **darse a conocer**   to make oneself known; **darse cuenta de**   to realize; **darse por**   to consider oneself; **darse una asomadita**   to take a peep; **les dio por**   they took a fancy to; **que se dan en el campo**   which are found in the country
darwinismo   Darwinism
dato   datum
debajo   beneath; **debajo de**   beneath, under
deber   to owe, ought, must; *n m*   duty; **debido a que**   due to the fact that
débil   weak
debilidad   weakness
debilitado,-a   weakened
década   decade
decadencia   decadence
decaer   to decay
decidir   to decide
decir   to say, tell; **es decir**   that is to say; **querer decir**   to mean

declarar to declare
decoración decoration
decorar to decorate
decorativo,-a decorative
decrecer to diminish
dedicar to dedicate
dedo finger; **al dedillo** perfectly;
  dedo gordo thumb
defecto defect
defender to defend
defensa defense
definición definition
definido,-a definite
definir to define
definitivo,-a definitive
deformidad deformity
defraudar to cheat, defraud; to
  disappoint
degollar to slit a throat
deificación deification
dejar to let, allow, permit; to leave;
  dejar de to stop, cease
delante (de) before, in front of
deleitar to delight
deleite *m* delight
deletrear to spell
demás other
demasiado,-a too, too much
demócrata Democratic
demonio devil
demorar to delay, hold up;
  demorarse to dally
demostración demonstration
demostrativo,-a demonstrative
dentadura set of teeth
dentista *m or f* dentist
dentro (de) within, inside of
denuncia denunciation
dependencia outbuilding, quarters
depender (de) to depend (on)
deporte *m* sport
depositar to deposit
derecha right
derecho right, law; *adj* straight

derivado,-a derived
derramamiento shedding
derramar to shed; to scatter
derrumbar to tumble down, fall
  down, knock down
desabotonar to unbutton
desafiante defiant
desafiar to challenge
desafío challenge, duel
desagradable unpleasant
desagradar to displease
desaliento discouragement,
  dejection
desalmado,-a soulless
desalojar to empty out, evacuate
desangrarse to bleed
desanimarse to get discouraged
desaparecer to disappear
desaprobar to disapprove
desarrollar to develop
desarrollo development
desasociado,-a disassociated
desastre *m* disaster
desastroso,-a disastrous
desayuno breakfast
desbandada disbandment, disorder,
  flight
desbaratar to destroy, break into
  pieces
desbordarse to overflow, flood
descalzo,-a barefoot(ed)
descanso rest
descargar to ease, lighten; to clear;
  to discharge, push
descendencia descendants
descender to descend
descendiente *m or f* descendant
descolgar to take down
desconfiar (de) to distrust
desconocer to be unacquainted with
desconocido,-a unfamiliar,
  unknown
descontrolado,-a uncontrolled
descortés rude, discourteous

describir to describe
descripción description
descriptivo,-a descriptive
descubierto,-a discovered
descubrir to discover;
  descubrirse to take off one's hat
desde from, since
desdichado,-a wretched, unhappy
desear to desire, want
desechar to reject
desencadenar to break loose, break
  out
desencuentro lack of contact, lack
  of encounter
desengañado,-a disillusioned
desenlace *m* denouement,
  conclusion
deseo desire
deseoso,-a desirous
desesperación despair, desperation
desesperado,-a desperate
desesperanza despair, hopelessness
desfilar to parade, march
desflorado,-a tarnished, violated
desfondado,-a crumbling
desgarrado,-a rending
desgracia disgrace, disfavor,
  misfortune
desgraciado,-a unfortunate,
  unhappy
deshacer to undo, destroy;
  deshacerse to fall apart
deshilachado,-a ravelled, threadbare
deshojado,-a stripped of leaves
deshumanización dehumanization
deshumanizado,-a dehumanized
desierto desert
designar to designate
desigual *adj* irregular
desigualdad inequality
desilusión disillusion
desilusionar to disillusion
desinteresado,-a disinterested
desligar to disassociate
deslizarse to slip, glide

deslumbrar to dazzle
desmayo fainting spell
desmejorar to decline, become
  worse; *fig* to get more and more
  edgy
desnudo,-a naked, nude
desolación desolation
desolado,-a desolate
desorbitado,-a out of focus
desorientación disorientation,
  confusion
despacio slowly
despachar to dispatch, send,
  dismiss; to gulp down
despacho store; office
despavorido,-a terrified
despecho anger, despair, scorn
despedazar to cut or tear to pieces
despedida farewell
despedirse to say good-bye
despegar to pull off
despertar to awaken; **despertarse**
  to wake up
despliegue *m* deployment
desplomarse to collapse, topple
  over
despojado,-a despoiled, stripped
despreciado,-a scorned, despised
desprecio scorn, contempt
desprovisto,-a (de) lacking in
después after, afterwards; **después**
  de after
destacarse to stand out
destemplado,-a shrill
destierro exile
destinado,-a destined
destino destiny
destreza skill
destrozar to destroy
destrucción destruction
destructivo,-a destructive
destructor,-a destructive
destruir to destroy
desvanecerse to disappear
desvarío whim, caprice

detallado,-a detailed
detalle *m* detail
detallista addicted to details
detención detention, arrest
detener(se) to stop
detenido,-a arrested
determinado,-a determined, specific, a certain
detrás (de) behind
deudo relative
devoción devotion
devolver to return
devorador,-ra devourer
devorar to devour
DF (Distrito Federal) Federal District
día *m* day; **al día siguiente, al otro día** on the next day; **de día** by day; **hoy en día, hoy día** nowadays
diablo devil
diabólico,-a devilish
dialecto dialect
diálogo dialogue
diamante *m* diamond
diario,-a daily; *n m* newspaper; **de a diario** from everyday life
dibujante *m or f* cartoonist
dibujar to sketch
dibujo sketch
diciembre *m* December
dictador *m* dictator
dichoso,-a blessed
dieh (diez) ten
diente *m* tooth; **entre dientes** muttering
diestra right hand
dieta diet
diez: de a diez ten-cent coin
diferencia difference
diferenciar to differentiate
diferente different
difícil difficult
dificultad difficulty
dificultar to make difficult

dignidad dignity
digno,-a worthy
dihparao (disparado) shot
diligencia diligence; business, errand
diluvio flood, deluge
diminutivo,-a diminutive
diminuto,-a tiny
dinámico,-a dynamic
dinamismo dynamism
dinero money
Dioh (Dios) God
dios god
diosa goddess
diplomacia diplomacy
dirección direction; address
directivo,-a governing
dirigir to direct, send; **dirigir la palabra** to speak, to address someone; **dirigirse** to go
discernir to discern
disciplina discipline; *pl* scourge
discurso speech
discutible disputable, questionable
discutir to discuss, to argue
diseño design
disfrazar to disguise
disimular to dissimulate
disiparse to dissipate
disminuir to reduce, lessen
disparar to shoot
disparate *m* nonsense, absurdity
disparo shot
dispensar to excuse
disperso,-a scattered
displicente peevish
disponerse (a) to get ready to
disposición disposition
dispuesto,-a arranged
distancia distance
distinguir to distinguish
distintivo,-a distinctive
distinto,-a different
distorsionado,-a distorted
distraer to distract

distribuir   distribute
distrito   district
diverso,-a   diverse, different
divertirse   to enjoy oneself, have a good time
dividir   to divide
divinidad   divinity
divino,-a   divine
divisar   to perceive
divorciarse   to get divorced
divulgar   to divulge, make known
doble   double; *n m*   double
doctrina   doctrine
dólar *m*   dollar
doler   to hurt
dolol (dolor)   pain, ache
dolor *m*   pain, ache; grief
dolora   type of poem written by Campoamor
dolorido,-a   painful
dolorosa   Mater Dolorosa, Sorrowing Mary
domar   to tame
domesticar   to domesticate
domicilio   domicile, residence
dominar   to dominate
domingo   Sunday
dominio   domination
don   title for a gentleman, used only with given or Christian name
donar   to grant
donde   where; **¿a dónde?**   (to) where? whereto?; **¿de dónde?**   where from?; **¿en dónde?**   where?
doña   title for a lady, used only with given or Christian name
dorado,-a   gilded, golden
dormido,-a   asleep, sleeping
dormir   to sleep; **dormirse**   to fall asleep
dormitorio   bedroom
dorso   back
dos: los dos   both
drama *m*   drama
dramatismo   dramatic quality

dramatizar   to dramatize
dramaturgo,-a   dramatist
ducha   shower
duda   doubt; **sin duda**   certainly, doubtless
dudar   to doubt
duelo   duel; sorrow
dueño   master, owner
dulce   sweet; *n m*   candy
duque *m*   duke
durante   during
durar   to last
duro,-a   hard

E

eco   echo
economía   economy
económico,-a   economic
echao (echado)   thrown
echar   to throw, throw out, cast; **echar a**   to begin to; **echar a perder**   to ruin
edad *f*   age
edénico,-a   pertaining to Eden
edición   edition
edificio   building, structure
editorial   publishing; *n f*   publishing house
educación   education
educado,-a   educated
educador *m*   educator
educativo,-a   educational
efectivo   element, unit
efecto   effect
efectuarse   to take place
eficacia   efficacy, efficiency
eficaz   efficient
egoísta *adj*   selfish
ehcupidera (escupidera)   chamber pot
eje *m*   axis
ejecución   execution
ejemplar *m*   copy

ejemplificar to exemplify
ejemplo example
ejercer to exercise
ejercicio exercise
ejercitarse to practice
ejército army
elástico,-a elastic
elección election
electricista electrician
elegancia elegance
elegante elegant
elegía elegy
elegir to choose
elemento element
elevado,-a high, lofty, grand
elevar to raise
eliminar to eliminate
elocución elocution
elogiar to praise
elongación elongation
elongar to elongate
elusivo,-a elusive
emaciado,-a emaciated
embalgo (embargo): sin embalgo
nevertheless
embalsamado,-a embalmed
embargo: sin embargo nevertheless
embravecido,-a enraged
embrutecer to brutalize
embustero cheat, trickster
emigrar to emigrate
emoción emotion
emocional emotional
empapado,-a soaked
empastar to fill (a tooth)
empaste *m* filling
empeñarse (en) to persist (in)
emperador *m* emperor
empezar to begin
empleado,-a employee
emplear to employ
empleo job, work
empotrado,-a mounted
emprender to undertake, engage in
empresa enterprise, undertaking

empujar to push, shove
empuñar to grip, clutch
enamorado,-a lover, sweetheart;
adj in love; **estar enamorado,-a**
de to be in love with
enamorarse (de) to fall in love
(with)
encabezar to head, lead
encajar to fit, join
encaminarse to move, head toward
encanto charm, delight, glamour
encarcelamiento imprisonment
encarcelar to imprison
encarnado,-a red
encender to light
encerrar to enclose
encerrarse to lock oneself up, close
oneself up
encía gum
encima above; **por encima de**
above, over
encomendar to commend
encontrar to find; **encontrarse** to
find oneself, be; to meet
encorvado,-a bent, crooked
encuentro encounter
encuerado,-a naked
endurecido,-a hard, obdurate
enemigo enemy
energía energy
enérgico,-a energetic
enero January
énfasis *m* emphasis
enfermedad sickness
enfermo,-a sick
enfoque focus
enfrentar to confront, to face
enfrente opposite, in front
enganchado,-a trapped
engañar to deceive
engaño deceit
engendrar to create, engender
engolfar to engulf; **engolfarse** to
be absorbed, be engrossed, be
involved with

enguantado,-a   wearing gloves
enjabonar   to soap
enjuto,-a   lean, skinny
enmohecido,-a   rusty
ennegrecer   to blacken
ennoblecer   to ennoble
enojar   to anger; **enojarse**   to become (get) angry
enojo   anger, wrath
enorme   enormous
enredarse   to become tangled
enriquecerse   to become rich
enroscarse   to curl, twist
ensangrentado,-a   bloody
ensangrentar   to bloody
ensayar   to try
ensayista   *m or f*   essayist
ensayo   essay
enseñanza   teaching
enseñar   to teach
enseres   *m pl*   implements, household goods
ensordecer   to deafen
ensuciar   to dirty
entalladura   sculpture, carving
entender   to understand
entendimiento   understanding; mind
enterado,-a   informed
enterarse   to find out
entero,-a   entire, whole
enterrar   to bury
entierro   burial
entonces   then
entornar   to half-close, set ajar
entrada   entrance
entraña   entrail
entrar   to enter
entre   among, between; **entre tanto**   meanwhile
entrecejo   space between the eyebrows; **se le plegó el entrecejo**   he frowned
entrega   delivery
entregar   to deliver, hand over, surrender

entremés   *m*   one-act farce
entrenado,-a   trained
entretenerse   to entertain oneself
entreverado,-a   intermingled; bogged down
entrevista   interview
entrevistar   to interview
entrometido,-a   meddlesome
entusiasmado,-a   enthusiastic
entusiasmo   enthusiasm
envanecerse   to become vain
envejecer   to grow old, make old
envés   *m*   back
enviar   to send
envidiable   enviable
envidiar   to envy
envilecido,-a   debased, degraded
envoltorio   bundle
envolver   to wrap
enzarzarse   to squabble, wrangle
épico,-a   epic
epigrama   *m*   epigram
episodio   episode
época   epoch
equilibrio   equilibrium
equiparar   to compare
equipo   equipment
equivalente   equivalent
equivocarse   to make a mistake
ereh (eres)   (you) are
erigir   to erect, raise
erótico,-a   erotic
esbelto,-a   slender
escalera   stairway
escalofrío   chill
escalón   *m*   stair
escalonado,-a   gradual
escándalo   commotion, tumult
escapar   to escape
escarapela   cockade, badge
escarchado,-a   frosted, freezing
escarlata   scarlet
escarmentar   to be taught by experience, learn a lesson
escarnecido,-a   mocked

escarpado,-a steep
escaso,-a meager
escena scene
escenario setting, stage
escepticismo skepticism
esclarecido,-a illustrious
esclavitud slavery
esclavo slave
escoger to choose
escolar *adj* school; **escolar** *m*
    student
escombro rubbish
esconder to hide
escopeta shotgun
escribir to write
escrito,-a written
escritor,-ra writer
escritura writing
escuchar to listen (to)
escuela school
escultor,-ra sculptor
escultórico,-a sculptural
escultura sculpture
escultural sculptural
escupidera spittoon
escupir to spit
esencia essence
esencial essential
esfuerzo effort
esmeralda emerald
esmerarse to take pains with
esmero careful attention; **con**
    esmero painstakingly
eso that; **eso que** in spite of the
    fact that; **por eso** therefore, for
    that reason, on that account
esoh (esos) those
Esopo Aesop
espacio space
espacioso,-a slow, deliberate
espada sword
espalda back, shoulders
espantar to frighten
espanto fright; horror
España Spain

español,-la Spanish, Spaniard
españolismo love for Spanish things
esparcir to scatter
especial special
especialidad speciality
especializado,-a specialized
especie *f* species, kind
específico,-a specific
espectáculo spectacle
espectador,-ra spectator
espejo mirror
esperanza hope
esperanzoso,-a desirous, hoping for
esperar to hope, expect, wait, await
espeso,-a dense, thick
espiar to spy
espina thorn
espiral spiral
espíritu *m* spirit
espiritual spiritual
espiritualidad spirituality
espléndido,-a splendid
esporádicamente sporadically
esposa wife
espuma foam
esqueleto skeleton
esquema *m* scheme, plan
esquina corner
esquirol "scab"
estabilidad stability
establecer to establish
estación season; station
estadía stay
estadista *m* statesman
estado state; **estado de ánimo**
    mood
estadounidense (estadunidense) *adj*
    and n (citizen) of the United
    States
estallar to break out
estampa print
estampilla (postage) stamp
estancia ranch
estanciero rancher
estanque *m* pool

estantigua phantom, hobgoblin
estanza stanza
estar to be; **estar de acuerdo** to agree; **estar para** to be about to; **estar por** to be for; to favor
estatua statue
este *m* east
estentóreo,-a stentorian
estereotipo stereotype
estético,-a aesthetic
estilo style; **por el estilo** that way
estimado,-a esteemed
estímulo stimulus
estirar to stretch
estoicismo stoicism
estoico,-a stoic
estopa tow, burlap
estornudar to sneeze
estornudo sneeze
estranjero (extranjero) foreigner
estrato stratum
estrecho,-a close, narrow
estregar to rub
estrella star
estrellar to smash
estremecer to make tremble
estructura structure
estructural structural
estruendo roar, din
estrujar to press, squeeze; to bruise; to wring out
estuco stucco
estudiantil *adj* student
estudiar to study
estudio study
estupefacto,-a stupefied
estupidez stupidity
estúpido,-a stupid
etapa stage
eterno,-a eternal
ética ethics
etimología etymology
etimológicamente etymologically
etiqueta label
Europa Europe

europeo,-a European
evaluación evaluation
evangelio gospel
evidencia evidence
evitar to avoid
evocación evocation
evocar to evoke
evolución evolution
evolucionista evolutionary
exacto,-a exact
exaltado,-a extremist
exaltar to exalt
examen *m* examination
examinar to examine
excelente excellent
excesivo,-a excessive
exceso excess
exclamar to exclaim
excluir to exclude
exclusivamente exclusively
excremento excrement
excursión excursion, trip
exigir to demand
exiguo,-a small, scanty
existencia existence
existencial existential
existencialista existentialist
existir to exist
éxito success
exorcizar to exorcise
expectativa expectation
experiencia experience
experimentación experimentation
experimentar to experience
expirar to expire, to die
explanada platform, esplanade
explicación explanation
explicar to explain
explícito,-a explicit
exploración exploration
explorador,-a explorer
explorar to explore
explotación exploitation
explotador,-ra exploiter
exponente *m* exponent

exponerse to expose oneself
exposición exposition, show, display
expresar to express
expresión expression
expresionismo expressionism
expresionista expressionist
exquisito,-a exquisite
éxtasis *m* ecstasy
extender to extend
extenso,-a extensive
extenuado,-a emaciated
extinguido,-a extinguished
extraer to extract
extramuros *adv* outside (a town);
  de extramuros from outside
extranjero,-a foreign; *n* foreigner
extrañar to miss; **no es de**
  extrañar it is not surprising
extrañeza surprise, wonderment
extraño,-a strange
extraordinario,-a extraordinary
extremadamente extremely
extremo,-a extreme

F

fábrica factory; structure
fabricación making, fabrication;
  make
fabricante *m* manufacturer, maker
fabricar to make, fabricate
fábula fable
fabular to make up
fabulario fabulary
facción surface; feature
fácil easy
facilidad facility, ease
facultad faculty
fachada façade
faena labor, task
faja band, sash, girdle
falsedad falseness
falso,-a false
falta lack; **hacer falta** to need

faltar to be lacking; **falta poco** it
  won't be long
fallar to fail
fama fame, reputation
familia family
familiarizarse to familiarize oneself
famoso,-a famous
fanatismo fanaticism
fantasía fantasy
fantasma *m* ghost
fantástico,-a fantastic
farol *m* lamp, street light, lantern
fascinante fascinating
fascinar to fascinate
fase *f* phase
fastidiar to annoy, bother
fatalismo fatalism
fatalista fatalist
fatiga fatigue, anxiety
favor *m* favor; **a (en) favor de** in
  favor of; **por favor** please
favorecer to favor
faz *f* face
fe *f* faith; **a la fe** by my faith
fealdad ugliness
fecundidad fertility
fecundo,-a fecund, fertile
fecha date
feliz happy
femenino,-a feminine
fenómeno phenomenon
feo,-a ugly
ferocidad ferocity
feroz ferocious
ferrocarril *m* railroad
ferrocarrilero railroad worker
fértil fertile
festín *m* feast, banquet
festivo,-a festive, gay
feto fetus
feudalismo feudalism
ficción fiction
fiel *adj* faithful
fierecilla shrew
fiesta party, celebration

figura figure

fijalse (fijarse) to notice

fijar to fix; **fijarse (en)** to notice; **fijarse** to stick

fijo,-a fixed, specific

fila line

filo edge

filosofía philosophy

filosófico,-a philosophic

filósofo,-a philosopher

fin *m* end; **al fin** at last; **a fin de que** so that, in order that; **a fines de** at the end of; **en fin** finally; **por fin** finally

final *m* end, ending

finca farm

fincar to pin; to wager

fingir to feign, pretend

fino,-a fine

firma signature

firmamento firmament

firme firm; **estar en lo firme** to be sure, be positive

físico,-a physical

flaco,-a thin, skinny, weak

flaqueza weakness

flecha arrow

flor *f* flower

florecer to flourish

florecimiento flowering

flotar to float

fogonazo powder flash

folklórico,-a folkloric

follaje *m* foliage

folleto pamphlet, booklet

fomentar to foment, encourage

fondo back, bottom, background, depths; fund

fonético,-a phonetic

fontana fountain

forastero,-a stranger

forcejear to struggle

forma form, shape

formación formation

formar to form

formativo,-a formative

foro back (of a stage)

fortaleza fort

forzar to force

forzoso,-a necessary

foto *f* photo

fotografía photograph; photography

fotografiado,-a photographed

fotográfico,-a photographic

fotógrafo,-a photographer

fracasar to fail

fragante fragrant

frágil fragile

fragor *m* noise, clamor

francamente frankly

francés,-esa French

Francia France

francotirador *m* sharpshooter

frase *f* sentence, phrase

fratricida fratricidal

fray friar

frazada blanket

frecuencia frequency; **con frecuencia** frequently

frecuente frequent

frenesí *m* frenzy, madness

frente *f* forehead; **frente** *adv* in front, opposite; **de frente a** facing; **en frente de** in front of; **frente a** opposite, *fig* in the face of

fresa drill

fresco,-a fresh, cool

frijol *m* bean

frío,-a cold; **hace frío** it is cold

fritura fritter

frondoso,-a leafy

frontera border

frotar to rub

fruición enjoyment, delight

frustración frustration

fruto,-a fruit; **fruto** is used in a figurative sense only

fuego fire; **abrir fuego** to open fire

fuente *f* source; fountain

fuera out, outside
fuerte strong
fuerza force, strength; **a fuerza de** by the strength of; **a la fuerza** by force
fuga flight, escape; **punto de fuga** vanishing point
fugaz fleeting
Fulano So-and-so
fumar to smoke
función function, performance
funcional functional
funcionar to function, to work
funcionario functionary, official
funda holster
fundador *m* founder
fundar to found
fundir to fuse, unite
fúnebre dark, gloomy
funerales funeral
furia fury
furioso,-a furious
furtivamente slyly, furtively
fusilamiento shooting, execution
fusilar to shoot
fútbol *m* football, soccer

G

gabinete *m* office
gafas *f pl* glasses
galán *m* gallant, lover
galería gallery, corridor
galopar to gallop
galope *m* gallop
galpón *m* shed
gallardo,-a brave, gallant
gallina hen
gallinazo buzzard
gallo rooster
gama doe
gana desire; **dar la gana** to feel like; **de buena gana** willingly; **de mala gana** unwillingly; **tener ganas** to feel like

ganado cattle, livestock
ganar to win, earn
garabato scribble
garabatoh (garabatos) scribbles
garganta throat
garra claw
garrote *m* garrote, club
garrucha pulley
gasfíter *m* plumber
gastado,-a worn, worn out
gastar to spend
gastarse to waste away; *fig* to grow dim
gasto expenditure
gatillo forceps
gato,-a cat
gaucho man of the Argentine pampa
gaullista Gaullist
gaveta drawer
gemelo,-a twin
genealogía genealogy
generación generation
general general; **por lo general** generally
generalizarse to become general
género kind, genre; **género humano** mankind
generoso,-a generous
genio genius
gente *f* people
gentilmente exquisitely
genuino,-a genuine
geometría geometry
geométrico,-a geometric
germen *m* source
gesto facial expression: gesture
gigante *m* giant
gigantesco,-a gigantic
gigantón *m* big giant
gimnasio gymnasium
Ginebra Geneva; **ginebra** gin
girar to roll
glifo glyph
globo globe; balloon
gloria glory

glorificar   to glorify
glotón,-na   gluttonous
gobernación   government
gobernar   to govern
gobierno   government
Gólgota   Golgotha
golondrina   swallow
goloso,-a   having a sweet tooth
golpe *m*   blow; stroke; **daba golpecitos**   he tapped; **de golpe** suddenly
golpear   to strike, hit
gordo,-a   fat; **dedo gordo**   thumb
gorrión *m*   sparrow
gorro   cap
gota   drop
gotera   leak
gozar (de)   to enjoy
grabado   engraving
gracias   thanks
grado   degree
graduarse   to graduate
granadero   grenadier
grandeza   greatness
grandiosamente   magnificently, grandly
granizo   hail, hailstorm
grano   kernel
granuja *m*   rogue
grasiento,-a   greasy, oily
gratitud   gratitude
gratuito,-a   free
gravedad   gravity
Grecia   Greece
griego,-a   Greek
gringo,-a   Anglo-Saxon; foreign
gris   gray
gritar   to shout, cry out, scream
grito   shout, scream; **a gritos** "buckets"
grosero,-a   coarse, crude
grúa   derrick
grueso,-a   thick; *n m* thickness
grumo   curd, cluster, blob

gruñir   to grunt
grupo   group
gruta   cavern, grotto
guadaña   scythe
guante *m*   glove
guarda *m*   guard
guardar   to keep, reserve
guarida   den, lair
guatemalteco,-a   Guatemalan
guerra   war
guerrera   tunic
guerrero   warrior
guerrillero,-a   guerrilla
guía *m or f*   guide
guión *m*   script
guiso   stew
guitarra   guitar
guitarreada   guitar contest
gula   gluttony
gusano   worm
gustar   to be pleasing; to like; **gustarle a uno**   to like
gusto   taste, pleasure

H

haber   to have; **haber de**   to have (to), must; **hay**   there is, there are; **hay que**   one must
habilidad   skill, ability
habitación   room, habitation
habitacional *m*   housing development
habitante *m or f*   inhabitant
habitar   to inhabit, dwell
hablar   to speak
hacendado   landholder, rancher
hacer   to do, make; **hace buen tiempo**   the weather is good; **hace frío**   it is cold; **hacer buches**   to gargle; **hacer calceta**   to knit; **hacer caso de**   to pay attention to; **hacer daño**   to harm; **hacer de cuenta**   to pretend; **hacer falta**   to

be lacking; to be missing; **hacer una mala jugada** to play a dirty trick; **hacer un papel** to play a role; **hacer una reverencia** to bow
hacia *prep* toward; about
hacienda ranch, farm; herd
hada fairy
halagar to flatter
hallar to find
hallazgo discovery
hambre *f* hunger; **tener hambre** to be hungry
hambriento,-a hungry
harmonizar to harmonize
harto,-a sufficient, full; *fig* tired, fed up
hasta until, even
hastiado,-a cloyed, sated; *fig* tired
hazaña deed, feat
hebilla buckle
hecho done, made; *n m* fact, deed
hediondo,-a stinking
helado,-a frozen
helicóptero helicopter
hemisferio hemisphere
henchir to fill
hender to go through
herencia inheritance; heritage
herida wound
herir to wound
hermana sister
hermandad brotherhood
hermano brother
hermético,-a hermetic
hermoso,-a beautiful
hermosura beauty
héroe *m* hero
herramienta tool
hervir to boil
hierba weed; herb
hierro iron
hija daughter
hijo son
hijoh (hijos) children
hilar to spin

hilera row, line
hilo thread
hincado,-a kneeling
hinchar to swell
hipo hiccough; sob
hipocresía hypocrisy
hispánico,-a Hispanic
hispano,-a Hispanic, Spanish
Hispanoamérica Spanish America
hispanoamericano,-a Spanish American
histeria hysteria
historia history; story
historiador *m* historian
hogar *m* home
hoguera fire, bonfire
hoja leaf, blade; page
hojarasca leaf storm
hojear to leaf through
hola hello, hi
holandés,-sa Dutch
hollar to trample
hombre *m* man; husband
hombro shoulder
homenaje *m* homage
Homero Homer
homogeneidad homogeneity
hondo,-a deep
honrado,-a honorable, of high rank
honrar to honor
hora hour; **a altas horas de la noche** late at night; **a toda hora** at all hours
horadar to bore, pry
horda horde
horizonte *m* horizon
hornilla oven, stove
horóscopo horoscope
horrendo,-a horrendous, hideous
horripilante horrifying
horrorizado,-a horrified
hospicio hospice, hospital, asylum
hospitalario,-a *adj* hospitable
hostil hostile
hoy today; **hoy día** nowadays

hoyo hole, excavation
huelga strike
huella track, trace
huerta vegetable garden
huertano gardener, orchardman
hueso bone
huésped *m or f* guest
huesudo,-a bony, big-boned
huevo egg
huir to flee, run away
humanidad humanity
humanista *m or f* humanist
humano,-a human; **ser humano**
  human being
humedad humidity
humedecer to moisten, dampen;
  humedecerse to become wet,
  become moist
humilde humble
humillación humiliation
humorada humorous poem
  (Campoamor)
humorístico,-a humorous
hundimiento sinking
huracán *m* hurricane
hurgar to stir, poke into, dig
  around into
hurtar to steal

I

Ícaro Icarus
ícono icon
idealista idealistic
identidad identity
identificación identification
identificar to identify
ideología ideology
idioma *m* language
iglesia church
ignorar not to know, to be ignorant
  of
igual equal; **por igual** equally
igualdad equality
ilimitado,-a unlimited

ilusión illusion, *fig* hope
ilustrar to illustrate
ilustrativo,-a illustrative
imagen *f* image
imaginación imagination
imaginar to imagine
imaginario,-a imaginary
imborrable indelible
imitar to imitate
impaciente impatient
impedir to prevent, hinder
imperar to prevail
imperfecto imperfect
imperio empire
impermeable *m* raincoat
ímpetu *m* impetus
impetuoso,-a impetuous
imponente imposing
imponer to impose
importancia importance
importar to be important, matter
importe *m* cost, price
imposible impossible
imposición imposition
impreciso,-a imprecise
impresión impression
impresionante impressive
impresionar to impress
impresionista impressionist
impreso print
improvisador *m* improvisor
improviso,-a unexpected; **de**
  improviso unexpectedly
inactividad inactivity
inanimado,-a inanimate
incaico,-a Incan
incertidumbre *f* uncertainty
incierto,-a uncertain
incinerador *m* incinerator
incitar to incite
inclinar to incline, to bend;
  inclinarse to stoop, bend over,
  bow
incluir to include
inclusive including
incluso even

incoherencia incoherence
incoherente incoherent
incomodar to disturb, trouble, inconvenience
incómodo,-a uncomfortable
incomprensible incomprehensible
incomprensión incomprehension, lack of comprehension
inconcluso,-a unfinished
incongruencia incongruence
inconsciencia unconsciousness
incontenible unrestrainable
incorporación incorporation
incorporar to incorporate;
  incorporarse to sit up, get up; to join
increíble incredible
inculpar to blame, accuse
indagar to investigate
indecenciah (indecencias) indecencies
indelincuente innocent
independencia independence
independiente independent
indicación indication
indicar to indicate
indicio indication
indiferencia indifference
indiferente indifferent
indígena indigenous, native (Indian)
indignación indignation
indignado,-a angry, indignant
indignidad indignity
indio,-a Indian
indiscriminadamente indiscriminately
individualidad individuality
individualizar to individualize
individuo individual
indócil unruly
indomable indomitable
indudablemente undoubtedly
inequívoco,-a unequivocal, unmistakable
inerte inert
inesperado,-a unexpected

inexorablemente inexorably
infancia infancy
infatigable untiring
inferior inferior, lower
infierno hell
infinito,-a infinite; *n m* infinite
inflar to inflate
influencia influence
influenciar to influence
influir to influence
influyente influential
información information
informar to inform
informe *m* report
ingeniería engineering
ingeniero,-a engineer
ingenio (mechanical) apparatus
ingeniosidad ingenuity
ingenuidad candor
ingerencia meddling, interference
Inglaterra England
inglés,-esa English; *n m* English (language)
ingratitud ingratitude
ingrato,-a ingrate, ungrateful
iniciar to begin, initiate
ininterrumpidamente uninterruptedly
injusticia injustice
inmediatamente immediately
inmensidad immensity
inmenso,-a immense
inmigración immigration
inmigrante *m or f* immigrant
inmigrar to immigrate
inmortalidad immortality
inmortalizar to immortalize
inmovilidad immobility
inmueble *m* immovable (real) property
innecesario unnecessary
innovación innovation
innovador *m* innovator
inocencia innocence
inocente innocent
inolvidable unforgettable

inquieto,-a restless, uneasy
inquilino tenant
Inquisición Inquisition
inscribir to enroll, register
insecto insect
inseguridad insecurity
insensibilidad hard-heartedness, insensitivity
inservible useless
insignificante insignificant
insistir to insist
insolencia insolence
inspiración inspiration
inspirar to inspire
instalar to install
instantáneamente instantaneously
instante *m* instant; **al instante** instantly, at once
instinto instinct
institución institution
instrucción instruction
instruir to instruct
instrumento instrument
integración integration
integrar to integrate, to be included in
intelectual intellectual
inteligencia intelligence
inteligente intelligent
intención intention; **con intención** slyly
intensidad intensity
intento attempt
intercalado,-a inserted, interpolated
intercambiar to exchange
interceptar to intercept
interés *m* interest
interesante interesting
interesar to interest; **interesarse por** to be interested in
interferencia interference
internacional international
internarse to go far in
interno,-a interior, internal
interpretación interpretation

interpretar to interpret
interrogar to question
interrumpido,-a interrupted
intervención intervention, operation
intervenir to intervene, take control of
intimidad intimacy
intimidar to intimidate
íntimo,-a intimate
intolerancia intolerance
intrahistoria intrahistory
intransigente intransigent
introducción introduction
intuición intuition
inundación flood
inútil useless
invadir to invade
invasor invader
inventar to invent
inventario inventory
inversión investment
investigación investigation
investigar to investigate
invierno winter
invitar to invite
invocador,-ra invoker
invocar to invoke
IPN (Instituto Politécnico Nacional) National Polytechnical Institute
ir to go; **irse** to go away
iracundo,-a angry
iráh (irás) (you) will go
irlandés,-esa Irish, Irishman(woman)
ironía irony
irónico,-a ironical
irracional irrational
irradiar to radiate
irreal unreal
irresponsable irresponsible
irreverencia irreverence
irritarse to get (become) irritated
isla island
isleta small island
Italia Italy

italiano,-a Italian

izquierdo,-a left; **a la izquierda** on the left

J

jabalí *m* wild boar

jabón *m* soap, lather

jadeante panting

jadear to pant

jadeo panting

jamás *adv* never, ever

jaque *m* headache

jarabe *m* popular dance

jardín *m* garden; **jardín zoológico** zoo

jarra jar; **en jarras** akimbo

jarro jug; **a boca de jarro** pointblank; **olía a jarro nuevo** smelled like a new clay jug

jaula cage

jefe *m* chief, boss

jeroglífico hieroglyph

jilguero linnet, goldfinch

jilotear to form ears (corn)

jinete *m* horseman

jornalero day laborer

joven young

joya jewel

joyero,-a jeweler

jubilarse to retire

júbilo joy

juego game, gambling game; interplay; **juego de manos** sleight of hand

jueves *m* Thursday

juez *m* judge

jugador,-ra player; gambler

jugar to play; to gamble

jugo juice

juguete *m* toy

jugueteh (juguetes) toys

juicio judgment

julio July

jungla jungle

junio June

juntar to join, connect, unite; **juntarse** to join; to copulate; to assemble

junto,-a united, joined, together; **junto a** beside; **junto con** together with; **junto** *adv* near

juntura joining

jurar to swear

jurisprudencia jurisprudence, law

justicia justice

justificar to justify

justo,-a exact, very

juvenil juvenile

juventud youth

juzgar to judge

K

kepis kepi, a military cap

L

labio lip

labrador,-ra farmer, peasant

labrar to carve; to make; to cut; to work (stone)

lacrimógeno,-a *adj* tear-producing

lado side; **por otro lado** on the other hand; **por todos lados** on all sides

ladrar to bark

ladrillo brick

ladrón,-ona thief

lagaña bleariness

lagartijo lizard

lago lake

lágrima tear

laguna lake, lagoon

lamentación lamentation

lamentar to lament

lámpara lamp, light

langosta   locust
lanzar   to emit, throw, hurl; to vomit
lápida   tablet, gravestone
lápiz *m*   pencil
lapso   lapse, time
largar   to leave; **largarse**   to go away
largo,-a   long; **a lo largo de** through, throughout, along; **largamente**   for a long time
lástima   pity
lastimarse   to wound oneself, hurt oneself
lastimoso,-a   pitiful, sad
latido   beating, throb
latino,-a   Latin
latinoamericano,-a   Latin American
latir   to beat
lavar   to wash; **lavarse**   to wash, wash up
leal   loyal
lector,-ra   reader
lectura   reading
lecho   bed
leer   read
legendario,-a   legendary
legua   league
lejano,-a   distant
lejos   far; **a lo lejos**   in the distance
lengua   tongue
lenguaje *m*   language
lente *m or f*   lens; magnifying glass
lento,-a   slow
leña   firewood
león *m*   lion
lesionar   to wound, injure
letra   letter; **al pie de la letra** literally; **letra cursiva**   italics
letrero   sign
levantalte (levantarte)   to get you up
levantar   to lift, raise; **levantarse**   to get up
leve *adj*   light
ley *f*   law
leyenda   legend

liberación   liberation
liberar   to free, liberate
libertad   liberty
librar   to free
libre   free
librepensador,-ra   freethinker
libro   book
licenciado,-a   lawyer
líder *m*   leader
liebre *f*   hare (rabbit)
liga   league
ligero,-a   slight, light
limitación   limitation
limitar   to limit
limón *m*   lemon
limonero   lemon tree
limosna   alms
limpiar   to clean; **limpiar de hierba**   to weed
limpieza   cleaning
limpio,-a   clean
linaje *m*   kind, species
linchamiento   lynching
lindar (con)   to border (on)
lindo,-a   pretty
línea   line
liquen *m*   lichen
líquido,-a   liquid
lírico,-a   lyric
lisonjear   to flatter
lista   list
listo,-a   ready
literario,-a   literary
literatura   literature
liviano,-a   light
lívido,-a   livid
lobo   wolf
lóbrego,-a   gloomy
loco,-a   crazy
locura   madness
lodo   mud
lógico,-a   logical
lograr   to succeed (in), achieve
loh (los)   the; them
longevidad   longevity

losa flagstone, grave, gravestone
losar to pave
lotería lottery
loza ceramic
lucero bright star
lucha struggle
luchar to struggle
luego then, afterwards, next, later;
  luego de after; **tan luego que,
  luego que** as soon as
lugar *m* place; **tener lugar** to take
  place
lujo luxury; **de lujo** deluxe
lujoso,-a luxurious
lujurioso,-a lustful
lumbre *f* fire, light
luminoso,-a luminous
luna moon
luto mourning; **de luto** in
  mourning
luz *f* light; **salir a luz** to come out,
  appear, be pubished; **luz de
  bengala** flare

LL

llaga wound
llama flame
llamar to call; **llamarse** to be
  called, be named
llano,-a level, flat
llano plain
llanto weeping
llanura plain
llave *f* key; **cerrar con llave** to
  lock
llegada arrival
llegar to arrive; **llegar a (conocer)**
  to come to (know); **llegar a saber**
  to find out
llenar to fill
lleno,-a (de) filled (with), full
llevar to carry, take; to wear; to
  lead; to lift; **llevarse** to carry away

llorar to cry, weep
lloroso,-a tearful
llover to rain
lluvia rain

M

machismo "maleness"
madera wood
madre *f* mother
madrugada dawn
madrugador,-ra early riser
madurar to ripen
maestro,-a master; *n* teacher
magia magic
mágico,-a magic
magnavoz *m Mex.* loudspeaker
magnífico,-a magnificent
mago magician, wizard; **los Reyes
  Magos** the Magi
magullar to mangle
mah (más) more
maíz *m* corn
maizal *m* cornfield
majestad majesty
majestuosidad majesty
majestuoso,-a majestic
mal *adv* badly, wrongly; *n m* evil,
  harm, wrong; **de mal en peor**
  from bad to worse; **menos mal**
  just as well
maldecir to curse
maldito,-a cursed
maleza underbrush
malhumorado,-a ill-humored
maliciosamente maliciously
malo bad, evil
malón *m* sudden attack by Indians
maltrecho,-a badly off, battered
malvado,-a wicked
malvivir to live badly
mamarracho grotesque figure
mampostería masonry
maná *m* manna

mancebo   youth, young man
mancillado,-a   soiled
mancha   spot, stain
manchado,-a   spotted
manchar   to stain
mandar   to send; to command
mandíbula   jaw
mando   command
manejar   to drive, handle
manera   manner, way
manerista *adj* Mannerist
manguera   hose
manifestación   manifestation, demonstration
manifestante *m*   demonstrator
manifestar   to manifest
manifiesto   manifest
manigua   jungle
mano *f*   hand
manojo   handful, bunch
manso,-a   gentle
manta   sign
mantener   to maintain, to hold; **mantenerse**   to live (on)
mantenimiento   food
mantequilla   butter
manuscrito   manuscript
manzana   Adam's apple
mañana   tomorrow; morning; **el día de mañana**   tomorrow; **por la mañana**   in the morning; **todas las mañanas**   every morning
máquina   machine
maquinalmente   mechanically
mar *m or f*   sea
maravilla   wonder, marvel
maravilloso,-a   marvellous, wonderful
marcado,-a   marked
marcar   to strike; to show (time); to mark
marcial *adj*   martial
marco   framework
marcha   march
marchito,-a   withered
marea   tide

margen *m*   margin
mariachi *m Mex.*   street singer
marido   husband
marino,-a   marine
mariposa   butterfly
mármol *m*   sculpture, marble
maroma   cable, rope
marrón   brown
marrullero   trickster, wheedler
martes *m*   Tuesday
martillazo   blow with a hammer
martillo   hammer
mártir *m*   martyr
marzo   March
mas *conj*   but, yet
más   more, most; **más allá**   beyond; **más bien**   rather; **más que nada**   more than anything; **más tarde**   later; **más vale que**   it is better that; **nada más**   only, just that
masa   dough, mass
masacre *f*   massacre
máscara   mask
mata   plant
matadero   slaughterhouse
matanza   slaughter, massacre
matar   to kill
matemáticas   mathematics
matemático,-a   mathematician
materia   matter; **en materia de**   as regards, in the matter of; **rendir una materia**   to take a course
maternidad   maternity
materno,-a   maternal
matiz *m*   shade
matorral *m*   thicket
matraca   wooden rattle
matrimonio   matrimony, marriage
máximo,-a   maximum
maya *adj*   Mayan
mayo   May
mayor   greater, larger; older, adult
mayoría   majority
mayormente   especially, any, very many
mazazo   blow with a club

mazorca ear (of corn)
mecanismo mechanism
mechón *m* lock (of hair)
media stocking
mediano,-a middling
mediante by means of, through
medicina medicine
médico,-a doctor
medida measure; **a medida que** as, according as
medio,-a mid, middle, mean; *n m* means; thirty (time-telling); **a medias** obscurely; **a medio** half; **de en medio** middle; **en medio de** in the middle of, amid; **por medio de** through
mediocridad mediocrity
mediodía *m* noon
medir to measure
meditar to meditate
mediterráneo,-a Mediterranean
mejicano,-a Mexican
mejilla cheek
mejor better, best; **a lo mejor** perhaps, maybe
mejoramiento improvement
mejorar to improve
melancolía melancholy
melancólico,-a *adj* melancholy
melena loose hair
memoria memory; **hacer memoria** to search one's memory; **saber de memoria** to know by heart
mencionar to mention
mendigo beggar
menester *m* duty, task
menina young lady in waiting
menor least, less, youngest; minor; smaller
menos less, least; **cuando menos** at least; **menos mal** just as well; **por lo menos** at least
menospreciar to scorn, despise
mensaje *m* message
mente *f* mind

mentir to lie
menudo,-a small
mercader *m* merchant
mercadería merchandise
mercado market
merecer to deserve
mero,-a mere; **hasta mero** right up to
mes *m* month
mesa table, desk; **poner la mesa** to set the table
Mesías *m* Messiah
mestizo,-a half-breed, mixed blood
meta goal
metafísico,-a metaphysical; *n f* metaphysics
metáfora metaphor
metafórico,-a metaphoric
metálico,-a metallic
meter to put in, introduce
meticulosamente meticulously
metódico,-a methodical
método method
metrópoli *f* metropolis
metropolitano,-a metropolitan
mexicano,-a Mexican
mezcla mixture; mortar
mezclar to mix
mezquita mosque
microcósmico,-a microcosmic
miedo fear; **dar miedo** to create fear; **tener miedo** to be afraid
miel *f* honey
miembro *m or f* member
mientras while
miércoles *m* Wednesday
miga crumb
mihmo (mismo) same
mil thousand
milagro miracle
milagroso,-a miraculous
milímetro millimeter
militar *adj* military
milpa *Mex.* cultivated land, system of cultivation
milla mile

millón *m* million
millonario,-a millionaire
mimar to spoil, indulge
mina mine
minero miner
minoría minority
minotauro minotaur
minuciosamente precisely, thoroughly
mirada glance, look
mirador *m* window, observation point
mirar to look, look at
mirón *m* spectator, by-stander
misa mass
miseria misery, poverty
misericordia pity
misión mission
mismo,-a same, very; self (**ella misma** she herself); **ahora mismo** right now
misterio mystery
misterioso,-a mysterious
misticismo mysticism
místico,-a mystic(al)
mitad *f* half; **en mitad de** in the middle of
mítico,-a mythical
mitin *m* rally
mito myth
mitología mythology
mocedad youth
mochica Peruvian Indian group
modelar to model
modelo model
modernismo modernism
moderno,-a modern
modesto,-a modest
modificación modification
modificar to modify
modo way, means, manner; **de modo que** so that; **de todos modos** at any rate
mofar to mock, jeer; **mofarse de** to make fun of, jeer at

mohoso,-a rusty
mojar to wet; **mojarse** to get wet
molde *m* mold
molestar to bother; **no se molestan** don't take the trouble
molesto,-a annoyed
momento moment
monarca *m* monarch
moneda coin
mono monkey
monólogo monologue
monstruo monster
monstruoso,-a monstrous
montado,-a mounted
montaña mountain
montañero,-a *adj* mountain
monte *m* mountain
montón *m* pile
monumento monument
morada dwelling
morado,-a purple
moraleja moral
mordaz biting, sarcastic
morder to bite; **morderse** to bite (one's tongue, etc.)
moreno,-a brown, dark
morir to die; **morirse** to die
moro,-a Moor
mortaja shroud
mortificación mortification, humiliation
mortificar to mortify; **mortificarse** to get upset
mosaico mosaic
mostrar to show
motivar to motivate
motivo motive, motif
mover to move; **moverse** to move (oneself)
movible movable
móvil changeable
movilidad mobility
movimiento movement
mozo young man; **buen mozo** goodlooking

muceta hood
muchacha girl
muchacho boy
muchachoh (muchachos) children
mucho,-a much, a great deal; long
  (time); *pl* many; *adv* much, very
  much, a great deal
mudanza move
mudarse to move
mudo,-a mute, silent
mueble *m* piece of furniture
muela molar
muelto (muerto) dead
muerte *f* death
muerto,-a dead
muestra sample, model, copy, trace
mugriento,-a filthy
mujer *f* woman; wife
multiplicar to multiply
multitud multitude
mundano,-a worldly
mundial *adj* world, world-wide
mundo world; **correr mucho
  mundo** to travel a lot
municipio town government
muñeca wrist
muñecoh (muñecos) *fig* figures
muralismo muralism
muralista muralist
muralla wall
murciélago bat
murmurar to murmur
muro wall
músculo muscle
musculoso,-a muscular
museo museum
musgo moss
música music
musicalidad musicality
músico musician
musulmán,-ana Moor, Mussulman
mutilación mutilation
mutilante mutilating
mutilar to mutilate
muy very

N

nacer to be born
nación nation
nacional national
nacionalismo nationalism
nada *adj* nothing; *adv.* nothing,
  not at all
nadar to swim
nadie no one, nobody, none
nahua *m* Nahuatl (Aztec language)
nalgada spanking
naranjo orange tree
nariz *f* nose
narración narration
narrador,-ra narrator
narrar to narrate
narrativo,-a narrative; *n f*
  narrative, story
natal *adj* natal, of birth
natural *m* native, nature
naturaleza nature
navaja razor, blade
Navidad Christmas
navideño,-a pertaining to Christmas
nazareno Nazarene
necesario,-a necessary
necesidad necessity
necesitar to need
necio,-a fool, silly
negar to refuse, deny
negativa refusal
negocio business
negro,-a black, dark
negrura blackness
neneh (nenes) children
neoclásico,-a neoclassic
neoprimitivo,-a neo-primitive
neoyorquino,-a *adj* New York
nervio nerve
nervioso,-a nervous
netamente purely
neutro,-a neuter
nicaragüense Nicaraguan
nicho niche

nido nest
nieve *f* snow
nihilismo nihilism
ninfa nymph
ninguno none, not any, not one
niña girl
niñera nursemaid
niñez *f* childhood
niño boy
nítido,-a clear, bright
Niu New
nivel *m* level
noche *f* night; **de noche** or **por la noche** at night; **esta noche** tonight
Nochebuena Christmas Eve
nomás just; **nomás por nomás** just like that
nombre *m* name
noreste *m* northeast
Normandía Normandy
norte *m* north
norteamericano,-a North American
nota note
notar to note
noticia news
novedad novelty, newness
novela novel
novelista *m or f* novelist
novelizar to novelize, make a novel of
novia bride
noviazgo engagement
noviembre *m* November
novio boyfriend, suitor, bridegroom
nube *f* cloud
nublazón *m* storm cloud
nuca nape (of neck)
nudo knot
nuevo,-a new; **de nuevo** again, once more
número number
numeroso,-a numerous
nunca never
nutrir to nourish, feed

O

obedecer to obey
obediente obedient
objetivo,-a objective; *n m* objective
objeto object
oblicuo,-a oblique
obligar to oblige
óbolo obolus; *fig* money, support, contribution
obra work, act; **obra maestra** masterpiece
obrar to work
obrero,-a working, of workers; *n m or f* worker
obsceno,-a obscene
observación observation
observador,-a observer
observar to observe
obsesionado,-a obsessed
obsesionarse (por) to be obsessed (by)
obstante: no obstante nevertheless
obstinación: con obstinación obstinately
obstinado,-a obstinate
obtener to obtain
obvio,-a obvious
ocasión occasion
occidental western
occidente *m* west
océano ocean
ocioso,-a idle
ocote okote pine
octosilábico,-a octosyllabic (8 syllables)
octubre *m* October
ocultadora concealer
ocultar to hide
ocupación occupation
ocupado,-a busy, occupied
ocupar to occupy
ocurrencia occurrence; witticism; new idea
ocurrir to occur

odiar   to hate
odio   hatred
odisea   odyssey
oeste *m*   west
ofender   to offend
oficial   official; *n m*   official
oficina   office
oficio   trade, job occupation
ofrecer   to offer
ofrenda   offering
oír   to hear
ojalá   I wish; **ojalá y**   I wish
ojear   to glimpse
ojo   eye
ola   wave
oler   to smell
olímpico,-a   Olympic
olor   odor, smell
oloroso,-a   fragrant, smelling like
olvidar   to forget
olvido   forgetfulness, oblivion
ombligo   navel
omitir   to omit
opaco,-a   opaque
operación   operation, transaction, deal
opinar   to be of the opinion
oponerse   to oppose
oportunidad   opportunity
oposición   opposition
opresión   oppression
optar   to choose, opt
óptico,-a   optical
opuesto,-a   opposed, opposite
orador *m*   orator
oratorio,-a   oratorical
orden *f*   command; religious order; *m*   order
ordenar   to order, command; to arrange
ordinario,-a   ordinary
oreja   ear
orfanato   orphanage
orfebre *m*   goldsmith, silversmith
orfebrería   gold or silver work

organización   organization
organizar   to organize
órgano   organ
orgullo   pride
orgulloso,-a   proud
oriental   eastern, oriental
oriente *m*   east
origen *m*   origin
originalidad   originality
originar   to originate
orilla   bank (of a river)
orinar   to urinate
oriundo,-a   native, coming from
ornamentación   ornamentation
oro   gold
ortodoxo,-a   orthodox
osado,-a   bold
oscilar   to oscillate
oscurecer   to grow dark
oscuridad   darkness
oscuro,-a   dark
otoño   autumn
otro,-a   other, another; **al otro día**   the next day; **el uno al otro**   each other; **otra vez**   again; **por otra parte**   on the other hand; **unos a otros**   each other
Otry   Autry
ovación   ovation

P

paciente   patient
pacificador,-a *n*   peacemaker
pacífico,-a   peaceful
padre *m*   father; *pl*   parents
padrenuestro   Lord's Prayer
pagano,-a   pagan
pagar   to pay (for)
página   page
pago   pay
país *m*   country, region
paisaje *m*   landscape
paisajista *adj*   landscape

paja straw
pájaro bird
pala stick, paddle
palabra word
palacio palace
pálido,-a pale
palique *m* chitchat, small talk
palma palm
palmar *m* palm grove; oasis
palmera palm (tree)
palo wood, stick
paloma dove
Palón Hopalong
palpar to touch
pampa plain
pan *m* bread
pantalón *m* trousers, pants
panteísmo pantheism
panteón pantheon
pantera panther
pantomimo,-a pantomimist
pañuelo handkerchief
Papa *m* Pope
papá *m* father, papa
papel *m* paper; role; **hacer un
  papel** to play a role
par *m* pair; **a par del alma** deeply
para for, in order to; toward; so
  that, to the end that; **de un lado
  para otro** from one side to the
  other; **para siempre** forever
parábola parable
parado,-a standing
paradoja paradox
paradójicamente paradoxically
paraguas *m* umbrella
paraíso paradise
paralelo,-a parallel
paralizar to paralyze
parar to stop; **pararse** to stand up
parca fate
parecer to seem, look; **al parecer**
  apparently; *n m* opinion; **cambiar
  de parecer** to change one's mind;
  parecerse a to resemble
parecido similar; *n m* resemblance

pared *f* wall
pareja pair, couple
paréntesis *m* parenthesis
pariente *m or f* relative
parir to give birth
parisiense *adj* Parisian
paro work stoppage
párpado eyelid
parque *m* park
párrafo paragraph
parroquiano,-a parishioner
parsimoniosamente economically
parte *f* part; place; **de parte de** on
  the part of; **en gran parte** mostly;
  en (a) todas partes everywhere;
  por otra parte on the other hand;
  por parte alguna anywhere
participación participation
participante *m or f* participant
participar to participate
particular particular, private
partidario,-a partisan
partido party; district; township;
  game (match)
partir to leave; to cut; **a partir de**
  starting from; **partir de** to be
  fired from
pasado past
pasaje *m* passage
pasar to pass; to spend; to happen;
  pasa que it happens that; **pasar
  hambre** to suffer hunger; **pasar
  por alto** to overlook; **¿qué
  pasa?** what's the matter?; **se la
  pasa** he spends his time
pasatiempo pastime
pasear(se) to stroll, walk, ride
paseo walk, promenade
pasión passion
pasmado,-a stunned, astounded;
  chilled; stale
paso curtain raise; sketch; step,
  footstep; **dar los primeros pasos**
  to take the first steps; **de paso** in
  passing, on the way
pasta cake paste

pastilla pill
pasto grass
pastor *m* shepherd
pastoril pastoral
pastura pasture
pata foot (of an animal)
patata potato
patear to stamp
paternidad paternity
patilla side whiskers
patria fatherland
patriarca *m* patriarch
patriota *m* patriot
patrocinar to sponsor
patrón *m* patron, landlord, boss
patullado,-a trampled; **patullada** tramping feet
pausa pause
pavo turkey
payaso clown
paz *f* peace
pecado sin
pecador,-ra sinful; *n m or f* sinner
pecho breast, chest
pedalear to pedal
pedazo piece; **hacer pedazos** to tear to pieces
pedir to ask for
pedrería precious stones
pegar to glue; to beat, to strike; **pegar el brinco** to leap; **pegar un tiro** to shoot
peinarse to comb one's hair
pelandrín (pelantrín) *m* farmer
pelear(se) to fight
película picture, movie, film
peligroso,-a dangerous
pelo hair
pelota ball
peluca wig
peludo,-a shaggy, hairy
peluquería barber shop
pena pain; **no valer la pena** not to be worthwhile
penar to suffer
pender to hang

pendiente hanging, pending; absorbed
penetración penetration
penetrante penetrating
penetrar to penetrate
península peninsula
penitencial penitential
penitente *m* penitent
penoso,-a painful
pensador *m* thinker
pensamiento thought
pensar to think; to intend; **pensar en** to think about
pensativo,-a pensive
peña rock, mountain
peón *m* day laborer
peor worse, worst; **de mal en peor** from bad to worse
pepita nugget; pip, distemper in fowls
pequeño,-a small, little, of tender age
percepción perception
percibir to perceive
perder to lose; **echar a perder** to spoil, ruin; **perder de vista** to lose sight of
perdición perdition, ruin
pérdida loss
perdiz *f* partridge
perdonar to pardon
perdurable lasting, everlasting
perdurar to last long; remain
perecer to perish
peregrinación pilgrimage; wandering
peregrino,-a strange, odd
perezoso,-a lazy, idle
perfección perfection
perfeccionar to perfect
periódico newspaper
periodismo journalism
periodista *m or f* journalist
período period
perjuicio injury, damage
perla pearl

permanecer to stay, remain
permiso permission
permitir to permit
pero but, except, yet
perpetuo,-a perpetual
perplejo,-a perplexed
perro,-a dog
perseguir to pursue; to persecute
persona person
personaje *m* personage, character
personalidad personality
personificación personification
perspectiva perspective
pertenecer to belong
pertenencia belonging
pesadilla nightmare
pesado,-a heavy
pesadumbre *f* grief, affliction
pesar *m* sorrow, grief; **a pesar de** in spite of
pescado fish
pescador *m* fisherman
pescar to catch (fish), to fish
peseta peseta (monetary unit of Spain)
pesimismo pessimism
peso monetary unit
pesoh (pesos) pesos
pestaña eyelash
pétalo petal
pez *m* fish
piadoso,-a pious, merciful
picar to burn (sun); to sting
picaresco,-a *adj* rogue
pícaro rogue
pictórico,-a pictorial
pie *m* foot; **al pie de la letra** literally; **ponerse de pie** to stand up
piedra stone; **piedra de moler** grinding stone
piel *f* skin, hide
piensah (piensas) (you) intend
pierna leg
pieza room; piece

pileta swimming pool
pillo rascal, rogue, "bad guy"
pincel *m* brush
pino pine tree
pintal (pintar) to paint
pintar to paint
pintor,-ra painter
pintoresco,-a picturesque
pintura painting
pinzas *f pl* pincers, tweezers
piña pineapple
piramidal pyramidal
pirámide pyramid
pirata *m* pirate
piruja prostitute
piso floor
pisoteado,-a trampled
pistola pistol
pitada drag, puff
pizarra slate, blackboard
placer *m* pleasure
plagiar to plagiarize
plancha sheet, plate
planeamiento planning
planetario planetarium
plano,-a level, smooth; *n m* level plane
plantado,-a planted
plata silver
plateresco,-a plateresque
platero silversmith
plática chat, talk, discussion
plato dish
platónico,-a Platonic
playa beach
plazo time (limit)
plegar to crease, fold
plegaria prayer, supplication
plenitud plenitude
pleno,-a full
pliego sheet
pliegue *m* fold, crease
pluma feather
población population
poblador *m* populator, settler

poblar to populate
pobre poor
pobreza poverty
poco,-a little, few, small; **al poco rato** in a short while; **falta poco** it won't be long; **poco a poco** little by little; **por poco** almost
pochi *m or f* name for Californian
poder to be able, can; **puede que** it is possible that; *n m* power
poderoso,-a powerful
podrido,-a rotten
poema *m* poem
poesía poetry, poem
poeta *m* poet
poético,-a poetic; *n f* poetics
poetisa poetess
policía *f* police; *m* policeman
policíaco,-a *adj* police
policial referring to detective stories
politécnico,-a polytechnic
político,-a political; *n f* politics; *n m* politician
politizar to politicize
polvo dust; snuff
polvoriento,-a dusty
pomo bottle
pompa pomp
poner to put; **poner la mesa** to set the table; **ponerse** to put on; to become; **ponerse de pie** to stand up; **ponerse de rodillas** to kneel
popularidad popularity
populoso,-a populous
por by, for, through, toward; **estar por** to be in favor of; **por aquí** around here; **por el estilo** like that, of that sort; **por encima de** above; **por eso** therefore; **por favor** please; **por fin** finally; **por la tarde** in the afternoon; **por las dudas** just in case; **por lo contrario** on the contrary; **por lo general** generally; **por lo menos** at least; **por lo tanto** therefore; **por medio de** through; **por otra parte** on the other hand; **por parte alguna** anywhere; **por parte de** on the part of; **por poco** almost; **¿por qué?** why? **por supuesto** of course; **por todos lados** from all sides; **por ventura** by chance
porcentaje *m* percentage
poro pore
porque because
porqué *m* reason
porquería filth
porqueríah (porquerías) filth
portada portal
portar to carry; **portarse** to behave
porteño,-a *adj* of Buenos Aires
portón *m* inner front door
portugués,-esa Portuguese
pos: en pos de after, in pursuit of
posdata *f* postscript
poseer to possess
posesión possession
posguerra *adj* post-war
posibilidad possiblity
posible possible
posición position
pósito public granary
posterior later, lower
postizo,-a false
postular to postulate
póstumamente posthumously
potable potable, drinkable
pozo well
práctica practice
practicar to practice, perform
práctico,-a practical
prado meadow; lawn
precaución precaution
precio price
precioso,-a precious
precisamente precisely
precisar to need; to determine
preciso,-a exact, accurate, precise
precolombino,-a pre-Columbian

predecesor predecessor
predicar to preach
predilección predilection
predilecto,-a favorite
predominar to predominate
prefacio preface
preferir to prefer
pregunta question
preguntar to ask (a question)
prehispánico,-a pre-Hispanic
prehistórico,-a prehistoric
prehtá (prestada) borrowed
prejuicio prejudice
prematuro,-a premature
premio prize
premonición premonition
prensa press
preocupación preoccupation, concern
preocupado,-a preoccupied, worried
preocupar to worry; **preocuparse (por)** to worry (about)
preparación preparation
preparar to prepare
preparativo preparation
preparatorio,-a preparatory
presencia presence
presenciado,-a witnessed
presentación presentation, introduction
presentar to present, introduce
presentir to foresee, anticipate
preservar to preserve
presidencial presidential
presión pressure
preso prisoner
préstamo loan
prestar to lend; **prestar atención** to pay attention
prestigio prestige
prestigioso,-a renowned
presto quickly
presumir to presume
presupuesto budget

pretextar to give as a pretext
previo,-a previous
primario,-a primary
primavera spring
primero,-a first; **el primero inferior** first grade; **primero** *adv* first
primitivo,-a primitive
primo,-a cousin
primogénito first-born
príncipe *m* prince
principiar to begin
principio principle; beginning; **a principios de** at the beginning of; **al principio** at first
prisa haste; **a toda prisa** quickly, hastily
prisión prison
prisionero,-a prisoner
probar to try, try out; to taste, sample
problema *m* problem
procedencia origin
proceder to proceed
procesión procession
proceso process
proclamar to proclaim
procreación procreation
procurador *m* attorney
producción production
producir to produce
producto product
profano,-a profane (of this world)
profecía prophecy
profesional professional
profeta *m* prophet
profundidad depth, profundity
profundizar to deepen, go deep into
profundo,-a profound, deep
profuso,-a profuse
programado,-a programmed
progreso progress
prohibir to prohibit

prolijidad prolixity; **con prolijidad** very carefully
prólogo prologue
prolongar to prolong
promesa promise
Prometeo Prometheus
prometer to promise
prominente prominent
promoción promotion; tendency
promover to promote
pronto quickly; **de pronto** suddenly
pronunciar to pronounce
propiciar to propitiate; to promote
propicio,-a favorable
propiedad property
propio,-a own, of one's own
proponer to propose
proporción proportion
propósito purpose
prosa prose
proseguir to continue
prosista *m or f* prose writer
prosperidad prosperity
próspero,-a prosperous
prostitución prostitution
prostituir to prostitute
prostituta prostitute
protagonista *m or f* protagonist
protección protection
protector,-ra protective
proteger to protect
proteína protein
protesta protest
protestante *m or f* Protestant
prototipo prototype
provecho profit; **buen provechito** may it benefit you, prosit
proveer to provide
provenir to arise (from), come from, originate
provincia province
provinciano,-a provincial
provocador *m* provoker

provocar to provoke
próximo,-a next to, near; **próximo a** about to
proyección projection
proyectar to plan
proyectil *m* projectile
proyecto project
proyector *m* projector
prueba proof
psicología psychology
psicológico,-a psychological
púa barb; **alambrado (alambre) de púa** barbed wire
publicación publication
publicar to publish
publicidad ad
público,-a public; *n m* audience, public
pudrir to rot
pueblero city man
pueblo town, people; working class
puente *m or f* bridge
puerta door, gate
puerto port
puertorriqueño,-a Puerto Rican
pues *adv* well, then
puesta setting
puesto position, post, place; **puesto que** since
pugnar to struggle, fight
pulcritud neatness, tidiness
pulcro,-a neat, graceful
pulir to smooth, polish
pulmón *m* lung
pulsar to finger
punta tip
puntiagudo,-a sharp-pointed
puntillista pointillist
punto point; **a punto de** on the point of; **al punto** immediately, at once; **en un punto** in a flash; **puntito** fleck; **punto de fuga** vanishing point
puñado handful

puñal *m* dagger
puñetazo blow with fist, punch
puño fist
pupila pupil
purificado,-a purified
purificador,-ra purifying
puro,-a pure

Q

que that, which, who, whom, than, when; **qué** what, what a, which how; **¿por qué?** why? **¿qué hay?** **¿qué pasa?** what's the matter?; **¿qué tal?** how goes it?
quebrado,-a chipped
quebrar to break
quedal (quedar) to be left
quedar to remain, have left, **quedarle bien** to come out well; **quedarse** to stay, remain
quedo,-a soft, quiet
quehacer *m* duty, work
queja complaint, moan
quejarse to complain
quejumbroso,-a grumbling
quemar to burn
quemazón *f* fire
querella fight, quarrel
querer to wish, want; **querer decir** to mean
quien who, whom, whoever, which, whichever
quiereh (quieres) do you want
quieto,-a quiet, silent, undisturbed
quietud quietness, tranquility
química chemistry
quinta villa manor house
quinto,-a fifth
quirúrgico,-a surgical
quitar to take away; **quitarse** to take off, remove
quizás perhaps

R

rabia anger, fury
racimo cluster
ráfaga gust, burst
raíz *f* root; **a raíz de** right after; **con todo y raíces** roots and all
rama branch
ramaje *m* mass of branches
ramo bouquet; (palm) branch; **Domingo de Ramos** Palm Sunday
rampa ramp
rango rank
rapar to shave
rapé *m* snuff
rápido,-a fast, rapid
raquítico,-a feeble
raro,-a rare, strange
rascacielos *m* skyscraper
rasgo characteristic
raspado,-a scratched up
rastro track, vestige
rastrojo stubble
rato short time, while; **al poco rato** in a short while; **cada rato** every so often; **de rato en rato** from time to time
ratón *m* mouse
raya: a rayas striped
rayo flash of lightning, ray
raza race
razón reason; **tener razón** to be right
reacción reaction
reaccionar to react
real real, royal, main
realidad reality
realización accomplishment
realizar to accomplish
realzar to elevate, heighten
reanudar to resume
rebanada slice
rebaño flock
rebelar to rebel

rebelde *m* rebel
rebelión rebellion
rebosante overflowing, dripping
rebozo shawl
receloso,-a distrustful
recepcionista receptionist
recibir to receive
recién *adv* recently; **recién antes** just before
reciente *adj* recent
recinto district
recio,-a strong
recipiente *m* recipient
reclamar to complain
reclinar to recline
recobrar to recover
recodo turn, angle
recoger to gather, pick up, collect
reconciliar to reconcile
reconocer to recognize
reconocible recognizable
reconocimiento recognition
reconquistar to reconquer
recordar to remember; to remind; to awaken
recorrer to peruse
recorrido route
recostado,-a leaning, reclining
recrudecer to increase; to fall hard
rectificar to rectify, adjust
rectoría rectory, rector's office
recuerdo memory
recuperar to recover
recurso recourse
rechazar to reject
red: red metálica screen
redactar to edit
redactor,-ra editor
redención redemption
redimir to redeem
redondo,-a round; **en redondo** round
reducir to reduce
reemplazar to replace

referencia reference
referente *adj* referring
referirse (a) to refer (to)
refinado,-a refined
reflejar to reflect
reflejo reflection
reflexionar to think, reflect
reforma reform; **Reforma** Reformation
reformador,-ra *adj* reform(ing)
refrán *m* proverb, saying
refrescante refreshing
refugiarse to take refuge
refugio refuge
refunfuñar to growl, grumble
regalar to give a present
regalo gift
regar to water
regazo lap
regionalista *m or f* regionalist
regir to control
registrar to register
registro search
regla rule; **por regla** square, straight
regresar to return
regulación rule (traffic)
regularidad regularity
rehusar to refuse
reinar to reign, rule
reino kingdom
reír to laugh; **reírse** to laugh
reiterar to reiterate
reja grating, railing
rejuvenecer to grow young
relación relation, narrative
relacionar to relate
relámpago lightning
relatar to relate
relativamente relatively
relato narrative, account, story
releer to read again
relieve *m* relief
religioso,-a religious

reloj *m* watch
rellenar to fill
rematado,-a ending
remedio remedy
remendado,-a patched, mended
remirar to look at again
remolino whirlwind; cowlick
remoto,-a remote
remover to remove
renacentista *adj* Renaissance
renacer *m* rebirth
renacimiento Renaissance
rencilla grudge
rendija crack
rendir to take (a course); to render
renombre *m* fame
renunciar to renounce, refuse
reñir to quarrel
repartidor *m* distributor, sorter
repartir to distribute
repasar to stroke
repeler to repel
repente: de repente suddenly
repentino,-a sudden
repercusión repercussion
repertorio repertoire
repetición repetition
repetir to repeat
replicar to answer, reply
reponer to reply
reportaje *m* report, reporting
reportar to report
reportero,-a reporter
representación representation
representar to represent
represión repression
represivo,-a repressive
reproche *m* reproach
reproducción reproduction
reproducir to reproduce
repugnante repugnant
reputación reputation
requerir to require
resguardarse (de) to protect oneself (from)

residencia dormitory; residence
residir to reside
resignarse to resign oneself
resistencia resistence
resistirse to resist
resolución resolution
resolver to resolve
resonar to echo
resorte *m* spring
respaldar *m* back
respectivamente respectively
respetar to respect
respeto respect
respetuoso,-a respectful
respirar to breathe
resplandor *m* light, radiance
responder to answer
responsable responsible
respuesta response
resquebrajado,-a cracked
restaurán *m* restaurant
restaurar to restore
restitución restitution
resto rest, piece; **restos** remains
resuelto,-a resolved, determined
resultado result
resultar to result, turn out; **resultar en** to lead to
resumen *m* summary; **en resumen** in brief, in short
resumir to sum up, summarize
resurrección resurrection
retirar to retire; to take back, move
retobado,-a surly, wild
retocar to retouch
retorcerse to convulse, writhe, squirm
retorcido,-a twisted
retórico,-a rhetorical
retornar to return
retorno return
retratar to depict, portray
retratista *m or f* portrait painter
retrato portrait
retribución retribution

reunión meeting
reunir to gather, collect; **reunirse** to meet
revelar to reveal
reverencia bow
revés *m* reverse; **al revés** in reverse
revista magazine
revolcarse to wallow
revolución revolution
revolucionario,-a revolutionary
revolver to stir
revuelto,-a stirred up
rey *m* king; **reyes** Magi, kings
reyeh (reyes) Magi
rezar to pray
rezongar to grumble, mutter
rezongón,-na grumbler, mutterer; sassy
ribeteado,-a lined
rico,-a rich
ridículo,-a ridiculous
riel *m* rail
riesgo risk
rígido,-a rigid
riguroso,-a strict, tough
rima rhyme
rimador *m* rhymer
rimar to rhyme
rincón *m* corner
riñón *m* kidney
río river
riqueza wealth
risa laughter
risco cliff
rítmico,-a rhythmic
ritmo rhythm
rito rite
ritualista ritualistic
robado,-a stolen
roca rock
rodar to roll
rodear to surround
rodilla knee; **ponerse de rodillas** to kneel

rogar to beg
rojizo,-a reddish
rojo,-a red
rollizo,-a plump, sturdy
Roma Rome
romano,-a Roman
romper to break, burst, tear up; **romper a** to burst out
ronco,-a hoarse
ronda circle
rondar to patrol; to walk at night
ropa clothing
ropero closet
rosa rose
rosado,-a pink
rosal *m* rose bush
rosario rosary
rostro face
roto,-a broken
rotular to label; to address
rótulo sign
rozar to border on
rubio,-a blonde
rudimentario,-a rudimentary
rudo,-a rough, unpolished
rueda circle, wheel
rugoso,-a wrinkled
ruidazal *m* clamor
ruido noise
ruina ruin
rumbo direction

S

sábado Saturday
sábana sheet
saber to know, know how; **a saber** to wit, namely
sabio,-a wise; *n m* wise man
sabor *m* taste, flavor
sabroso,-a savory, tasty
sacar to take out, pull out; **sacar a cuento** to drag in, mention
sacerdocio priesthood

sacerdote *m* priest
sacerdotisa priestess
sacrificar to sacrifice
sacrificio sacrifice
sacudida shaking, jerk
sacudir to beat, dust off; **sacudirse** to shake oneself
sagrado,-a sacred
sainete *m* one-act farce
sal *f* salt
sala room, living room; **sala de espera** waiting room
salado,-a salty
saldo balance sheet
salida exit; **a la salida** on leaving
salina salt pit
salir to leave, go out; to turn out
salpicar to splash
saltar to jump, leap
salto leap
salud *f* health
saludar to greet
saludo (de despedida) wave (of good-bye)
salvación salvation
salvaje savage
salvar to save; to overcome
salvo,-a safe; **salvo** *conj* except; *prep* without
san (abbreviation of **santo**) saint
sandalia sandal
sangrar to bleed
sangre *f* blood
sangriento,-a bloody
sanguinario,-a cruel, bloodthirsty
sanguíneo,-a red, blood-colored
sanguinoso,-a bloody, cruel
sano,-a healthy; **cortar por lo sano** to take quick action
santa saint
santero saintmaker
santo saint; saint's day
saña wrath
sañudo,-a wrathful, angry
sarape *m* serape, shawl

sardina sardine
sardónico,-a sardonic
sastrería tailor's shop, men's fashions
sátira satire
satisfacción satisfaction
satisfacer to satisfy
satisfecho,-a satisfied
Saturno Saturn
secar to dry
sección section
seco,-a dry
secretaría office (of the secretary)
secretario secretary
secreto,-a secret; *n m* secret
secundario,-a secondary
sed *f* thirst; **tener sed** to be thirsty
seda silk
sedentario,-a sedentary
sedicioso,-a seditious
seductor,-ra seductive
seguida succession; **en seguida** at once
seguido,-a in a row; *adv* often
seguil (seguir) to keep on, continue
seguir to keep on, continue; to follow; to remain
según according to
segundo,-a second; *n m* second
seguridad security
seguro,-a sure, certain
selección selection
seleccionar to select
selva jungle
sello (postage) stamp
semana week; **fin de semana** weekend
sembrar to sow
semejante similar, such
semejanza similarity
semidiós *m* demigod
semilla seed
senado senate
sencillez *f* simplicity
sencillo,-a simple

sendero path
seno breast
sensación sensation
sensibilidad sensibility, sensitivity
sensible sensitive
sensitivo,-a sensitive
sentado,-a seated, sitting
sentar to seat; to establish; **sentarse** to sit down
sentencia sentence
sentenciado,-a sentenced
sentido sense; **en todos sentidos** in all directions
sentimiento sentiment, feeling
sentir to feel; to regret; **sentirse** to feel
señalar to point out
señor sir, Mr., lord
señora lady, Mrs., mistress
señorío domain, great lord
separar to separate
sepulcro grave
sepultar to bury
ser to be; to exist; *n m* being; **ser humano** human being
sereno,-a serene
seriamente seriously
serie series
serio: en serio seriously
serpiente *f* serpent
servicio service
servidor *m* servant
servir to serve; **no sirve** it is not good; **servir de** to act as; **servirse de** to use
seso brain; **avive el seso** be alert
setentón,-ona seventy or so
setiembre *m* September
sevillano,-a Sevillan
sicología (psicología) psychology
siembra sowing, sowed field
siempre always; **para siempre** forever
sierra mountain range
siesta afternoon nap

sigla abbreviation by initials
siglo century
significación significance
significado meaning
significar to mean
significativo,-a significant
signo sign
siguiente *adj* following
silencio silence
silencioso,-a silent
silla chair
sillón *m* armchair
simbólico,-a symbolic
simbolismo symbolism
simbolizar to symbolize
símbolo symbol
simbología symbology
simpatía sympathy
simultáneo,-a simultaneous
sin without; **sin embargo** nevertheless
sinagoga synagogue
sinceridad sincerity
sindical *adj* syndical, union
sindicato labor union
singularmente singularly
sino but, but rather, except, solely, only; **no sólo... sino también** not only . . . but also
sinónimo synonym
síntesis *f* synthesis
sintetizar to synthesize
siquiera at least, though; **ni siquiera** not even
sirviente *m* servant
sistema *m* system
sistemático,-a systematic
sitio place
situación situation
situar to locate, situate, place
snobismo snobism
soberanía sovereignty
soberano,-a sovereign; *n m* sovereign
soberbio,-a superb, grand

sobrar   to be excessive; to have more than enough

sobre   on, upon, over, above, about; *n m* envelope

sobremesa   after-dinner conversation

sobrenatural   supernatural

sobrepasar   to surpass

sobresalir   to excel

sobresaltar   to frighten, startle

sobresalto   shock, sudden fear

sobretodo   overcoat

sobrevivencia   survival

sobrevivir   to survive

sobriedad   sobriety

sobrina   niece

sobrino   nephew

sobrio,-a   sober

sociedad   society

sociología   sociology

sociosicológico,-a   social-psychological

socorro   succor, aid

sofisticado,-a   sophisticated

sol *m*   sun; **hacer sol**   to be sunny; **puesta del sol**   sunset

solar *m*   house; drying area

soldado   soldier

soleado,-a   sunny

soledad   solitude, loneliness

soler   to be in the habit of, be accustomed to

solicitado,-a   solicited

solidaridad   solidarity

solidarizarse   to make common cause, maintain solidarity

solidez *f*   solidity, strength

solitario,-a   solitary

solo,-a   alone, unaccompanied, single

sólo   only; **no sólo... sino también**   not only . . . but also

soltar   to release, drop; to emit

solución   solution

solucionar   to solve

sollozo   sob

sombra   shadow

sombrero   hat

sombrilla   parasol

sombrío,-a   gloomy

sometido,-a   subjected

son *m*   sound

sonar   to sound, ring; **¿le suena?**   does it sound familiar?; **sonarse**   to blow one's nose

soneto   sonnet

sonido   sound

sonreír   to smile

sonriente *adj*   smiling

sonrisa   smile

soñar (con)   to dream (about)

soñoliento,-a   sleepy

sopa   soup

soplar   to blow

sorbo   "drag"

sordo,-a   deaf

sorprender   to surprise

sorpresa   surprise

sortilegio   sorcery

sospechar   to suspect

sostener   to maintain, hold up, support

sótano   basement, cellar

suave   gentle, soft

subconsciencia   subconscious

subido,-a   raised, located, or placed high

subir   to raise; to get on; to go up, climb; to rise

subjetivo,-a   subjective

subrayar   to underline

substancia   substance

subterráneo,-a   undergound

suburbio   suburb

subvencionado,-a   subsidized

subversivo,-a   subversive

sucedel (suceder)   to happen

suceder   to happen

sucesivo,-a   successive; **en lo sucesivo**   hereafter, in the future

suceso   event

suciedadeh (suciedades) *f pl*   filthy things
sucintamente   succinctly
sucio,-a   dirty
sudar   to sweat
sudario   shroud
sudor *m*   sweat
sudoroso,-a   sweaty, sweating
suegro   father-in-law
sueldo   salary
suelo   ground, soil
sueño   dream, sleep
suerte *f*   luck, fate; **caber en suerte**   to fall to the lot of; **de tal suerte que**   in such a way that
suficiente   sufficient
sufrimiento   suffering
sufrir   to suffer; to bear up under
sugerir   to suggest
sugestivo,-a   suggestive
suicidarse   to commit suicide
sujetar   to subject
sumisión   submission
sumiso,-a   submissive
sumo,-a   great, high, supreme; **a lo sumo**   at most
suntuoso,-a   sumptuous
superado,-a   obsolete
superar   to rise above, overcome; to exceed
superficie *f*   surface
superintendente *m*   superintendent
superior *adj*   superior, upper, higher
superstición   superstition
supersticioso,-a   superstitious
suponer   to suppose
suprimir   to suppress
supuesto: por supuesto   of course
sur *m*   south
suramericano,-a   South American
surco   furrow
sureste *m*   southeast
surgir   to arise, come forth, emerge, appear

suroeste *m*   southwest
surrealismo   surrealism
surrealista *m*   surrealist
suspirar   to sigh
suspiro   sigh
sustancia   substance
sustentar   to sustain, defend, support
sustituir   to substitute (for)

T

tablero   table
tableteo   rattling
tablón *m*   slab, plank
taburete *m*   stool
tal   such, such a; **tal vez**   perhaps
talón *m*   heel
tallador *m*   carver, sculptor
talladura   carving
tallar   to carve
taller *m*   workshop
tallo   stem
tamaño   size
tamarindo   tamarind
tambor *m*   drum
tambora   bass drum
tampoco   neither
tan   as, so; **tan luego que**   as soon as
tanque *m*   tank
tanto,-a   so great, as much, so much; *adv*   so much, as much; **por lo tanto**   therefore; **son las tantas**   it is late; **tantito así**   this close; **tanto... como**   both . . . and
tapa   lid, cover
tapado   coat
tapar   to cover (up), to hide
tarde *f*   afternoon; *adv*   late, too late; **de tarde en tarde**   seldom, occasionally; **más tarde**   later; **por la tarde**   in the afternoon
tardío,-a   late, tardy

tarea task; assignment

taza cup

teatral theatrical

teatro theater

técnica technique

técnico,-a technical; *n m* technician

tecnológico,-a technological

techo roof, ceiling

techumbre *f* ceiling

tejabán *m* roof; rustic shed

tejido cloth, weaving

tela piece of cloth

telaraña cobweb

teléfono telephone

telescopio telescope

telón *m* curtain, backdrop

teltulia (tertulia) social gathering

tema *m* theme

temática thematics, choice of themes

temblar to tremble

tembloroso,-a trembling

temer to fear

temeroso,-a fearful

temor *m* fear

templado,-a moderate, pleasant; smooth; **mal templado** in a bad mood

templar to tune

temple *m* temper

templo temple

temporada spell, period of time

temporal *m* storm

temprano early

tendencia tendency

tender to tend; to stretch out

tenebroso,-a dark, gloomy

tener to have; **¿qué tienes?** what's wrong?; **tener... años de edad** to be . . . years old; **tener cuidado** to be careful; **tener dolor de cabeza** to have a headache; **tener en poco** to have a low regard for, despise; **tener ganas de** to feel like; **tener hambre** to be hungry; **tener lugar** to take place; **tener**

miedo to be afraid; **tener muchos años** to be very old; **tener presente** to visualize; **tener que** to have to; **tener que ver con** to have to do with; **tener razón** to be right; **tener sed** to be thirsty

tentar to tempt

tentativa attempt

teología theology

teólogo,-a theologian

teoría theory

tercero,-a third

terminar to end, finish

término term

ternura tenderness

terrenal *adj* earthly

terreno terrain, field of action; plot, piece of land

territorio territory

tertulia social gathering for conversation

tesis *f* dissertation, thesis

tesoro treasure

testigo witness

testimonio testimony

textura texture

tía aunt

tibio,-a tepid, lukewarm

tiempo time; tense; **al mismo tiempo** at the same time; **de hacía tiempo** of long ago; **en mucho (poco) tiempo** in a long (short) while

tienda store, shop

tieneh (tienes) (you) have

tientas: a tientas in a groping manner

tierno,-a tender

tierra land, earth

tigre *m* tiger

timbre *m* stamp; bell

tímido,-a timid

tinaja large earthen jar

tinta ink

tío uncle

típico,-a typical

tipificar to typify

tipo type

tipografía typography

tiranía tyranny

tirar to shoot; to pull, to throw; **tirar a** to tend toward; **tirarse** to throw oneself

tiritar to shiver

tiro shot; **a tiros** by shooting; **pegar un tiro** to shoot

tiroteo skirmish, volley of shots

titiritero,-a puppeteer

titular *m* headline

titularse to be entitled

título title; degree

tiza chalk

tiznado,-a sooty

toa (toda) all

tocar to play (an instrument); to touch; **tocarle a uno** to be one's turn

todavía still, yet; **todavía no** not yet

todo,-a all, each, everything; **con todo y raíces** roots and all; **de todo** something of everything; **de todos modos** at any rate; **del todo** completely; **todo el mundo** everyone; **todos los años** every year; **todos los días** every day

tolteca *adj* Toltec

tomar to take; to drink; **¡toma!** go on, now

tomo volume

tonelada ton

tono tone, quality

tontera foolish thing

tontería foolishness, nonsense

tórax thorax

torcer to bend, twist; **torcer el gesto** to make a face

torcido,-a bent

torero bullfighter

tormenta storm

torno: en torno a around

torre *f* tower

torrente *m* torrent

tortuga turtle

tortura torture

tosco,-a coarse, rough

totalidad totality

trabajador,-ra worker

trabajar to work

trabajo work; **con muchos trabajos** with great effort

tradición tradition

tradicionalista traditionalist

traducción translation

traducir to translate

traductor,-ra translator

traer to bring

tragar to swallow

tragedia tragedy

trago swallow

traición treason, treacherous act

traicionar to betray

traicionero,-a treacherous

traidor,-ra traitor

trama plot

trampa trap

tranquilidad tranquility

tranquilo,-a tranquil

transeúnte *m* passer-by

transformar to transform

transición transition

transitar to travel, walk

transitorio,-a transitory

transportar to transport

transporte *m* transportation, transport

tranvía *m* streetcar

trapo rag

tras after, behind

trascender to transcend

trascordado,-a forgetful, mistaken

trasformar to transform

trasladarse to move; adjourn; to go to

trasmitir to transmit

traspasar to go beyond; to cross

tratado treaty

tratar to treat, discuss; **tratar de** to deal with; to try to; **tratarse de** to be a matter of
trato commerce
través: a través de through
trazo outline
tremendista tremendist: referring to description intended to shock
tremendo,-a tremendous
tren *m* train
trepar to climb, mount, to clamber
triángulo triangle
tribu *f* tribe
tribulación tribulation
trilogía trilogy
trinchera trench
triste sad
tristeza sadness, sad thing
triunfar to triumph
triunfo triumph
trizado,-a broken
trocito (*dim.* **trozo**) small piece, bit
trompeta trumpet
tronco trunk
trono throne
tropa troop
tropero trooper, cattle driver
trozo excerpt, fragment, piece
trueno thunder
truncado,-a truncated
tuboh (tubos) pipes
tuh (tus) your
tumba tomb
tunante *m* rascal
turbar to disturb, upset
turno turn

U

ubicación location, placement
uhté (usted) you
último,-a last; **por último** finally
ultraísmo Ultraism (art movement)
ultratumba beyond the grave

umbral *m* threshold
UNAM (Universidad Nacional Autónoma de México) the Autonomous National University of Mexico
único,-a only, unique
unidad unity, unit
unificar to unify
unir to unite
universidad university
universitario,-a university; *n m or f* university student
universo universe
unoh (unos) some
unos,-as some; **unos a otros** each other; **unos cuantos, unos pocos** a few
urbanidad urbanity, sophistication
urbe *f* metropolis
urgido,-a pressed, motivated
usar to use
uso use
útil useful
utilitario,-a utilitarian
utilizar to utilize

V

vaca cow
vacaciones *f pl* vacation
vaciar to pour out, empty; to hollow
vacío,-a empty; *n m* void
vago,-a vague; *n m* loafer, tramp
vagoh (vagos) loafers
vaho vapor, steam
vaina *fig* thing
vaivén *m* fluctuation, inconstancy
valenciano,-a Valencian
valer to be worth; **más valía** it would have been better; **no valer la pena** not to be worthwhile
validez *f* validity
válido,-a valid
valiente valiant, brave

valija suitcase
valor *m* value; valor, bravery
valle *m* valley
vanidad vanity
vaquilla heifer
variación variation
variar to vary
variedad variety
vasallo vassal
vaso glass
vecindad vecinity; quality of being a neighbor
vecino,-a neighboring; *n* resident
vega flat lowland
vegetación vegetation
vehículo vehicle
veintena score (twenty)
vejez *f* old age
vela candle
velado,-a veiled
velar to watch over, keep vigil
velgüenza (vergüenza) shame
velocidad velocity
vena vein
venado deer
venalidad venality, mercenariness
vencer to conquer
vendedor *m* salesman
vender to sell
Venecia Venice
veneno poison
veneración veneration
venerar to venerate
vengador,-ra avenger
vengar to avenge
venir to come
venta sale
ventaja advantage
ventana window
ventilación ventilation
ventura luck; **por ventura** by chance
ver to see; **tener que ver con** to have to do with
veranear to spend the summer
verano summer

veras *f pl* truth; **de veras** in earnest
verbo verb
verdad truth
verdadero,-a real, true
verde green
verdoso,-a greenish
verdugo executioner
verdulero,-a greengrocer
verdura vegetable
verdusco,-a dark greenish
vereda path, sidewalk
veremoh (veremos) we'll see
vergüenza shame; **tener vergüenza** to be ashamed
verso verse, line (of poetry)
verter to reveal; to spill
vestido dress
vestir to dress
veterinaria veterinary science
vez *f* time; **a la vez** at the same time; **a su vez** in its turn; **a veces** at times; **de vez en cuando** from time to time; **dos veces** twice; **en vez de** instead of; **otra vez** again; **tal vez** perhaps; **una vez** once
via road, route
viajar to travel
viaje *m* trip; **de viaje** on a trip
viajero,-a traveler
víbora viper
vibrar to vibrate
vicioso,-a vicious
víctima victim
victoria victory
vida life; **¡por vida!** by Jove!; **ganarse la vida** to earn one's living
vidriera store window; glass case
vidrio glass
viejo,-a old
viento wind; **mirando a los cuatro vientos** *fig* looking off into space
vientre *m* abdomen, belly
viga beam

vigoroso,-a vigorous
vincular to join, connect;
   vincularse (a) to be connected to,
  be joined to
vínculo tie, bond
vino wine
viña vineyard
violación rape
violencia violence
virgen virgin
virtud virtue
visaje *m* grimace, "face"
visigodo,-a Visigoth
visita visit, visitor
visitante *m or f* visitor
visitar to visit
vista view, sight, vision; **perder de**
  vista to lose sight of
vitalidad vitality
víveres *m pl* provisions, foodstuffs
viveza vividness
vívido,-a vivid, lively
vivienda dwelling, house
vivir to live; **modo de vivir** way of
  living
vivo,-a alive, bright (colors), lively
vocabulario vocabulary
vocacional vocational (school)
vociferar to shout
volante *m* leaflet
volar to fly
volcán *m* volcano
voltearse to turn
voltereta tumble
volumen *m* volume
voluntad will, good will; **de**
  voluntad voluntarily
voluntario,-a voluntary
volver to return; **volver a...** to . . .
  again; **volver la mirada** to turn

one's glance; **volverse** to turn
around
voraz voracious
voseo use of **"vos",** Argentine and
  Uruguayan dialect
voz *f* voice; **correr la voz** to be
  said, to be rumored; **en voz alta**
  aloud; **en voz baja** in a whisper,
  in a low voice
vudú *m* voodoo
vuelta turn; **dar vuelta** to turn
vulpeja bitch fox

Y

yema tip (of a finger)
yerba weed
yerno son-in-law
yerto,-a stiff, rigid
yeso plaster
yip *m* jeep
Yol York

Z

zamarrear to shake
zanahoria carrot
zapatero,-a shoemaker
zapato shoe
zarandear top move, keep on the go
zarzuela musical comedy
zas sound which indicates a quick
  motion, "whish"
zona zone
zoológico,-a zoological
zorro fox
zumbar to buzz